하지마라 외과의사

하지마라 외과의사

초판 찍은 날 ㅣ 2021년 2월 5일
초판 펴낸 날 ㅣ 2021년 2월 16일

지은이 ㅣ 엄윤
펴낸이 ㅣ 김현중

디자인 ㅣ 임영경 ©macygraph
책임편집 ㅣ 황인희
관리 ㅣ 위영희

펴낸곳 ㅣ ㈜양문
주소 ㅣ 01405 서울시 도봉구 노해로 341, 902호(창동 신원리베르텔)
전화 ㅣ 02.742.2563~4
팩스 ㅣ 02.742.2566
이메일 ㅣ ymbook@nate.com
출판등록 ㅣ 1996년 8월 7일(제1-1975호)

ISBN 978-89-94025-82-7 03300

하지마라 외과의사

엄윤 지음

차 례

추천사

어느 날 내 페이스북 포스팅에 달린 댓글.
"꼭 한 번 만나 뵙고 싶습니다."
Why not?

그렇게 알게 된 까마득한 외과 후배.
힘들고, 돈 안 되고, 위험한 외과를 선택했다는 것만으로도 반갑고, 안쓰럽고, 정이 가는 후배 의사가 그간의 실제 에피소드를 모아 책을 낸다며 추천사를 부탁해왔다.
사람을 살리는 진짜 의사가 되겠다고 외과를 선택한 후배들에게 그들이 마음껏 의술을 펼칠 수 있는 환경을 만들어주지 못한 선배로서 한없이 미안한 마음을 가질 뿐이다.

부디, 이 글을 읽고 느끼시는 분이 많아서 저들이 의사로서, 외과 의사로서의 자부심을 잃지 않고 살아갈 수 있도록 상식과 감사, 존경이 당연한 사회가 되길 빌어본다.

2021년을 시작하며
제 35대 대한의사협회 회장 주수호

외과 의사의 기도

의사로, 특히 외과 의사로 살다보니 만나게 되는 환자 중에 생명이 경각에 달해 있는 사람들을 보게 될 때가 허다하다. 주로 하는 일이 수술인데 수술은 크게 Elective Op.(예약하고 하는 수술)와 Emergency Op.(응급 수술)로 나뉜다.

우리가 흔히 아는 맹장염(충수돌기염)도 응급 수술에 속하지만, 소위 외과 의사들이 말하는 True emergency(진짜 응급)라는 것은 지금 당장 수술을 하지 않으면 환자가 사망에 이르게 되는 수술로, 이 경우 외과 의사는 다른 모든 일을 제쳐두고 이 환자를 집도해야 하는 것이다.

물론 이런 경우는 전체 수술 건수에 비하면 적은 편이어서 대개 중증외상센터가 아니고서는 많지 않은데 가끔이기는 하지만 이런 환자들을 보게 되면 외과 의사의 심장도 빨리 뛰는 것은 당연한 일이다.

그러나 이런 경우에서도 침착함과 냉정함을 유지할 수 있도록 트레이닝 되어온 사람들이라 얼핏 환자나 보호자가 볼 때는 냉혈한이라는 생각이 들 수도 있겠다. 하지만 그럼에도 불구하고 내가 냉정해야만 환자에게 가장 최선의 수술과 치료를 할 수 있다.

약 10여 년 전, 봉직의로 있을 때의 일이다.

새벽 세 시에 걸려온 전화. 잠귀가 밝은 건지 트레이닝 덕인지, 전화벨의 첫 음이 울리면 반사적으로 깨고 전화벨의 첫 마디가 끝나기 전에 전화를 받는다.

"여보세요?"

"과장님, 응급실 OOO입니다. 47세 남자 환자가 내원 한 시간 전쯤 발생한 driver's TA(운전자 교통사고)로 응급실 내원했습니다. 내원 당시 vital sign(활력 징후)은 80/50-120-20-37이었는데, 지금은 더 떨어져서요. mental(의식)도 drowsy(기면)에서 stupor(혼미) 상태구요, 환자 배가..."

"지금 나가요. 마취과 콜해요."

스프링 튀듯 일어난다. 세수고 뭐고 없다. 반바지고 츄리닝이고가 중요한 게 아니다.

"여보, 차 키, 차 키!"

집에서부터 병원까지는 차로 약 15분. 신호도 중요한 게 아니다.

'딱지 떼려면 떼라.'

3분 만에 도착했다.

3분이라는 시간의 길이를 아는가? 아주 많은 것을 할 수 있는 시간이다. 한 손에는 운전대, 한 손에는 핸드폰을 쥐고 응급 조치를 한다.

"아, 엄윤인데요, CBC(혈액검사) 얼마예요? 지금 fluid(수액) 뭐 들어가요? 지금 vital(활력 징후)은? 마취과 콜 됐어요?"

"CBC는 O-O-O-O이구요, fluid(수액)는 지금 DS(포도당식염수) 들어가고는 있는데 거의 다 됐구요, vital(활력 징후)은 60/30-150-30-37이구요, 마취과 콜은 지금 하는 중이에요."

"ABO Rh(혈액형 검사)했죠? PC(농축 적혈구)랑 FFP(신선동결혈장) 다섯 개씩 신청하고, fluid(수액)는 하트만 달고 full로 틀어주고, 반대편에 line(수액 라인) 하나 더 잡아서 NS(생리식염수) 달고, 모니터링 달려 있죠? O2(산소) 마스크로 full로 주고요, 나 30초면 가니까 수술방 연락해서 당직 어시스트 깨우라고 해요."

응급실 도착. 환자는 대화를 할 수 없을 정도이고 배는 빵빵하다.

"마취과는?"
"OO마취과 전화했는데 한 시간 반 정도 걸리신대요."
"미쳤어? 환자 죽어. 우리 마취과장 불러요."

대학병원이 아닌 중소 병원은 낮에는 마취과 전문의가 정규 수술을 위해 상주하지만 밤에는 외부 마취과 의사를 불러다가 응급 수술을 한다.

"그건 저희가 하기는…"

"연결해요, 내가 말할게. 환자 보호자는?"

"경찰이 연락했는데 댁이 안산이라서 오시는 중이래요."

"보호자 올 때까지 못 기다려. 보호자 전화번호 있어요?"

"경찰한테 물어볼게요. 근데 과장님 CT는 안 찍어요?"

"CT가 문제가 아냐. hemoperitoneum(혈복강)이잖아. CT 찍느라 기다리다간 죽어요."

"과장님, 마취과장님 전화요."

"아, 선생님. 엄윤인데요, 헤모뻬리고 바이탈 떨어지는데 OO마취과가 한 시간 반이 걸린대요. 선생님이 좀 나와 주시면 안 될까요?"

"예, 지금 나갈게요, 근데 과장님, 피는 준비됐나요?"

"예, 우선 다섯 개, 다섯 개요."

"예, 바로 나가요."

전화 끊고 나니,

"과장님, 보호자 연결됐어요."

"아, 여보세요. OO병원 외과 과장 엄윤입니다. 남편분이 교통사고로 인해서 복강 내 출혈이 심하신데요, 보호자 오실 때까지 기다릴 수가 없으니 우선 수술 시작하고 나중에 설명 드릴게요."

보호자가 울면서 묻는다.

"그렇게 위험한가요?"

"지금 바로 안 하면 돌아가세요."

"예, 그럼 해 주세요. 잘 부탁드려요. 선생님."

"예, 그럼 지금 수술방으로 들어가겠습니다."

수술방 전화 연결.

"아, 엄윤인데요. 얘기 들었죠? subclavian(중심정맥관) 잡을 거니까 준비해주시구요, suction(흡입 기구) 두 개 준비하고, saline irrigation(복강 내 세척) 많이 해야 하니까 saline(생리식염수) 30병 쯤 준비하세요."

"예, 마취과장님은 20분 정도면 도착하신대요."

"예, 알았어요."

응급실.

"엘리베이터 잡아놓고, 모니터링과 산소통은 같이 올라갑시다."

환자 침대를 같이 밀고 응급실을 나선다.

수술방은 2층이라 얼마 걸리지도 않는 시간이지만, 엘리베이터의 문이 닫히는 시간도, 올라가는 시간도, 다시 문이 열리는 시간도 억겁의 세월처럼 길게만 느껴진다.

"아, 참. ICU(중환자실) 자리는 있나요?"

따라오던 응급실 간호사가 수술실과 같은 층의 ICU로 뛰어간다.

"과장님, 자리 없다는데요."
"이런 젠장. 없으면 만들라고 햇!"

ICU charge(책임간호사)가 이내 나와서 말한다.

"과장님, 우리 자리 없어요. 갑자기 이러시면 어떡해요?"
"아, 그럼 이 사람 죽여요?"
"아무리 그래도 이 시간에 누굴 어디로 옮기라고 그러세요?"
"무슨 무슨 환자 있어요? ICU에…"

들어보니 이런 환자, 저런 환자 각양각색이다.

"그럼 그 김○○ 과장 환자 빼요. 과장님한테는 내가 아침에 얘기할게요."
"몰라요, 저흰. 과장님이 책임지셔야 해용!"

쌩하니 가버린다.
수술실.
수술실 당직 간호사는 열심히 수술 기구들을 모아다가 수술상을 펴고 있다.

"콜 당직 불렀어요?"

"예. 그런데요, 과장님, 콜 당직 오려면 한 시간 정도 걸려요. 집이 중랑구라서 택시 타도 오래 걸려요."

"그럼 circulating(수술시 scrub 간호사 보조)은 오는 대로 서라고 하고, 필요한 것은 미리 다 상에 펴 놔요. subclavian(중심정맥관)은 준비됐어요?"

"과장님이 방금 전화하셨잖아요."

"아, 쫌 빨리빨리 하라고! 우선 환자부터 수술대로 올리고 shock position(쇼크 자세) 잡아요."

shock position(쇼크 자세)은 머리 쪽을 낮추고 다리 쪽을 들어 올려 뇌와 심장 등 생명과 직결된 장기들로 피가 몰리게 하는 자세로 중심정맥관을 잡을 때도 이 자세를 취하게 된다.

수술방.
subclavian(중심정맥관)을 잡으면서 물었다.

"피는?"

"cross matching(혈액형 검사의 일종) 해야 해서 좀 시간 걸린대요."

"그럼 피 오는 대로 subclavian(중심정맥관)에 연결하고 50cc syringe(주사기)를 3way(수액 연결 기구)로 연결해서 피 좀 짜줘요. 어시스트 이 새끼는 왜 아직 안 와?"

"연락했는데…"

"다시 전화해요. 지금 당장!"

말 끝나기가 무섭게 어시스트가 뻘건 눈으로 수술방으로 들어온다.

"야, 이 새끼야, 넌 연락한 지가 언젠데 지금 나타나?"
"죄송합니다. 과장님. 수술방에서 전화를 다시 주기로 했는데..."
"어머, 왜 내 탓을 해요? 내가 오라고 연락했잖아요."
"아, 씨! 환자 올라온다고 응급실에서 전화 오면 다시 연락 주기로 했잖아."
"나 혼자 수술 준비, 마취 준비하고 마취과장님 전화 받고 하는데 그럴 시간이 어디 있어요?"
"아, 그래도..."
"뭘 그래도야. 칫!"
"아, 시끄러, 둘 다. 너도 이 새끼야, 빨리 준비 안 해? 니가 다 보고받고 일하는 군번이야?"
"......"
"......"
마침 마취과장이 들어온다.

"과장님, 환자 상태는요?"
"예, 죄송해요, 과장님. 지금 fluid(수액)를 full로 주고 해서 조금 올랐어요. 70/40입니다."

"바로 마취할게요."

"예, 전 바로 painting(수술시에 소독약으로 수술 부위를 광범위하게 닦는 과정) 하겠습니다."

마취제가 투여되고 마취과장이 intubation(기관 삽관)을 하는 동안 수술포가 덮이고, 곧이어 바로 long midline incision(복부 정중앙에 길게 세로로 하는 절개)을 시작한다. fascia(근막)까지 한 칼에 드러난다. 복벽은 총 일곱 층으로 이루어져 있어서 복강 안에까지 들어가려면 수술용 메스로 피부를 절개하고도 bovie(보비)라는 전기소작기를 사용하여 여러 층을 반복해서 열고 들어가야 한다.

마취과장에게 말했다.

"과장님, 배 열리면 BP(혈압) 떨어질 겁니다."

어시스트에게 말했다.

"넌 열리자마자 suction(흡입기) 두 개 다 넣어."

배를 열자마자 마취과의 모니터가 저음과 고음으로 번갈아가며 시끄럽게 울려댄다.

"어, 어, 과장님 혈압 떨어져요."

"예, 압니다. fluid(수액) 좀 세게 틀어주시고 혈액 좀 syringe(주사기)로 짜 주세요."

복강 안에는 다량의 혈액이 고여 있고 일부는 응고되어 소위 '선지'가 가득하다. 이럴 경우 suction(흡입기)으로는 흡입되지 않는다.

"야! 이, 씨, 잘 좀 잡앗! 손으로 퍼 내야 됏! 석션! 석션! 옆에 넣으란 말이얏! 아니 거기 말구, 이 새끼얏!"

욕설이 난무하지만 아무도 불평하지 못한다.

"Bleeding focus(출혈 부위)를 찾아야 한다 말얏! 안 보이잖아! 불 좀 제대로 맞춰봐!"

이런 대량 복강 내 출혈 환자에서 가장 중요한 것은 출혈 부위를 빨리 찾아내 지혈을 하는 것인데, 복강 안에 혈액과 선지가 가득 차 있다 보니 찾기가 그리 쉬운 것이 아니다. 열심히 찾는 동안에도 출혈은 계속되고 있기 때문이다. 대개 vein(정맥)에서의 출혈은 압력이 낮아서 질질질 흘러나오는 양상이지만 artery(동맥)에서의 출혈은 심장의 수축과 함께 펑펑펑 솟는 양상을 보이기 때문에 그 출혈량도 많다.

어지간히 선지를 걷어내고 석션을 해내면서 시야가 확보되기 시작한다.

"saline(생리식염수)!"

"예, 여기요."

간호사가 수술용 스포이드(실험실에서 쓰는 그런 작고 귀엽게 생긴 게 아니다. 플라스틱으로 만든 엄청 큰 스포이드이다.)에 saline(생리식염수)을 담아준다.

"아이, 씨. 이거 말고 큰 통에 담아서 주란 말이야!"

"예, 죄송해요."

scrub 간호사가 스테인레스 통에다 생리식염수를 두 통(2ℓ)을 담아서 건넨다.

촤아악!

suction(흡입기)은 희석되기 시작하는 혈액을 연신 빨아낸다.

"또!"

촤아악!

"더!"

촤아악!

혈액과 섞인 물이 밖으로 흘러나와 수술 가운, 수술복을 지나 팬티까지 적신다. 기분 나쁜 뜨듯함이 발아래 슬리퍼까지 흘러내린다.

'까짓거 팬티야 벗어버리면 되지.'

그때...
보인다. 찾았다! 소장의 장간막에 찢어진 부위와 함께 artery(동맥)에서 펑펑 솟고 있는 출혈 부위가 보인다.

"Kelly(수술용 겸자)!"

따라락. 경쾌한 소리와 함께 출혈 부위가 결찰되자 혈압이 훅 올라간다.

"됐어요, 과장님. 혈압 올라갔습니다."

마취과장이 안도의 한숨으로 미소 짓는다. 물론 마스크 위로 눈만 보이지만...
"자, 이제 한숨 좀 돌리자. 휴..."

출혈이 계속되고 있을 때는 아무리 혈액이나 수액을 때려 부어도 혈압이 잘 잡히지 않지만 일단 출혈 부위가 결찰이 되면 혈압은 급격하게 안정화된다. 이후부터는 말이 부드러워진다.

"자, 이제 천천히 합시다. 고생했어요. 자, saline(생리식염수) 더 주시겠어요?"

스물일곱 병의 생리식염수(27ℓ, 27000cc)를 다 쓰고 수술 침대 주위는 온통 물과 피 천지다. 수술 가운과 그 속에 입고 있는 수술복에서는 물이 뚝뚝 떨어진다.

"에이, 다음부턴 Apron(에이프론:수술용 앞치마)을 입고 해야지, 빤쓰까지 다 젖었네. 야, 너 남는 빤쓰 있냐?"
"안 맞으실 겁니다, 과장님."
"쳇, 새끼. 지 꺼 빤쓰 주기 싫으니까."

다행히 소장은 다친 곳이 없고, 원래 소장은 collateral circul-ation(측부순환)이 좋은 장기라서 색깔이 변한 부위도 없다(혈액이 장시간 공급되지 못한 장기는 괴사가 되어 색이 변한다.).
다음부터의 수술 과정이야 별로 쓸 말도 없다. JP drain(배액관) 하나를 Rectovesical pouch(직장과 방광 사이:서 있을 때 복강 내에서 가장 낮은 부위)에 넣고 복벽을 닫고 수술을 마쳤다.

"마취과장님. 환자는 괜찮은가요?"

의례적인 질문에 그저 미소로만 답을 받는다.

수술실에서 나오니 보호자들이 와 있다.

"OOO 환자의 보호자분이신가요?"
"예, 선생님. 수술은 어떻게 됐어요? 잘 끝났나요? 살 수 있어요? 애 아빠는 왜 안 나와요?"

질문을 쏟아낸다. 얼마나 가슴 졸였을까...

"예, 수술은 잘 되었구요, 지금 마취 깨우는 중이니까 곧 나오실 거고 나오시면 하루 이틀은 중환자실에 계실 거예요. 출혈량이 많아서 수술 시에 혈압도 많이 떨어지고 했었는데 다행히 잘 마쳤습니다. 너무 걱정 마시구요, 대량 출혈과 대량 수혈로 인한 합병증만 나타나지 않는다면 큰 걱정 안 하셔도 됩니다."
"아이고, 선생님 감사합니다."

보호자들끼리 부둥켜안고 운다.

"중환자실로 가신 다음에 정리되는 대로 보호자 면회를 하실 수 있게 해 드릴 거예요. 그때까지만 잠깐 기다리시구요."
"예, 예."

연신 머리를 조아리며 합장을 하는 보호자들을 뒤로하고 계단을 내려가

커피 한 잔을 빼고는 병원 뒤 주차장 쪽으로 향했다.

수술 시간 두 시간 30분. 밖으로 나오니 초여름이지만 쌀쌀한 새벽 공기. 어스름하게 해가 떠오르는 여명.

"후…"

담배 한 모금에 커피 한 잔이 이렇게 후련하고 행복할 수가 있을까. 지나가던 원무과 직원이 낄낄거리며 묻는다.

"과장님, 바지에 오줌 싸셨어요?"
"응, 그래, 쌌다. 똥도 쌌는데 냄새는 안 나냐?"
"얼른 옷 갈아입으세요."

다시 수술방 탈의실로 올라와서 홀라당 젖은 팬티를 훌러덩 벗어 쓰레기통에 넣고는 수술복 바지를 입었다. 아랫도리가 시원하다.

중환자실.
환자를 옮긴 뒤 정리가 어느 정도 되었지만 마취 중 넣었던 환자의 인공기도는 아직 그대로 꽂혀 있다.
"마취과장님이 아직 self(자발 호흡)가 완벽하게 안 돌아왔다고 튜브는 오늘 오후쯤 보고 빼시재요."
"알았어요."

아직 감고 있는 눈.

인공 기도는 ventilator(인공호흡기)에 연결되어 맑아졌다 흐려졌다를 반복하고 있고, JP drain(배액관), EKG(심전도) monitor, pulse oxymeter(산소포화도 측정기), Foley(소변줄), L-tube(비위관:소위 '콧줄'), 침대에 묶인 양손과 양발...

트럭 운전사라 한다. 새벽같이 물건을 떼어다 거래처 여러 곳에 넘기려 이 신 새벽에 운전을 하고 가다가 난 사고. 누군가의 남편이자, 누군가의 아들, 또 누군가의 아버지. 가족을 먹여 살려야 한다는 의무감에 피곤함을 무릅쓰고 새벽부터 이 삭막한 도시에 뛰어들었겠지.

평소 내 모습을 아는 분들은 이런 얘기를 들으면 의외라고 생각하거나, "헹, 니가?"라고 할지도 모르겠으나, 난 수술 전에 손을 씻으며 항상 기도를 한다.

주님, OOO 수술을 하게 되었습니다.

수술의 처음부터 끝까지 주께서 항상 함께 하시어 인간의 손이 아닌 주님의 손으로 수술하게 하시옵고, 환자가 퇴원하는 날까지 아무런 문제없이 잘 치료하여, 환자가 퇴원할 때에 주께 영광 돌릴 수 있는 주님의 의사가 되도록 허락하옵소서. 주님, 이 일을 행하는 것이 주께 영광 돌리기 위한 것임을 잊지 말게 하시고, 말씀대로 따르리니 주께서 인도하소서. 주께서 홀로 다스리시며, 홀로 주관하시나이다.

중환자실 환자 앞에서 한 가지 기도를 더 했다.

'주님, 이 환자는 데려가지 마시고 제게 주세요.'

안다.

의사는, 특히 Surgeon(외과 의사)은 환자 앞에서 철저히 객관적이고 냉철한 자세를 유지해야 하며, 어떤 순간에라도 합리적 판단을 방해할지도 모르는 편견이나 감정을 가져서는 안 된다.

우리는 치유자가 아니라 조력자일 뿐, 천명에 따라야만 하는 날까지 최선을 다할 뿐이다.

그러나,

의사도, Surgeon(외과 의사)도 사람이다.

내 환자 하나를 잃을 때마다 가슴엔 하나의 칼집이 남는다.

그 수많은 흉터가 하나하나 남을 때마다, 내 의사로서의 수명도 조금씩 짧아지겠지만, 그래도 외과 의사는 손에 잡은 그 칼을 놓지 않을 것이다.

비록 신과 맞서야 하는 경우에라도...

So many men, so many kind

직업 특성상 사회적 계층에 상관없이 다양한 사람들을 만나다 보니 참 별의별 사람들을 다 접하게 된다. 내가 만나는 사람들의 수준을 결정하는 가장 중요한 요소는 병원의 위치이다. 그런데 우리 병원이 있는 지역은 그다지 넉넉한 사람들이 사는 지역이 아니다. 그러다 보니 다른 지역에 비해 상대적으로 지력이 떨어지는 사람이 많다는 것 또한 부정할 수 없는 사실이다.

의학적인 설명을 알아듣는 것은 고사하고 자신의 아픈 곳에 대한 서술이나 묘사를 제대로 못하는 사람도 부지기수다. 나이가 많은 사람이 그러는 거는 이해하겠는데, 중년의 환자들이나 젊은 보호자마저도 말이 안 통하는 사람이 많다.

사람을 대하는 태도나 단순한 지식의 측면뿐만 아니라 인성 자체에 문제가 있어 '뭐 이런 사람이 다 있냐?'라는 생각이 들게 하는 사람들도 간혹 있다.

그로 인한 스트레스나 울화병은 내 선택에 따른 온전한 내 몫이다.

누굴 탓하랴.

이 글을 보는 많은 의사는 의과대학 때 모두 배웠던 것이라 다 알겠지만 초진 환자에 대한 기술에 있어 일정한 형식이 존재한다. 이는 대충 다음과 같다.

1. C.C.(Chief Complaint) : 환자의 주된 호소 증상

2. P.I.(Present Illness) : 환자가 아파 온 과정에 대한 기술

3. FHx.(Familial History) : 가족력

4. PMHx.(Past Medical History) : 환자의 과거 병력

5. R.O.S.(Review Of System) : 환자의 주 증상 외에 환자는 모르지만 진단에 힌트를 줄 수 있을 만한 증상

6. P.E.(Physical Examination) : 이학적 검사

7. Impression(or Assessment) : 가능성 있는 질환명

8. Plan : 앞으로 시행할 검사나 처치 등의 계획

대개 1~5번의 항목은 문진을 통해 이루어지고 6번 항목은 시진, 청진, 촉진에 의해 이루어진다. 일단 1~6번의 항목이 기술되고 나면 의사는 자신이 생각하는, 가능성 있는 진단명을 나열하는데 이때 R/O(Rule Out)라는 표현을 쓰기도 한다. R/O는 '배제하다'라는 뜻인데 말 그대로 이러이러한

진단명은 배제해야 한다는 뜻이다. 즉, 달리 말해 이 질병이 아닌지를 반드시 고려해야 한다는 뜻으로 대개 Impression(추정 진단)을 기술할 때 첫 번째로 가장 가능성이 높은 진단명에는 R/O을 붙여서는 안 되고 두 번째 진단명부터 붙이게 된다.

예를 들어 보면 우하복부 통증이 C.C.인 환자의 경우 Impression(추정 진단)에

1. Acute appendicitis(급성 충수돌기염)
2. R/O Mesenteric lymphadenitis(장간막 임파절염)
3. R/O Meckel's diverticulitis(메켈씨 게실염)
4. R/O Cecal diverticulitis(맹장 게실염)
5. R/O Tuboovarian abscess(난관-난소 농양)
6. R/O Ectopic Pregnancy(자궁 외 임신)

와 같이 기술한다.

의과대학 교육 과정 중 기초의학(해부학, 생화학, 생리학, 조직학, 신경해부학, 기생충학, 병리학, 약리학, 면역학 등)을 배우고 나면 임상 과목에 들어가기 전에 진단학을 배우게 된다. 그런데 주로 이때 배우는 내용을 제대로 이해하지 못하는 경우가 많아서 실제 임상 과목에 들어가서 환자를 보고 의무 기록 작성을 하여 교수님들 앞에서 발표하게 될 때 환자의 검사 결과를 Impression(추정 진단) 전에 나열하여 박살이 나기도 한다.

즉, Impression(추정 진단)은 절대적으로 의사가 환자를 보고 나서 혈액

검사, 방사선학적 검사 없이 머릿속에 환자의 진단명을 생각할 수 있어야 한다는 뜻이다. Impression(추정 진단)을 증명하기 위한 검사가 플랜이 되는 것이고 Impression(추정 진단)과 Diagnosis(진단)은 완전히 다른 개념이다.

뭔 쓸데없는 얘길 이리 주저리주저리 하나 하겠다.

진단의 과정이라는 것이 환자의 증상을 나타낼 수 있는 질환을 여러 개 나열한 후에 하나하나 없애가는(Rule out) 과정인데 일반인들이 가장 흔히 가지는 잘못된 생각이 '증상 하나당 병 하나'라는 개념이다.

정상적으로 중학교를 졸업했다면 '함수'라는 개념을 알 것이다. 함수는 일 대 일 대응만 있는 것이 아니다. 일 대 다 대응, 다 대 일 대응, 다 대 다 대응, 수도 없이 많은 대응이 있는데 증상과 진단명도 이 함수와 같다.

한 가지 증상을 일으킬 수 있는 질환은 수도 없이 많다.

반대로 한 가지 질환에서 나타날 수 있는 증상도 수도 없이 많다.

그런데 그 증상이 없다고 해서 그 질환이 아니라고 말할 수도 없고, 그 증상이 있다고 해서 꼭 그 질환이라고 단정할 수 있는 것도 아니다. 그래서 환자를 치료함에 있어서 '진단'이 가장 어려운 과정이다. 그러나 사람들은 이것을 이해하지 못한다.

#1

60대 여자 환자.

진료실로 들어오는 표정부터가 많은 난관을 예고하는 듯했다. 세상 모든 불만을 다 가진 듯 한 표정.

"어디가 불편해서 오셨어요?"

"내가..."

말을 시작한다.

"어렸을 때부터 몸이 좋지 않아서 한약도 많이 먹고 했는디, 어린 나이에 학교도 제대로 못 댕기고 남편을 만나서 결혼을 하고 애 낳고 살다봉께 여기저기 안 아픈 데가 없이 고생고생하고 애들 셋을 키우고 했는디, 이 남편이라는 인간이 읍내 다방 년하고 바람을 펴 가지고 집안 살림 다 들어 먹어 뿔고 숱해를 넘게 얼굴 코빼기도 안 보이다가 어느 날 애 하나 데리고 나타나서는 지 새끼라고... "

'뭐냐, 이거.'

"암튼 그래서 내가 그것도 그냥 내 새끼라고 생각허고 내 업보겠거니 하고 살았는디, 아따 이놈의 양반이 그담엔 노름에 빠져붕께 전답이랑 논이랑 다 팔아먹은 것도 모자라서 그나마 남아 있던 집 하나 꼴랑 있는 거를 화투판에서 다 날려 묵고..."

'오, 주여. 증상은 언제쯤 나오게 되는 겁니까?'

"애들허고 나허고 먹고 살 게 없응께 내가 동네 이장님 밭에서 상추 키우고, 콩 키우고, 고추 키우고 하믄서 허구헌날 쭈그리고 앉아 일하다 봉께..."

'아, 드디어 chief complaint(주호소) 증상이?'

"이 허리가 아파서..."

'엥? 허리?'

"허리가 아프고 무릎도 쏙쏙쏙쏙 쑤시고..."

'뭐냐? OS(정형외과)인 거냐?'

"허니께, 이쟈는 발꼬락까정 이렇게 툭 튀어나와갖고 여그가 이렇게 뻘겋게 부어서 어~~메 징허게 아프고..."

'Gout(통풍)'

"그랑께 내가 제대로 앉지도 서지도 못 허고 그렇게 힘드니께 이장님이 의자 놓고 하라고 혀서... 아 왜 그 의자 있쟎네, 목욕탕에서 쓰는... 그 의자를 놓고 앉웅께 허리랑 무릎은 좀 나아졌는디, 발가락 아픈 거는 그대로고..."

'엘리 엘리 라마 사박다니(eli eli lama sabachthani:주여, 왜 나를 버리시나이까)!'

도대체 외과에 온 이유를 알 수가 없었다.

"아주머니, 그러니까 외과에는 왜 오신 거…"

라고 물어보려는데,

"아, 긍께 내 말을 쫌 들어봐."

'에효.'

"근디 그러고낭께 그담부터는 이 아래가 묵직~허고…"

'아, pelvic floor syndrome(골반저 증후군)이나 rectal prolapse(자궁탈)?'

"아, 항문으로 뭐가 튀어 나와요?"
"아니, 내 말을 좀 들어 보랑께."
"……"
"그려서 내가 산부인과를 갔는디, 산부인과에서는 아래가 쳐졌다고 아래를 뭣을 쪼여줘야 헌다고 뭔 수술을 받아야 한다는디, 뭔 돈이 몇 10만 원이 든다고 형께. 뭐가 그렇게 비싸냐? 그게 원래 그렇게 비싼 거여?"

"산부인과 수술은 제가 잘 모르구요."

"뭔 도둑놈들이여. 뭐가 그렇게 비싸? 내가 잘 모른다고 어거지로 바가지 씌울라고..."

"그래서, 그러니까 외과에는 왜 오셨는데요?"

"산부인과에서 가보라 하던디?"

"왜요?"

"그야 난 모르제."

들어보라며... 뭘 들어보라는 거냐?

"근디 그건 왜 그런 거여?"

"뭐가요?"

"아래가 묵직헌 거 말여."

"아직 저야 모르죠."

"몰러? 왜 몰러?"

"아직 뭐 검사도 안했고 환부를 본 것도 아니잖아요. 산부인과에서는 뭐라고 했는데요?"

"몰러."

"왜 몰라요? 수술하자고 했다면서요?"

"잉."

"뭐가 문제가 있으니까 수술하자고 했을 거 아니에요?"

"그라제."

"그 문제가 뭔데요?"

"몰러. 나야 그냥 수술해야 된다니께 그런 줄 알지, 내가 뭐 의사여?"

"……"

"그런 건 의사들이 알아야제. 근디 모른다고 해쌌코."

환자와 더 말을 섞어봤자 내가 얻을 정보가 없어 보였다. chief complaint(주호소)인 '묵직한 증상' 이외엔 별 도움이 되는 정보가 없으니 그냥 내가 보는 수밖에...

"아주머니, 침대 위로 올라가서서 벽보고 옆으로 좀 누워보세요. 항문 검사 좀 할게요."

환자가 침대로 올라가자 엉덩이를 까고 anoscope(항문경)을 집어넣었다.

"어구 어구 어구구... 아퍼엇!"

"자, 변 보듯이 쭉 밀어보세요."

항문경을 들여다보고 있는데 튀어나오는 것은 환자의 앞쪽이다.

Uterine prolapse(자궁탈). rectum(직장)이 다소 밀려나오지만 이게 문제가 아니다.

"아주머니, 산부인과로 다시 가셔야겠어요."

"왜?"

"자궁탈이라는 거예요. 자궁이 밑으로 빠져나오는... 이거는 산부인과에서 수술하셔야 되는 거예요."

"산부인과에서는 이리 가라고 혔는디?"

"이건 외과적인 문제가 아니에요. 자궁이 밑으로 튀어나오잖아요. 이건 산부인과에서 수술해야 하는 문제예요."

"산부인과에서는 이리 가라고 혔당께."

"그건 모르겠구요, 자궁탈 맞으니까 산부인과에서 수술하는 게 맞아요."

"뭘 또 잘 모른데..."

"아니, 산부인과에서 왜 외과로 가라고 했는지를 모르겠다구요, 진단명을 모르는 게 아니구요."

"산부인과에서는 이리 가라고 혔다니깐."

"외과 질환이 아니라구요."

목소리에 힘이 들어가고 짜증이 섞였다. 길고 긴 얘기를 다 들었는데 결국 산부인과라니... 진료를 마치고 환자는 나갔다. 산부인과에서는 왜 외과로 가라고 했을까? 생각하고 있는데 밖이 떠들썩해졌다.

"아니, 뭔 돈을 내라고 그랴?"

"진료를 보셨으니까 진료비를 내셔야죠."

"뭔지도 모르겠다잖어, 뭔지도 모르면서 돈을 받으면 안 되는 거 아녀?"

"원장님이 산부인과적인 문제라고 하셨잖아요."

"산부인과에서는 이리 가라고 혔단 말이여."

"왜 산부인과에서 우리한테 보냈는지는 저희도 잘 모르겠구요, 원장님이 보시니까 자궁이 튀어나와 있으니 산부인과에서 수술하셔야 된다고 하신 거구요, 우리 병원에서 진료는 보셨으니 항문경 검사까지 해서 진료비를 내셔야 하는 거구요."

"아, 몰러. 뭔지도 잘 모른다면서 왜 돈을 받는디야? 의사가 딱 들으면 딱 맞춰야 하는 거 아녀? 의사가? 난 돈 못 내야."

도대체가 말이 안 통한다.

"간호사, 그냥 가시라고 하세요."

"예, 아주머니. 그냥 가시래요."

한번 째려보더니 환자는 나간다. 나가면서 혼잣말 한 마디.

"쩌그서는 몇 10만 원 주고 수술허라 커고, 여그서는 모른다 커고. 딱 보면 알아야제, 뭐여. 의사 맞어?"

캐릭터가 저래서 외과로 가라고 한 건가? 근데 왜 하필 외과? 이유는 아직도 모르겠다.

진료를 보고 나서 진료비를 내지 않겠다는 사람들도 있지만 진료비를 요구하지 못하도록 원천 봉쇄하는 사람도 꽤 있다.

　어떻게 그럴 수 있냐구? 그러게 말이다.

#2

　병원으로 걸려온 전화를 간호사가 받고 있는데 좀처럼 전화를 끊지 못한다.

"왜 그래? 무슨 일이야?"
"환자분이 문의를 하시는데요."

난감한 표정이다.

"뭔데? 뭘 문의하는데?"
"배가 아프시대요."
"내가 받을 테니 진료실로 돌려줘요."

전화를 돌렸다.

"여보세요. 원장입니다."
"아, 예. 문의 좀 드리려구요."

젊은 여자의 목소리다.

"예, 말씀하세요."

"저희 애가 배가 아프다고 해서요."

"애기가 몇 살이죠?"

"열한 살이요."

"남자애인가요, 여자애인가요?"

"남자요."

"배가 어디가 아픈데요?"

"아랫배가 아프대요."

"언제부터요?"

"아, 잠깐만요. 야, 너 언제부터 아팠어? 응?"

전화기 너머로 아들에게 물어보는 소리가 들린다.

"한 3일 정도 되었다네요."

"많이 아파하나요?"

"아니, 그런 정도는 아닌 것 같은데. 야, 너 많이 아파?"

"……"

"많이 아프다는데요."

"일단 병원에 한번 오시죠. 많이 아프니 의사가 직접 환자를 보는 게 반드시 필요할 것 같네요."

"아, 꼭 가야 되나요?"

"어디가 어떻게 아픈지 의사가 보고, 듣고, 만져봐서 판단해야 하거든요."

"아, 혹시 맹장염일까요?"

"그건 전화상으로만 물어봐서 알 수 있는 게 아니구요."

"이만한 애들이 맹장염이 흔한가요?"

"아뇨, 그렇지는 않지만, 그렇다고 해서 완전히 없는 것은 아니라서…"

"아, 그럼 일단 맹장염일 가능성은 없는 거네요?"

"아니죠, 나이가 어리다고 해서 맹장염이 아예 없는 것은 아니에요."

"맹장염 증상은 아파서 떼굴떼굴 구르고 걷지도 못하고 그러는 거 아니에요?"

"아닙니다. 그건 엄청 심해져서 터지기 직전이나 되어야 나타나는 거라서… 저기요, 어머니. 일단 병원에 한번 오시죠."

"그럼 맹장염 증상은 뭔데요?"

병원에 오라는데 계속 딴소리.

"일단 처음에는 명치끝이 아프든지 배 전체가 아프거나 배꼽 주위가 아프다가 메슥거리고 토하고. 저기요, 어머니. 이렇게 전화 통화로 설명할 수 있는 것이 아니구요, 아이 배를 의사가 만져봐야 하는 거니까."

"토하지는 않았다는데. 야, 너 토했어?"

또 아이에게 물어본다.

"토하지는 않았다는데요."

"꼭 토하는 게 아니구요, 토할 수도 있다는 거죠. 일단 의사가 만져봐야 해요. 아이를 데리고 병원으로 오..."

"맹장염이 아니면 어떤 병이 있나요?"

"맹장염이 아니면 이 정도 나이의 아이들한테 가장 많은 것은 장간막 임파절염이라는 게 있는데..."

"그건 뭔데요?"

"장간막에 있는 임파절에 염증이 생기는 건데... 저기요, 어머니."

"장간막이 뭔데요?"

"하아, 어머니, 이런 얘기를 전화상으로 설명할 수가 없습니다. 게다가 환자도 보지 않은 상태에서 제가 뭐라고 말씀드리기가..."

"어머, 설명 좀 해 줄 수도 있잖아요, 애가 아프다는데."

"아이가 아프면 의사한테 먼저 보이시고 의사의 설명을 들으셔야죠."

"아까는 많이 아프대서 그러려고 했는데, 지금은 또 쫌 나아보여서... 그럼 맹장염은 아닌 거잖아요? 맹장염은 계속 아픈 거 아니에요?"

"증상은 여러 가지로 나타날 수도 있고 일시적으로 좋아졌다고 해서 맹장염이 아니라고 말할 수 있는 것도 아니구요. 피검사나 초음파 검사나 CT촬영이 필요할 수도 있는 거라서..."

"어머, CT도 찍어야 해요?"

"그건 의사가 보고 판단을 해야 하는 건데요, 그러니까 일단 애를 보고 나서..."

"그럼 방사능 오염되는 거 아닌가요?"

'헐! 방사능...'

"CT 찍는 정도로 방사선에 노출되는 것이 위험한 수준은 아니구요. 저기요, 저희 병원 아니어도 좋으니까 가까운 소아과나 외과에 가서서 진료를 받아보세요."

"아, 뭐, 지금 증상을 보고 원장님 얘길 들어봐서는 맹장염은 아닌 것 같네요."

"아니 그걸 어떻게 알아요? 의사가 아무도 안 봤는데..."

"뭐, 잘 걸어 다니고, 토하지도 않았고, 제가 보기엔 별로 아파하지도 않는 것 같은데..."

"아뇨, 그건 어머니가 판단하실 게 아니구요, 병원에 데려가서 의사가 보고 나서 판단해야 하는..."

"예, 예, 알았어요, 알았어. 설명 좀 친절하게 해주시지 자꾸 병원 오라구만..."

"예?"

"알았다구요."

"아, 그럼 병원에 오실 건가요?"

"생각 좀 해보구요."

"예? 아니 저기요."

뚜뚜뚜뚜뚜...

병원에 환자가 오는 것은 자기가 어디 불편하거나 아픈 곳이 있기 때문이다. 전문가의 조언을 듣고 치료를 받기 위함이지. 그럼 전문가의 말을 들어야 할 것 아닌가? 자기 몸인데도, 상태가 심각한데도, 자기 마음대로 하려는 환자도 흔하다.

#3

일명 '참이슬 후레쉬' 화상 환자. 화상 치료는 매일 해야 하는 것이어서 매일 외래로 와서 치료받으라고 했었다. 그 말마저 듣지 않고 사흘 후에 내원했다.

맙소사!

화상 쪽 발에 신발을 신지 않은 상태로 화상이 있는 부위의 발 밑에 신발 깔창을 하나 대고 비닐봉지로 발을 감싸서 묶은 채로 내원했다.

"아니, 이게 뭐예요? 어떻게 이렇게…"

황당하기도 하고 화도 났다. 이러고 나서 나중에 잘 낫지 않는다고 불평해댈 것 아닌가.

"누가 화상 입은 발에 이렇게 해요? 이러면 다 감염돼요."
"신발에 발이 안 들어가니까 어쩔 수가 없어요."

Bull shit(젠장)!
"아니 슬리퍼를 신으시면 되잖아요."
"슬리퍼도 안 맞아요."
발에 EB(elastic band:탄력붕대)를 감아 놨으니 그럴 수도 있겠지만…

"슬리퍼가 한 종류만 있는 게 아니잖아요. 좀 큰 슬리퍼를 사시면 되죠."

"어디서 파는지도 내가 잘 모르고... 내가 원래 여기 사는 사람이 아니라서요."

"이마트가 바로 옆이잖아요. 우리 병원에서 나가서서 100m만 걸어가면 이마트고 거기 가면 슬리퍼가 종류별로 다 있어요."

"아니, 그런 것도 있지만 비싸니까."

"예? 슬리퍼가 비싸요? 나 참. 좀 말이 되는 핑계를 대세요. 아주머니, 여긴 자본주의 사회에요. 슬리퍼가 비싼 것도 있지만 싼 것도 쌔고 쌨어요. 상처 다 나을 때까지만 싼 거 사서 신으시면 되잖아요. 화상 있는 발에 비닐봉지가 뭐냐구요."

"내가 그거 사러 갈 시간도 없고..."

"예? 그럼 병원 올 시간은 어떻게 나요? 병원 온 김에 조금만 더 걸어가서 슬리퍼 사는 데 20분도 안 걸려요. 그것도 말이 안 되는 핑계잖아요."

도대체 무슨 핑계가 그리도 많은지, 짜증이 났다. 이북 사투리의 이 환자(중국동포라고 했었다), 갑자기 소리를 지른다.

"자꾸 뭐라 하지 마욧! 지난번에도 그렇고 자꾸 왜 뭐라 그래욧!"

아마도 지난번에 화상 부위에 참이슬 후레쉬를 뿌리고 온 것을 두고 내가 한 말 때문에 그런 것 같았다.

"환자분이 화상을 입어서 병원에 왔고 의사가 화상 치료를 하는데 잘 나을 수 있도록 환자분이 협조를 잘 해주셔야지 이렇게 상처가 덧나게 하고 다니시니까 그런 거 아니에요. 비닐봉지를 신고 다니면 이거 금방 찢어져서 상처에 다 감염 된다구요. 그럼 나을 것도 안 낫는단 말이에요."

화상 연고를 바르고 거즈를 붙이고 EB를 감아주면서 말했다. 처치가 다 끝나고 나자 환자는 진료실 밖으로 나가면서 투덜댄다.

"맨날 올 때마다 머라 그러고... 내 이 병원 다시 오나 봐라!"

"......"

더 말 해봤자 뭐하겠나. 오든 말든 나도 모르겠다.

#4

21세 여자 환자.

딱 보기에도 엉거주춤 들어오는 것이 많이 아파 보였다. 진료는 환자가 진료실로 들어오는 걸음걸이나 표정을 파악하는 것부터 시작된다.

'perianal abscess(항문 주위 농양)인가?'

"꼬리뼈 부위가 너무 아파요."

일견 보기에도 BMI(체질량지수)가 30을 훌쩍 넘어 보이는 모습.

"침대 위에 엎드려보세요."

바지를 내리는데...

"어휴."

팬티는 pus(농: 고름)로 축축하게 젖어 있고 sacrococcygeal area(천-미
골 부위)에서 붉은 빛이 감도는 회색빛의 pus(농)가 꿀렁꿀렁 나온다.
진단은 더 볼 것도 없는 Pilonidal Sinus abscess(모소동 농양).

"이거 언제부터 이랬어요?"
"……"
"오래됐죠?"
"예."
"얼마나 오래됐어요?"
"한 2주..."
"어휴, 왜 빨리 병원에 안 갔어요?"
"알바해야 돼서..."
"아무리 알바가 급해도 그렇지 어떻게 몸이 이 지경이 되도록..."
보호자(엄마, 아빠)와 같이 온 환자.
"어머니 되시죠? 이거 모소동 농양이라는 건데 지금 환자분이 너무 늦게
오셔서 엄청 심해졌어요. 이거는 응급수술해야 합니다."
"예, 그러게 제가 알바 그만하고 병원 가라고 그렇게 얘길 했는데, 에휴,
말도 안 듣고..."

"무슨 알바를 하시는데요?"

"호프집에서 서빙…"

환자가 말했다.

"밤에요?"

"예, 오후 여섯 시에 가서 새벽 네 시까지…"

"그럼 낮에는요?"

"……"

"낮에는 뭐 하시는데요?"

엄마가 끼어든다.

"집에서 종일 자요."

"예? 그럼 병원에 올 수 있잖아요."

"그러니까요. 그런데 맨날 잠만 자느라…"

"에휴, 그러니까 이 지경이 되는 거죠. 어쨌든 빨리 수술 하시자구요. 이거 이대로 더 시간을 끌면 괴사성근막염으로 발전하거나 뼈에 감염되면 골수염도 생길 수 있어요. 그러면 생명에 지장이 생길 수도 있어요."

"예, 얼른 해주세요."

보호자에게 설명하며 permission(수술동의서)을 받았다.

"수술하고 퇴원해서도 매일 병원에 와서 상처 부위에 박아 넣은 소독약 적신 거즈를 갈아줘야 됩니다."

"언제까지요?"

"상처 부위가 다 깨끗해질 때까지요."

수술을 하는데 예상을 훌쩍 뛰어넘는 정도이다.

Vertical incision(세로 절개)를 하자 엄청난 양의 pus(농)가 꿀럭거리며 나온다.

엄청난 악취. 어지러울 정도다.

모두 석션(suction)을 해내고 massive irrigation(다량의 세척)을 했다.

세로 15cm, 가로 7cm, 깊이 7~8cm 정도의 공간이 드러난다.

"어휴..."

Pilonidal sinus(모소동 농양)의 수술 방법은 크게 wide exci-sion(광범위 절제술)과 marsupialization(조대술)으로 나뉜다. pus(농)의 유무 및 염증 정도에 따라 수술 방법을 달리한다.

그러나 이 환자는 둘 다 불가능한 상황. 드러난 공간이 너무 넓고 염증이 너무 심해서 수술창 변연 부위를 sacrum(천골) 주위에 꿰매줄 수도 없었다.

"보호자 좀 들어오시라고 해요."

환부가 다 나으려면 엄청난 시간이 필요할 것은 자명하다. 이렇게 심한 정도를 보여주지 않고 치료하다가는 분명 딴소리가 나올 가능성이 다분했다.

보호자가 마스크, 수술 모자, 덧가운을 입고 수술방으로 들어왔다.

"어머니, 이것 좀 보세요. 이렇게 안에 공간이 넓어요."

수술방 전체에 퍼져 있는 악취 때문에 얼굴을 있는 대로 찡그린 보호자가 고개만 빼꼼히 내밀어 환부를 본다.

"어머, 어머, 세상에…"
"예상했던 것보다 더 심합니다. 수술하고 내일 퇴원하셔도 앞으로 엄청난 시간 동안 외래로 와서 치료받아야 해요."
"얼마나 걸릴까요?"
"솔직히 몰라요, 얼마나 걸릴지. 석 달이 될 수도, 넉 달이 걸릴 수도 있어요. 그건 치료하면서 상황을 봐야 알아요. 지금은 나아가는 게 문제가 아니라 다른 합병증이 생기지 않기만을 바라야 하는 정도예요."
"예, 원장님. 좀 잘 봐주세요."
"예, 이제는 나가 계세요."

어지간히 씻어내고 betadine gauze ball(소독약 적신 거즈)을 넣는데 gauze ball(거즈 볼)을 다 펴서 넣는데도 여섯 개가 들어간다. 수술 중에 배어 나오는 blood oozing(피가 배어나옴)도 장난이 아니다. 거즈를 다 넣고 엉덩이를 벌려 고정시켰던 테이프를 떼자 양쪽 엉덩이가 몰려와 수술 부위를 닫아버린다.

'거즈 갈 때마다 전쟁이겠군.'

수술을 하기 위해 척추 마취를 하였지만 매일매일 거즈를 갈아주기 위해 척추 마취를 할 수도 없으니 매일 거즈를 새것으로 갈아줄 때마다 환자는 엄청나게 아플 것이다. 그러나 방법은 없다.
다음 날 아침. 퇴원하기 전에 다시 수술방에서 거즈를 갈아준다.

"환자분, 엉덩이에 힘 좀 빼 봐요. 이렇게 힘을 꽉 주고 있으면 거즈를 갈 수가 없어요. 힘 좀 빼보세요."

환부를 벌려 거즈를 넣어야 하는데 환자가 엉덩이에 힘을 꽉 주고 있으니 여간 힘든 게 아니다. 양쪽에서 간호사가 한 명씩 붙어서 엉덩이를 잡아당기고 어찌어찌 거즈를 밀어 넣었다.

"아, 아, 아악! 아아악! 아, 아, 아아악!"
아프다고 소리를 지르지만 방법은 없다. 겨우겨우 치료를 마치고 환자는 퇴원했다. 한 이틀 정도 오더니만 사흘째는 외래가 다 끝날 때까지도 오지 않았다.
"환자한테 전화 좀 해봐요."

간호사가 수화기를 들고 한참을 있는데도 전화를 받지 않는다.

"안 받아요, 원장님."
"에휴, 보호자 전화번호 있죠? 그리로 전화 해봐요."

보호자와 연결.
"여보세요, 어머님이시죠? 환자분이 병원에 치료받으러 오질 않아서 전화 드렸습니다. 지금 환자분 어디 계신지 아세요?"
"집에 있을 텐데요."
"전화를 안 받으세요, 환자분이…"
"에휴, 제가 전화해볼게요."

조금 있다가 걸려온 전화.
"지금까지 잤다네요, 죄송해요. 지금이라도 병원에 가라고 할까요?"
"지금 오시면 얼마나 걸리시겠어요?"
"글쎄요. 한 3~40분?"
"에휴, 저희 이제 5분 후면 진료 시간 끝나요. 오늘은 어쩔 수 없으니 내일 일찍 오세요."
"예."

다음 날. 안 온다.
그 다음 날. 역시 안 온다.

전화? 당연히 안 받는다.

안 온 지 나흘째. 또 보호자에게 전화를 했다.

"예? 안 왔어요? 물어볼 때는 갔었다고 하던데..."

"안 왔어요."

"에구, 그렇게 가라고 가라고 했는데..."

"안 왔어요."

"죄송해요, 내일은 제가 꼭 데려갈게요."

다음날. 환자가 진료실로 들어오자마자 악취가 난다.

"어휴. 그냥 바로 수술실로 가세요."

우리 병원에서는 단순 드레싱은 외래에서 하지만 염증성 처치는 무균 시설이 되어 있는 수술방에서 한다.

수술실에도 금세 악취가 가득 찬다.

anaerobic bacteria(혐기성 세균)에 의한 pus(농) 냄새를 맡아본 적 있는가? 상상을 초월하는 악취다. 나흘 동안이나 상처에 박혀 있었던 거즈. 당연히 거의 썩다시피 되어 있었다.

"아휴, 이게 뭐예요, 이게. 다 썩었잖아요."

"......"

"그동안 왜 안 왔어요?"

"......"

"예? 왜 안 왔느냐구요?"

"시간이 없어서..."

"뭐, 말도 안 되는... 시간이 왜 없어요? 자느라 안 온 거지."

"......"

"환자분, 이거 제대로 치료 안 하면 큰일 난다니까요. 뼈에 감염되면 뼈가 녹아내리고 패혈증이 올 수도 있어요."

"......"

"가뜩이나 처음에 병원에 늦게 와서 치료를 적극적으로 해도 상처가 나으려면 시간이 엄청 걸릴 텐데, 이렇게 병원에 안 오면 언제 나으려고 그러세요."

"......"

환자는 대답이 없다.

"계속 호프집 알바 하는 거예요?"

"예."

"가게 주인이나 손님들이 뭐라고 안 해요? 냄새난다고? 이거 그냥 멀찍이 떨어져 있어도 냄새날 텐데?"

"......"

역시 대답은 없지만 환자의 표정은 '어, 어떻게 알았지?' 하는 표정.

"냄새난다는 얘기 들었죠?"

"예."

"그런데도 아무렇지 않았어요?"

"저는 잘 모르겠던데…"

"자기 자신한테서 나는 냄새니까 코가 마비되어서 잘 모르는 거죠. 남들은 다 맡는다구요."

"……"

호프집 알바생에게서 이런 악취가 났으니 손님들 술맛 참 좋기도 했겠다.

상처 소독을 하고 다시 약을 처방했다.

환자가 수납 계산을 하면서 하는 말.

"약 아직 남았는데…"

"엥? 지난번에 닷새분 드렸으니 지금쯤 다 떨어졌을 텐데요?"

"……"

"약 안 먹었어요?"

"……"

"몇 봉지나 남았어요?"

"열 봉지쯤…"

"예? 그럼 거의 안 먹은 거잖아요."

"……"

도대체가 얘는 뭔 대답을 안 한다.

"가뜩이나 상처 부위 엉망인데 거기다 약까지 안 먹으면 어떡해요. 그래 가지고 상처가 낫겠어요?"

"……"

"약 좀 잘 드시고, 병원 치료도 꼬박꼬박 좀 받으세요, 제발 좀요, 예?"

"예."

그러나 역시, 환자는 기대를 저버리지 않고 다음 날도, 그 다음 날도 오지 않았다. 이후 두 번 정도 다시 보호자에게 연락하여 환자가 다시 내원했었으나 그마저도 띄엄띄엄. 자꾸 전화하니 나중에는 보호자마저 짜증을 내더라.

"아, 몰라요. 제가 계속 가라고 하는데도 애가 안 가는 걸 어떡해요. 저도 직장 생활하느라 아침에 나오는데 애는 그 시간에 자고 있으니 병원 가라고 하는데도 건성건성 대답하고… 그러니 제가 뭘 어떡해요. 아유, 몰라요 몰라. 저도 이젠 몰라요."

전화를 뚝 끊는다.

다른 surgeon(외과 의사)들은 어떤지 모르겠으나, 비유하자면, 나는 수술을 내 작품(?) 같이 생각하는 경향이 있다. 수술이 잘 되었는데 환자의 협조가 안 되거나 금기 사항을 지키지 않아서 환자의 상태가 나빠지면 매우 기분이 나쁘다.

"그걸 어떻게 일일이 의사가 신경을 쓸 수 있냐? 그냥 냅싸둬."

하는 분도 많지만 나는 그게 잘 안 된다.

환자든 보호자든 누구에게든 화를 내고 옥박질러서라도 내 작품(?)을 망쳐버리는 꼴을 못 본다. 그래서 대개 이런 경우에 있어서는 결국 환자나 보호자와 사이가 나빠진다.

결국 이 환자는 중간에 F/U loss(Follow Up loss:추적관찰 안됨)되었다. 어디 다른 병원에 가서라도 치료를 받으면 좋으련만 그럴 가능성이 적어 보이니, 언제 패혈증이 생기거나 뼈가 녹아내려 열이 펄펄 나면서 응급실로 실려 갈지 모를 일이다.

이게 뭔 짓인지.

어떻게 자기 몸인데 그렇게까지 무관심하고 무책임할 수 있는지.

참 별의별 사람 많다.

대부분의 사람이 자기의 직업이나 사회적 위치에 따라 만나게 되는 사람들의 부류가 좁아지게 마련인데 유독 의사들은 그런 범위가 없다. 물론 개원한 위치에 따라 사회/경제적 포지션이 다른 사람들을 만날 수도 있겠으나 질병이라는 것이 사회/경제적 레벨에 따라 발생하는 것이 아니다 보니 의사는 다른 직업군보다 훨씬 다양한 계층의 사람을 만나게 된다.

이는 대학병원에 있는 교수라고 해서 크게 다르지 않은데 다만 의사 앞에서 환자가 취하는 태도나 의사의 조언 또는 조치에 따른 민감도가 다르다. 대개의 경우 대학병원의 교수 앞에서는 한 마디 complaint(불평)도 하지 못하는 사람들이 의사가 속해 있는 병원의 건물이 작아질수록 반비례하여 목소리가 커진다. 대학병원에 남지 못한 이유가 무엇이든 간에 결국 내가 다른 의사보다 못하니 그랬을 거라고 생각한다. 하지만 개원을 해서 환자를 보다 보면 어찌 이다지도 전문가를 무시하고 제멋대로 하는 사람이 많은지 놀라울 정도이다.

이유야 뭐 별 거 있겠나? 난 그렇게 생각한다. 그냥 '비겁하기' 때문이라고.
위세에 눌리면 찍소리 못하다가 조금만 틈이 보이거나(적어도 자기 자신이 보기에) 만만하다 생각되면 무시하고 갑질하려는 민족성.

사실,
우리가 뭐 얼마나 대단한 민족이겠는가? 오죽 못났으면 이 좁은 땅덩어리에서 세 나라로 나뉘어 천 년을 싸웠고 이후 한 나라로 통일되었어도 그 안에서마저 사색당파로 나뉘어 서로 물고 뜯고 죽이고 죽고 하지 않았나?
애시 당초 누구와도 잘 지내볼 생각이 없이 내 이익, 내가 속한 무리의 이익, 내가 속한 진영의 이익만을 추구해오지 않았는가 말이다. 그 이익을 위해서라면 같은 나라의 같은 민족도 얼마든지 적으로 만들고 제거해도 괜찮다는 생각. 그 큰 카테고리의 생각은 모두 개개인의 생각이 모여서 만들어지는 것이다. 개개인의 수준이 떨어지니 나라 수준이 떨어지는 것이라는 유명 정치인 아들의 말을 반박할 수가 없다.
"미친 거 아냐?"
"저게 지금 말이야 방구야?"
"우와, 어떻게 저렇게 뻔뻔할 수가 있지?"
"똑같은 사안을 어떻게 저렇게 해석하냐?"
"저거 완전 거짓말쟁이네."

요즘 들어 입에 달고 사는 말이다.

그러나 저 인간이, 저 무리가, 독특하고 유별난 사람들이 아니라 전체 구성원의 수준이 그것밖에 안 되는 것이 아닐까. 결국 의료도, 원전도, 과학도, 경제 발전도, 높은 교육 수준도, 민주주의도 그저 돼지 목에 진주 목걸이였다는 것.

어차피 미련은 없다. 떠날 수 있는 능력이 안 되어 그저 하루하루 살아갈 뿐. 왜 미처 깨닫지 못하고 준비하지 못했을까.

후회만 남는다.

그렇게도 자신이 없어?

어떤 분야의 전문가란 그 사람 전문적 지식과 술기가 다른 직역으로 그 역할의 대체가 불가능한 사람들이라고 할 수 있다. 원자력발전 전문가를 수력발전소 소장이 대체할 수 없고, 소송 대리인을 복덕방 아저씨가 대체할 수 없으며, 프랑스 요리의 셰프를 콩나물국밥집 아주머니가 대체할 수 없다.

그러나 세상에는 지가 알고 있는 알량한 지식이 만고의 진리라고 생각하며 무서운 줄 모르고 겁대가리 없이 달려드는 무식한 놈들도 존재한다. 깜이 안 되면 무시하는 게 답이긴 한데 하도 말도 안 되는 소리를 하면서 기어오르려고 하니 어처구니가 없다.

#1

페이닥터 시절. 어느 날 오후 원내 방송이 울린다.

"응급실 CPR(Cardio-Pulmonary Resuscitation:심폐소생술), 응급실 CPR..."

할 일이 없어 외래에서 탱자탱자하고 있다가 스프링처럼 뛰쳐나갔다.

50대 정도로 보이는 여자 환자.
키는 작지만 몸은 어느 50대의 아줌마들처럼 보였다. 실오라기 하나 걸치지 않은 채 베드 위에 누워 있고 응급실 담당 의사가 열심히 CPR을 하고 있었다. 주위엔 119 구급대원이 두어 명 있었다. 내가 응급실에 도착함과 동시에 내과 과장들도 서너 명 도착했다.

"뭐예요? 무슨 환자예요?"
"목욕탕에서 갑자기 쓰러지셨다고 연락을 받고 저희가 출동했는데 출동할 당시에 이미 self(자발 호흡)는 없었구요, 심정지 되어 있는 상태였습니다. 혈압도 잡히지 않구요. 일단 목욕탕에서부터 CPR을 하면서 이송했는데 아직까지도 돌아오지 않습니다."

119 대원이 말했다.

"그럼 DOA(Dead On Arrival:내원 당시 이미 사망함)네요?"
"예."
병원에 내원하기 전에 이미 사망한 경우 CPR을 하지 않아도 법적으로는 문제가 없지만 의사가 그랬다가는 우리나라 정서법에 의해 비난을 면치 못한다.

"쓰러진 이후에 병원까지의 이송 시간은 얼마나 되나요?"
"약 한 시간 30분 정도 됩니다."

한 시간 30분간의 cardiac arrest(심정지). 소생 가능성은 희박해 보였다. 그러나 의료진은 실낱같은 희망이라도 최선을 다해야 한다. 내과 과장들도 번갈아가며 cardiac massage(심장 마사지)를 하고 있었다.

"보호자는요?"
"전데요."
옆에서 울고 있던 젊은 여자가 대답했다.

"따님이세요?"
"예."
"어머니가 평소에 무슨 질환을 앓고 계신 것이 있었나요?"
"당뇨, 고혈압 있었구요, 그거 말고는 다른 건 없었어요. 가끔 양쪽 어깨 아프다는 것 말고는..."

고혈압의 기왕력. 갑자기 쓰러짐. 장소는 목욕탕.
가장 먼저 생각할 수 있는 질환은 CVA(CerebroVascular Attack:뇌혈관

질환(뇌출혈 등))이다.

"머리 CT를 찍어봐야 하겠네요. 지금으로서는 뇌출혈 같은 질환을 의심
해봐야 해요."
"예, 선생님. 우리 엄마 살려만 주세요."
"환자분 심장이 돌아와야 CT를 찍을 수 있어요."

그러나 계속되는 CPR에도 arrest(심정지)는 돌아오지 않는다. 응급실 담
당 의사나 내과 과장들 모두 땀으로 젖는다.

"손 바꿔요. 제가 좀 할게요."

내과 과장이 발판으로부터 내려오고 내가 대신 올라갔다.

"어?"

cardiac massage(심장 마사지)를 하는데 손이 닿은 환자의 가슴이 버그
럭거린다.

"아, 씨."
CVA(뇌혈관 질환)가 아니다.
"빨리 portable X-ray(이동식 X-ray 촬영기) 가져오라고 해요."

방사선 기사가 들어왔다.

"Chest AP(흉부 사진) 빨리 찍어주세요."

X-ray를 찍는 동안 보호자에게 물었다.

"어머니랑 목욕탕에 같이 갔었어요?"

"아뇨, 엄마만 갔었어요."

"목욕탕에 가시기 전에 몸이 어디 불편하다는 말씀 없었어요?"

"그냥 몸이 좀 안 좋다고는 하셨는데…"

"어떻게요?"

"오전에 한의원 갔다 오시구선 그냥 전체적으로 몸이 좀 안 좋다고…"

"한의원엔 왜요?"

"어깨가 아프셔서…"

"침 맞았어요?"

"예."

"어디에요? 어디에 맞으셨대요?"

"그건 잘…"

"에휴, 어깨 아파서 가셨다구요?"

"예. 왜요? 선생님? 뭔데요? 왜 그러는데요?"

"사진 나오면 보고 나서 설명 드릴게요."

CPR은 내과 과장들이 계속 하고 있고 Chest AP(흉부 사진)가 나왔다.

"이런 X새끼."

저절로 입에서 욕이 나왔다.

Both Tension Pneumothorax(양측성 긴장성 기흉).

양쪽 폐는 짜부러질 대로 짜부러져 mediastinum(종격동)에 붙어있다시 피 하고 가슴에는 심장 하나만 달랑 남아 있다.

"CTD(Closed Thoracostomy Drainage:흉관 삽입술) 준비해 주세요, 두 개."

cardiac massage(심장 마사지)를 하고 있는 상태에서 흉관을 삽입한다는 게 쉬운 것이 아니다. 쉼 없이 움직이는 흉벽에 incision(절개)을 가하고 Kelly(겸자)를 쑤셔 넣었다.

국소 마취? 그런 거 할 시간이 어딨나? 초, 초, 초응급인데. 더구나 환자 는 통증도 느끼지 못할 터이다.

퓨슈슈슉... 파바바박...

높은 압력의 갇혀 있던 공기가 튀어나오면서 절개 부위의 피가 밖으로 튄 다. 가운에 온통 핏방울 천지다.

"tube(흉관)!"

관을 꽂아 넣고는 바로 반대쪽으로 가서 한 번 더...

퓨슈슈슉... 파바바박...

마찬가지로 피가 튄다. 그 와중에도 CPR은 계속된다. 그러나 환자의 vital(활력 징후)은 돌아오지 않는다. 시간이 그렇게나 많이 지났으니 그럴 수밖에...

"과장님, 여기..."

응급실 간호사가 가리키는 쪽을 보니 Trapezius muscle(승모근)의 위쪽 margin(변연)을 따라 양쪽으로 세 개씩 붙어 있는 스티커. 침을 놓은 자리다.

"에이, Si bel! 얼마나 긴 걸 찔렀길래."

피부에서부터 피하지방층을 지나, 근육층을 뚫고, 벽측 늑막을 뚫고, 폐측 늑막을 뚫어야만 비로소 기흉(pneumothorax)이 된다. 어지간한 작은 침으로는 폐측 늑막까지 닿지도 못하며 침이 가늘 경우 뚫었다 하더라도 쉽게 기흉이 생기지는 않는다. 즉, 어지간히 길고도 굵은 장침을 썼다는 말이다.

30분 넘게 CPR을 계속 했지만 결국 환자는 사망했다. 사망선고를 하고 보호자에게 긴장성 기흉이며 원인은 한의원에서 맞은 침 때문인 것으로 생각된다고 설명했다.

며칠 후 외래에서 사망진단서를 발급했다. 보호자는 한의원을 상대로 소송을 걸겠다고 했다. 그 한의원에서는 어떤 논리로 반박했을까?

"환자와 내가 합이 안 들어서 그래."

"환자가 원래 기흉이 잘 생길 상이야."

"침을 찔러서 그랬다고 그래? 의사가? 지가 뭘 안다고?"

"침하고 기흉은 아무 상관없어. 원래 아주머니가 폐장이 약하고 허해서 그런 거야."

"내가 침 놓으면서 아주머니한테 오늘은 절대로 목욕하면 안 된다고 얘기했는데 아주머니가 목욕을 해서 그런 거잖아. 그게 왜 내 책임이야?"

대충 예상되는 변명들이다. 이후 소송의 결과가 어땠는지는 모른다. 아니, 정말 소송까지 갔을지 그냥 합의하고 끝냈는지도 모른다. 하여튼 멀쩡한 생사람을 잡은 것은 맞지 않은가?

한의대에서 해부학을 배우는지, 배운다면 실제 카데바(cadaver:해부용 시체)를 해부하는 실습을 하는지 나는 알지 못한다.

그러나 배우지 않는다면 무슨 배짱으로 침을 찔러대는지 무모하기 그지없는 것이고, 배운다면 도대체 어떻게 배우길래 그렇게 깊숙하게 찔러대는지 무식하기 그지없는 것이다.

사람 몸이 그렇게 만만한 것 같나?

#2

역시 페이닥터 때의 얘기다.

응급실로 온 60대 여자 환자.

1주일 넘게 지속된 RUQ(우상복부) 통증으로 내원했다. 이학적 검사 상 환자는 열도 있었고, 우상복부에 심한 tenderness(압통)과 rebound tenderness(반발통), muscle guarding(근육 강직)까지 있었다. 응급실에서 시행한 혈액검사 상 백혈구 수치의 증가 소견도 보였다. Acute cholecystitis(급성 담낭염)이 의심되어 확진을 위해 CT를 찍어야 하는 상황이다.

그런데 응급실에서 미리 찍어놓은 simple abdomen(복부 X-ray)를 보고는 울컥 화가 치밀었다. simple abdomen(복부 X-ray)상에서도 확연히 보이는 GB stone(담낭 결석). GB(Gall Bladder:담낭)도 띵띵 부어 있는 것이 보인다.

GB stone(담낭 결석)은 Ureter stone(요관 결석)과 달리 X-ray에서 잘 보이지 않는다. ureter stone(요관 결석)이 X-ray에서 보일 확률은 90%이지만 GB stone(담낭 결석)은 90% X-ray에 보이지 않고 단지 10%의 확률로 보인다. 즉, GB stone(담낭 결석)이 X-ray만으로 진단이 된다면 매우 행운인 케이스가 되는 것이다.

환자가 병원에 늦게 와서 화가 난 거냐구?

아니, simple abdomen(복부 X-ray) 상 epigastrium(상복부:명치) 부위

에서 나타나는 길이 5mm 정도의 무수히 많은 '선(line)' 때문이었다.

열이 펄펄 나서 얼굴까지 벌게진 환자에게 다가가 물었다.

"환자분, 왜 이제야 병원에 오셨어요?"

"……"

"그동안 엄청 아팠을 텐데요, 식사도 못하시고…"

"아이구, 말도 마세요. 뭐만 먹었다 하면 아파서 물도 못 먹었어요."

"그동안 병원에 한 번도 안 가보신 거예요?"

"아뇨, 갔죠."

"어디 병원에 다니셨는데요?"

"동네 한의원이요."

"예? 한의원이요? 한의원에 왜 가요. 나 참."

"……"

"거기서는 뭐라고 했는데요?"

"위가 안 좋다고…"

"위요? 위가 안 좋다구요?"

"예. 자꾸 뭐만 먹으면 명치끝이 아프니까 위가 안 좋아서 그런 거라고."

"내시경은 해 보셨어요?"

"아뇨."

"근데 위가 안 좋은 건 어떻게 알아요?"

"저야 모르죠. 그 원장님이 위가 안 좋다고 하니 그런 줄 아는 거죠."

"그래서요? 그래서 거기서 뭘 하셨는데요?"

"……"

"금침 맞았죠?"

"어떻게 아셨어요?"

환자가 눈이 동그래지면서 놀란다.

"에휴, 엑스레이에 다 나와요. 금침 맞은 거. 그냥 완전히 더글더글 하더만요."

"아."

"그래서 금침 맞으니까 나았어요?"

"아뇨, 더 아팠어요. 나중엔 열도 나고…"

"금침 맞고 나서도 계속 아프다고 그 한의원에 얘기하셨어요?"

"예."

"그랬더니요? 뭐라고 해요?"

"나아가는 과정이라서 그렇다고, 조금만 더 지나보라고…"

"에휴."

명현 현상? 뭐 그런 얘기를 했나보다.

"그래서 그 말만 믿고 계속 한의원만 다니신 거예요?"

"……"

"아주머니는 담낭 결석에 의한 급성 담낭염이에요. 담낭, 즉 쓸개 안에 돌이 있어서 그것 때문에 쓸개에 염증이 생긴 거라구요. 염증이 엄청나게 심해서 담낭이 띵띵 부었어요. 위가 나쁘긴 무슨 위가 나빠요? 위가 아니라 담낭이 나쁜 거예요."

"그 한의원에서는 위가 나빠서 그런 거라고 하니 그런 줄로만…"

"그 한의원이 어디예요? 오진을 해서 환자 상태만 더 나빠지게 했잖아요. 잘 모르겠으면 병원에 가보라고 해야지, 환자를 계속 잡아두고 상태만 더 나빠지게 하면서 환자에게 돈이나 빼먹을 궁리만 한 거 아니에요? 그런 한의원은 고발해야 해요. 거기가 어디예요?"

"에휴, 거기 원장님도 진단이 어려운 병이니까 그러신 거겠죠."

나 참, 그 한의사 때문에 자기의 병이 더 악화된 건데 두둔을 하고 있었다.

"아니, 무슨, 진단이 어렵기는 뭐가 어려워요? 환자분 X-ray 하나 달랑 찍었는데 그냥 진단이 다 나왔잖아요. 담낭이 띵띵 부어 있고 그 안에 돌도 더글더글 하다구요. X-ray 하나 찍어서 바로 진단이 된 건데 진단이 어렵기는 뭐가 어려워요?"

"에휴, 그 원장님한테 뭐라고 하지 마세요. 얼마나 친절하게 잘 해주시는데. 제가 거기 단골이에요."

"하!"

기가 막혔다.

친절하단다.

친절하기만 하면 오진해도 괜찮고,

친절하기만 하면 환자를 이렇게 위험하게 만들어도 괜찮고,

친절하기만 하면 환자 등골에 빨대를 꽂아도 괜찮다는 말인가?

"아주머니, 아주머니는 지금 상태가 굉장히 안 좋다구요. 담낭에 염증이 심하면 이것 때문에 패혈증까지 올 수 있어요. 패혈증이 오면 그냥 돌아가시는 거라구요. 괜찮긴 뭐가 괜찮아요? 그 한의사 때문에 아주머니가 이렇게까지 위험해지고 그동안 고생은 고생대로 하고 돈은 돈대로 낸 거잖아요."

"그래도…"

"하!"

만약 의사가 오진을 했어도 저 환자는 저렇게 너그러웠을까? 당연 아닐 것이다. 만약 의사가 오진을 하고 일주일이나 시간을 끌어서 본인 상태가 이렇게까지 나빠졌다면 가족은 물론이고 사돈의 팔촌까지 들이닥쳐서 병원을 난장판으로 만들었을 것이다.

"아주머니, 어쨌든 수술을 하셔야 되는 거라서 배 CT 좀 찍으십시다."

"예? 수술해야 돼요?"

"그럼요, 이건 수술밖에는 방법이 없어요."

"아, 한의원에서는 침 맞고 약 먹고 하면 된댔는데…"

빠직!

지금까지 뭘 들은 건가? 한의사 때문에 본인이 이렇게까지 나빠진 건데 그래서 수술밖에는 방법이 없고 그 수술마저도 수월한 수술도 아닐 텐데 한의사가 침 맞고 약 먹으면 된다 했다고 내 앞에서 한의사 편을 들고 있다는 말이야?

"아, 진짜, 아주머닛! 지금 그 한의사 때문에 아주머니 상태가 이렇게 된 건데 여기서 또 그 한의사가 말한 엉터리 얘기를 하시는 거예요? 예?"
"아니, 그 원장님은 침 맞고 약 먹으면 된다고 해서..."
"약이요? 그 깜장물이요? 배가 아파서 물도 제대로 못 마셨다는 분이 깜장물은 어떻게 드시려구요?"
"......"

신경질이 났다.

"아, 아, 아, 됐어요, 됐어. 그럼 수술 안 하시겠다는 거죠? 그럼 그냥 그 한의원으로 다시 가시겠어요? 퇴원시켜 드려요?"
"아, 아뇨, 할게요, 수술. 여보, 수술하자. 수술밖에는 방법이 없다고 하시잖아. 지금도 많이 아픈데 그냥 빨리 수술하고 낫는 게 낫지."
"수술하자, 응?"
옆에서 듣고 있던 남편이 환자를 설득한다.

"수술할게요."

기어들어가는 목소리로 환자가 대답했다.

"간호사, 여기 abdomen CT(복부 CT) 찍으세요."

환자를 쳐다도 안 보고 휙 하니 진료실로 올라왔다. 진료실에서 CT를 확인하는데…

"에휴, Si bel!"

CT상 GB(담낭)는 띵띵 부어있고 그 안에는 radio-opaque stone(X-ray에 하얗게 나오는 결석)이 꽉 채우고 있었다. GB의 주변부로는 omentum(대망)과 colon(대장)이 엉겨 붙어 있고 GB는 까맣게 변해 조영이 되지 않고 주변부만 조영이 된다. 가뜩이나 주변 혈관이 잘 안 보이는데 금침에 의한 artifact(금속 성분이 방사선을 반사하여 생기는 영상 오류)는 덤이다.

CT를 촬영할 때 대부분 조영제를 쓰게 된다. 조영제는 contrast라 하여 영상에서 다른 장기나 부위와 구별이 잘 될 수 있게 하는 역할을 한다. 이 조영제는 혈액에 섞여 혈관을 따라 이동하므로, 혈액이 많이 몰리는 염증이 많은 부위에 가서 주로 분포하여 CT상 염증이 많은 부위는 하얗게 변한다. 그러나 이미 조직이 괴사되어 더 이상 혈액이 분포하지 않는 부위는 조영제가 다다르지 않아서 오히려 어둡게 변한다.

이 환자에서도 GB가 조영되지 않고 까맣게 변했다는 것은 이미 담낭 조직이 괴사되어버렸다는 의미가 된다. 쉽게 말해서 '담낭이 썩었다'라고 표현한다. 수술이 쉽지 않을 거라는 것은 쉽게 예상이 되었다.

보나마나. 수술을 하게 되면 어디가 어딘지도 모를 정도로 들러붙어서 담낭과 주변 장기들과의 경계가 모호할 것이고, 담낭과 주변 장기들을 박리하게 되면 여기저기서 물먹은 스펀지에서 물이 배어 나오듯이 출혈이 될 것이다. 그 피를 석션(suction)하는 데만도 많은 시간이 걸릴 것이고 그만큼 수술 시간은 길어지겠지.

요즘은 염증이 심해도 대부분 복강경으로 수술하지만 나는 무리해서 복강경 수술을 하지 않는다. 시간도 오래 걸리고 일부러 낑낑대면서까지 흉터 좀 적게 하자고 수술을 어렵게 하고 싶지는 않다. 요즘의 트레이닝과는 달리 라떼는 개복술을 기본으로 하며 트레이닝을 받아서인지 배를 여는 것이 두렵지 않다. 수술은 최대한 빨리, 가장 확실한 방법으로 하자는 것이 내 지론이다. 수술을 위한 수술은 하고 싶지 않다.

다시 응급실로 갔다. 보호자에게 CT를 보여주며 설명했다.

"담낭이 다 썩었구요, 주변 장기들이 다 들러붙어서 수술이 쉽지 않을 겁니다. 수술에 대해 설명 드리고 동의서 받겠습니다."

처음부터 개복술로 설명했다. 대부분의 환자나 보호자가 그렇겠지만 의사가 수술에 대해 설명을 해도 그 설명의 몇 퍼센트나 알아들을까 싶다. 가뜩이나 정신이 없는데 익숙하지 않은 의학용어들을 얼마나 알아듣겠나? 그래서 나는 수술동의서를 받을 때 그림을 그린다.

"사람의 뱃속을 들여다보면 대충 이렇게 생겼어요. 여기가 간이고, 간 옆에 위가 이렇게 있구요, 쓸개즙은 쓸개에 저장되는 것이기는 하지만 만들어지기는 간에서부터 만들어져요. 그래서 간에서부터 나뭇가지 모양으로 생긴 담관을 따라 내려와서 간 밑에 있는 쓸개에 저장이 되고, 이 담관은 아래로 계속 내려와서 위 뒤에 있는 췌장에서 나오는 관과 합쳐진 후에 이렇게 십이지장으로 열립니다. 그래서 음식이 식도와 위를 통과해서 십이지장으로 내려오게 되면 거기에 맞춰서 쓸개가 수축을 해서 쓸개즙이 십이지장으로 내려와서 음식물과 섞여 소화에 도움을 주게 되는 거예요.

쓸개는 호리병을 거꾸로 놓은 것처럼 생겼는데 나오는 출구가 좁아서 환자분은 이 쓸개에 돌이 가득 차서 그 돌이 이 출구를 꽉 막으니 쓸개즙이 배출이 되지 않고 염증이 생긴 거예요. 그래서 이 쓸개를 떼어내고 이 출구를 묶어버리는 수술을 할 겁니다."

"쓸개를 뗀다구요?"

보호자가 눈이 휘둥그래지면서 묻는다.

"예."

"그래도 사는 데 지장 없어요?"

"수술 후에 한동안 소화가 잘 안 된다거나 설사를 할 수는 있지만 그것도 시간이 지나면 다 정상으로 돌아오고 사는 데 크게 불편한 것은 없어요."

"아무리 그래도 장기가 없어지는 건데…"

"별 수 없어요. 치료 방법이 그런 거니까. 그리고 환자분은 이미 쓸개가 썩어버려서 기능도 못해요. 떼어내야죠."

"쓸개가 없으면 어떻게 되는 거예요?"

하, 방금 설명했잖냐. 사는 데 별로 불편한 것은 없다고.

"어떻게 되긴 뭐 어떻게 돼요? 쓸개 빠진 사람 되는 거지."

안 웃겼나 보다. 보호자의 표정이 영 못 미더운 표정이다.

"여기에 환자분 성함이랑 보호자분 성함, 주소, 주민번호 쓰시구요, 여기다 사인해주시고, 남편분이시니까 관계란에 남편이라고 써 주세요."

보호자가 마지못해 사인을 했다. 뭐, 그러거나 말거나. 치료의 방법은 명확한 것 아닌가? 역시 수술은 예상을 전혀 빗나가지 않았다.

Rt. subcostal incision(우측 늑골하 절개)을 하고 들어가니 어디가 어딘지 구별이 되지 않을 정도이고 GB(담낭)는 보이지도 않는다. 이미 omentum(대망)이 liver(간)까지 다 들러붙어서 GB(담낭)를 감싸고 있었다. dissection(박리)을 할 때마다 스물스물 피가 배어 나와 온통 시야를 가린다.

"야, 야, 야, 임마, 석션하라고 석션! 손을 이렇게 넣어서 아래로 당기라고. 야, 야, 이 새끼야, Richardson(리차드슨:retractor의 일종)을 왜 거기다 댓! 손으로 하라고 손으로, 이 새끼얏!"

수술이 어려우니 어시스트에게 괜한 화풀이를 한다.

acute cholecystitis(급성 담낭염) 정도가 아니라 아예 GB em-pyema(담낭 농양)이다.

정상적으로는 녹색을 띠어야 하는 담즙이지만 쌀뜨물처럼 하얗게 변해 점액성 콧물처럼 변해 있다. 이렇게 염증이 심한 담낭의 경우 조직 자체가 매우 friable(부스러지기 쉬운)하여 Right-angle(수술 기구의 일종)이나 Dissector(수술 기구의 일종) 등을 어설프게 썼다가는 오히려 출혈만 더 일으킨다. 이럴 때는 suction tip(흡입기구)으로 살살 밀면서 박리하면 vessel(혈관)이나 cystic duct(담낭관)를 더 쉽게 노출시킬 수 있다. 담낭 벽은 다 썩어서 까맣게 변해버렸고 흐늘흐늘하다. Kelly(수술용 겸자)로 잡으면 잡는 족족 찢어진다.

30여 개의 결석이 나왔다. 환자를 그토록 아프게 하는 결석이지만 아이러니하게도 결석 자체는 맨질맨질한 공깃돌처럼 예뻤다. Hart-mann's pouch(하트만씨 낭:담낭의 해부학적 부위 중 하나)에 감입되어 있던 stone(결석)을 제거하고 cystic duct(담낭관)를 묶고는 massive irrigation(세척)을 하고 JP drain(배액관)을 넣고는 수술을 끝냈다.

수술은 잘 되었다. 항상 그렇듯이.
나는… 진이 빠진다.
그러나 뭐 어쩌랴. 외과 의사가 다 그런 거지 뭐.

수술방에서 나와 보호자에게 설명을 하고 수술은 잘 되었으니 걱정 말라고 했다.

"여기요, 꺼낸 돌입니다."

플라스틱 통에 넣은 담낭 결석을 보호자에게 건네주었다. 나는 환자에게서 꺼낸 담낭 결석은 항상 기념으로 환자에게 준다.

"우와, 이렇게나 많았어요?"
신기해하는 보호자를 뒤로하고 외래로 돌아왔고 오후 회진을 마치고 퇴근했다. 다행히 밤새 어떠한 콜도 없었고 푹 잘 수 있었다.
그러나 다음날 상쾌한 아침의 기분은 그리 오래가지 않았다. 병원에 출근하자마자 병동으로 회진을 갔다. 회진 전 확인한 vital sheet(활력증후 기록지)에서는 열도 떨어져 있고 진통제 주사도 맞지 않아 환자의 상태는 좋아 보였다.

"좀 어떠세요?"

병실에 들어가며 환자에게 안부를 묻는다.

'젠장.'

밝은 얼굴로 환자와 보호자의 감사 인사를 기대한 것이 나의 잘못이었다.

"왜 이렇게 많이 쨌어요?"

"이게 많이 쨘 거예요? 한 뼘 길이도 안 되는데?"

"많이 쨘 거죠. 여기서부터 여기까지 쭈욱…"

"환자분은 담낭에 염증이 심해서 개복술로 수술해야 한다고 보호자분께 미리 말씀드리고 수술동의서도 받고 했는데요."

"그래도 이렇게 많이 쨀 줄은 몰랐죠. 이렇게 많이 쨀 줄 알았으면 수술 안 받았죠."

'헉, 수술을 안 받았을 거라고?'

"아니, 그렇잖아요. 요즘엔 의술이 많이 발전해서 레이저로도 수술할 수 있다던데, 왜 그걸로 안 하신 거예요?"

"복강경이요? 환자분은 염증이 너무 심해서 복강경으로 수술 못해요. 담 낭이랑 다른 장기들이 다 들러붙어 있어서 어디가 어딘지 구별하기도 쉽지 않았고 그거 박리하면서 피도 많이 나고 시야가 가려지기 때문에 복강경으로 하면 수술 시간이 엄청 길어졌을 거예요. 환자분은 병원에 너무 늦게 오셔서 담낭이 다 썩어버렸기 때문에 수술 전에 열도 많이 나고 하셨잖아요. 그런데 시간이 오래 걸리는 수술 방법으로 수술하면 환자분이 위험해질 수도 있었어요. 괜히 어려운 수술 방법으로 수술할 필요가 없잖아요."

"선생님이 못 하시는 것은 아니구요?"

빠직!

"하아! 저도 복강경 전문 의사입니다. 저도 쓸개를 떼어내는 수술의 대부분을 복강경으로 해요. 그런데 그것도 케이스 바이 케이스죠. 누구나 다 복강경 수술로 할 수는 없어요. 환자분은 개복술로 했기 때문에 그나마 두 시간이 채 안 걸린 거지 만약에 복강경으로 수술했으면 서너 시간은 충분히 걸릴 정도였어요. 수술하면서 위험하기도 하고..."

"그래도 복강경으로 했었어야죠. 이게 뭐예요? 이게? 이렇게 쭈욱 째 놓으면 보기 흉하잖아요."

"지금 보기 흉한 게 문제예요? 환자분은 돌아가실 뻔했어요."

"돌아가시긴 뭘 돌아가셔, 멀쩡했구만."

눈을 맞추지 않고 흘겨보듯 옆 눈을 뜨고 혼잣말처럼 내뱉는다.

빠직!

"멀쩡하긴 뭘 멀쩡해요? 그렇게 통증이 심하고 열도 펄펄 나시던 분이 멀쩡한 거예요? 환자분은 수술 빨리 안 했으면 돌아가실 수도 있었어요."

"아니거든요? 한의원 원장님은 약으로 치료할 수 있다고 하셨거든요?"

헐, 빠직!

"무슨, 그 한의원에서 환자분을 이렇게 만든 거라구욧! 담낭에 염증이 있었던 건데 그 한의원에서는 위에 문제가 있다고 했다면서요? 그것부터가 틀렸잖아요, 오진이잖아요. 이미 오진인데 뭘 약을 써서 치료를 해요?"

"아니에요, 그 원장님은 오랫동안 절 봐와서 제 체질을 잘 아신다구요. 그 원장님이 하라는 대로 해서 제가 다 나았었다구요."

"어디가요? 담낭염이요?"

"아뇨, 어깨랑 허리랑도 그렇고 손발 저리던 것도 그 원장님이 지어주신 약 먹고 다 좋아졌다구요. 그 원장님이 저랑 잘 맞아서 그 원장님이 하시면 금방금방 낫고 그랬다구요."

기가 막혔다.

"그래서 이것도 나았어요?"

"예?"

"이 담낭염도 나았냐구요?"

"약을 안 먹었으니까 안 나았던 거죠. 계속 그 원장님한테 다녔으면 나았겠죠."

"하아!"

뭐 이런 논리가 있냐.

"죽을 사람 살려놨더니 보따리 달라고 하시네."

"어머, 무슨 말을 그렇게 해요? 제가 언제 그랬어요? 제가 뭘 달라고 했어요? 왜 복강경으로 안 하고 개복술로 했냐고 물어보는 건데 선생님은 왜 말을 그렇게 해요?"

"환자분, 더 이상의 언쟁은 의미도 없구요. 환자분이 이렇게 쌩쌩하게 저한테 따지시는 것을 보니 수술은 잘 되었고 환자분 회복도 빠른 것 같네요. 열도 더 이상 없고 간밤에 진통제 주사 한 방도 맞지 않으셨으니 그만큼 통증도 없다는 말이 되는 거구요. 저는 할 일을 다 한 것 같네요."

"……"

"염증이 심했으니까 오늘까지는 금식하시고 내일 아침부터 물부터 시작해서 드시다가 괜찮으시면 점심때부터 죽 드릴게요."

"어머, 오늘 굶으라구요?"

"예. 오늘은 금식입니다."

"며칠간을 굶어서 배고픈데..."

"배가 고프다구요?"

"그럼요, 고프죠. 며칠을 굶었는데 배가 고프지 안 고프겠어요?"

"수술 전에도 배가 고팠어요?"

"아니죠, 수술 전에는 안 고팠죠."

"뭘 먹을 수가 없었죠."

"수술 전에는 입맛이 없었죠?"

"그... 렇죠."

충수돌기염(맹장염)이든 담낭염이든 십이지장 궤양 천공이든 복강 안에 위치한 장기들이 수술을 필요로 할 정도의 심각한 염증이 있으면 환자는 식욕이 떨어진다. 음식을 먹어서 소화기 장기들이 움직이게 되면 국소 부위에 머물러 있던 염증이 복강 내로 퍼질 수 있기 때문에 장기는 움직임을 최소화하여 염증이 복강 내 전반으로 퍼지는 것을 막는다. 이로 인해 소화기관 내의 음식물이나 가스, 소화액들이 정체되어 환자는 오심(메슥거림), 구토 등을 하기도 한다.

소화기관이 움직이지 않으니 당연히 뭘 먹고 싶지 않은 거다. 그래서 외과 의사 중에는 수술 후 환자의 회복 상태를 확인하는 방법으로 환자에게 식욕이 있는지, 뭘 먹고 싶은 게 있는지를 물어보는 사람도 많다. 거의 예외 없이 식욕이 돌아온 환자는 별 문제가 없는 환자들이다.

"inflammation(염증)이 그렇게 심했는데 벌써... 수술을 너무 깨끗하게 잘 해 줬구만."

혼잣말로 중얼거렸다.

"예? 뭐라구요?"
"아니에요, 아주머니 회복이 빠르다구요. 수술이 잘 되었네요."
"제가 원래 체질이 강하대요, 어디 아파도 금방 잘 회복하고 별 다른 약을 안 써도 저절로 잘 낫는 체질이래요."

"누가요?"

"그 한의원 원장님이요."

'하아, 아예 그냥 교주구나, 교주.'

"어쨌든 오늘은 금식입니다. 내일부터 뭘 드세요."

"……"

병실에서 나오려는데 뒤통수에서 다시 들려오는 목소리.

"이거는요? 이거 쨈 거는 어떻게 하실 거예요?"

"몰라요. 다 나으시면 소송을 하든 병원에서 깽판을 치든 알아서 하세요."

뒤도 돌아보지 않고 나오면서 대답했다. 뭘 얘기해도 한의사만 철석같이 믿을 텐데 무슨 말을 더 섞겠나?

"어머, 뭐 저래, 의사가. 약 먹으면 되는 거였는데 괜히 수술했어. 그 원장님 말 들을 걸…"

그래, 나는 그런 의사다. 실력도 없고 싸가지도 없는. 에헤라디여~

도대체 왜 그러는 걸까?

인과관계가 명확한 설명에는 의심의 눈초리를 보내면서 뜬구름 잡는 듯한 구라질에는 고개를 끄덕인다. 무슨 신비로운 현상이나 비밀이 존재한다는 샤머니즘적인 환상이 이 나라 사람들의 인식 저변에 깔려 있는 것은 아닐까?

#3

M/78(78세 남자 환자)

등에 뭐가 잡힌다고 할머니(부인)와 같이 내원했다.

가는귀가 먹어서 도통 말을 알아듣지 못한다. 이 할머니가 내게 치핵 수술을 받았다고 한다.

옷을 걷어 환부를 보니 5~6cm 정도로 융기된 원형 덩어리. seba-ceous cyst(피지샘 낭종)다. 주변부가 벌겋게 된 것이 감염이 된 것 같은데 이상한 것은 bullae(수포)까지 동반되어 있었다. 환자 본인이 귀가 들리지 않아 대화는 자연스럽게 할머니와 하게 되었다.

"피지낭종이 감염이 되어서 농양을 형성한 것 같아요."

"그게 뭐요?"

"쉽게 말해 종기라구요, 종기."

"아…"

"그런데 할머니, 여기 물집은 어쩌다 생긴 거예요?"

"물집? 몰러."

"여기 물집이 있잖아요, 여기 보세요."

"그러네."

"이거 얼마나 오래됐어요? 크기로 봐서는 상당히 오래된 건데."

"몰러, 하마 몇 년 됐나봐."

"에이, 좀 일찍 오시지. 이렇게 곪기 전에…"

"곪았어?"

"예, 여기 이렇게 다 빨갛게 돼서 다 부었잖아요. 이게 다 곪은 거예요."

"어, 이거 원래 이렇게 빨갛지는 않았는데…"

"뭘요, 여기 빨갛다 못해 물집까지 있는데. 원래 이거는 감염이 돼도 물집은 잘 안 생기는 건데 이상하긴 하네."

"이거 왜 이러지? 뜸 때문에 그런 건가?"

"예? 뜸이요?"

"응, 뜸."

"뜸을 떴어요? 여기에?"

"응."

헐, 수포는 화상 때문에 생긴 것이다. 그것도 2도 화상.

"누가요? 할머니가요?"

"아니, 한의원에서 떴지."

"한의원에 갔었어요? 언제요?"

"지난 준가?"

"왜요?"

"아, 이것 때문에 갔지."

"피지낭 때문에 한의원엘 갔다구요?"

"응."

"아니, 무슨 피지낭 때문에 한의원엘 가요?"

"아, 거기가 잘 본다고 하더라고…"

"그래서요?"

"거기 한의원에서는 이게 뭐라고 하던가요?"

"모르지, 난…"

"아니 뜸을 떴다면서요? 그러면 왜 뜸을 뜨는지 얘기를 해 줬을 거 아니에요?"

"그건 잘 모르겠고 열이 빠지지 않아서 그렇다고는 하더만."

"열이요? 무슨 열이요?"

"나야 모르지. 그냥 몸에 열이 많은데 열이 빠져나가지 못해서 생긴 거라던데?"

"에휴, 그래서요?"

"그냥 그렇게만 얘기하고 뜸을 떠야 된다고 하길래 그런 줄로만 알았지."

"우리 같은 노인네들이 뭘 아나?"

"그래서 뜸을 몇 번이나 떴는데요?"

"그날 한 번."

"그랬더니 나았어요?"

"아니, 그 전엔 아프다고는 안 했었는데 이제는 이 냥반이 아프다고 하더라고."

"그래서 그 한의원엔 또 갔었어요?"

"응, 어제 갔었지."

"그랬더니 뭐래요? 이렇게 벌겋게 된 거를 보고서는?"

"병원에 가 보래."

"병원에요?"

"응, 외과에 가라고 해서 이리 왔지."

"나 참."

뜸 때문에 화상을 입어 수포가 생기고 2차 감염이 되어 농양(고름)이 형성되니 감당이 안 되었겠지.

"뜸을 떴는데 안 나은 것에 대해서는 뭐라고 해요?"

"그런 뭐 이렇다 저렇다 얘기는 없었고..."

"에휴."

"약을 먹었는데도 잘 안 듣고..."

할머니가 혼잣말처럼 중얼거린다.

"예? 약이요?"

"무슨 약이요?"

"한의원에서 준 약."

"한의원에서 약을 줬어요?"

"응, 무슨 쪼그맣고 동글동글한 환약인데, 거 뭐라고 하더만, 까먹었네."

"뜸도 뜨고 약도 팔아먹은 거예요? 그 한의원에서?"

"응."

"어휴. 그래, 그 약은 얼마나 주고 사셨어요?"

"오만 원"

"의료보험 적용이 안 된다고 하죠?"

"응."

"에휴."

웃기는 게, 우리나라 사람들은 한약 값에는 대개 별 저항이 없다. 노인네들에겐 거금이었을 텐데도 말이다.

사고만 쳐놓고 환자를 던지는 게 얄밉고 화가 나지만, 그러나 어쩌랴. 늦게라도 왔으니 치료는 해야지.

"할머니, 이거 수술하셔야 돼요."

"응, 그 한의원에서도 그래야 된다고 하더라구."

헐! 그럼 수술해야 되는 질환인 것을 알면서도 뜸뜨고 약 팔고 했다는 소리 아닌가.

수술 방법은 I&D(Incision & Drainage:절개 및 배농술).

감염이 되지 않았다면 Excision(절제술)으로 피지낭을 완전히 제거하는 수술 방법으로 하겠지만 이렇게 농양(고름)이 형성되어서 병원에 오게 되면, 피지낭이 터져서 흐물흐물하게 되어 있기 때문에 일단 절개(incision)를 크게 하여 농양을 제거한 후, betadine(소독약)에 적신 거즈를 박아 넣고 이 거즈를 매일매일 갈아주면서 안쪽으로부터 새 살이 차오르는 지난한 과정을 거쳐야 한다. 화상을 입어 생긴 bullae(수포)도 제거했다.

"이제 당분간은 매일매일 오셔서 치료를 받으셔야 해요."
할머니에게 당부를 하고 보냈다.
다음 날, 새 거즈를 박아 넣으려 환부에 붙인 거즈를 떼는데,
"에이, 젠장. 결국…"

절개 부위 양쪽으로 조직이 괴사되어 검게 변해 있었다. 화상을 입은 조직에 감염이 되어 괴사된 조직에는 누렇게 necrotic debris(괴사 조직 파편)까지 있었다. 괴사된 조직을 제거하니 상처 부위는 조금 더 커졌다. soaking dressing(염증성 처치의 일종)을 하고 거즈를 덮었다. 안에서 살이 차 올라와서 상처 부위를 메우려면 꽤 오랜 시간이 걸릴 것이다. 더구나 연세가 많으신 분이니 회복 시간은 그만큼 오래 걸릴 것은 자명했다.
aminoglycoside(항생제의 일종)를 엉덩이 주사하고 소독을 마쳤다.

"당분간 매일매일 거즈를 갈아 끼우셔야 되니까 내일도 오셔야 돼요. 오늘 진료비는 7,800원입니다."

간호사가 당부의 말과 함께 수납을 하려는데

"엥? 뭐 그렇게 비싸?"

"어르신, 이게 뭐가 비싸요? 죽은 살 잘라내고, 소독하고, 주사 맞고 하셨는데."

"비싸지. 뭐 조금 깨작깨작해 놓구선 무슨 만 원이여?"

"만 원 아니구요, 7,800원이요."

"그거나 그거나. 뭐 이렇게 비싸."

"......"

"여기 못 오겠네. 왜 이렇게 비싸. 뭐 한 게 있다고..."

"......"

투덜대며 수납을 하고 갔다. 이후로 환자는 다시 오지 않았다. 대체 상처 소독은 어쩌려는 건지...

성분이 뭔지도 모르고 효과도 없는 한약에는 거금 오만 원을 써도 아깝지 않으면서 수술하고 나서 받는 소독에는 7,800원도 아까워하는 사람들.

어디서부터 잘못된 것일까?

n수가 작아 통계적 유의성도 없으며 그나마도 유의한 효과도 없었던 한방 난임 사업에는 피 같은 국민 세금으로 또 돈을 들이고,

약제 안정성과 유효성도 전혀 검증되지 않은 한약(첩약)은 국민의 세금으로 보험 적용을 해주고,

동의보감이 편찬될 무렵부터 조선에는 그렇게도 교통사고가 많았는지 교통사고 이후에 한의원에서 치료를 받고,

해부학적 구조를 아는지 모르는지 장침을 찔러대 기흉을 만드는 사례를 거의 대부분의 의사가 경험하고 있는데도 그에 대한 합당한 조치조차 없고,

앞뒤, 전후 관계가 명확한 설명에는 의심의 눈초리를 보내며 뜬구름 잡는 소리에는 고개를 끄덕이는 환자들 천지고,

온 나라가 코로나로 인해 아비규환이 되어 의사, 간호사들을 갈아 넣어 막고 있는 상황에서도 한의사들은 한약 팔아먹을 생각뿐인 데다,

보험 수가 인상률도 의사에 비해 세 배나 높게 책정해주고...

도대체가 너희에게 불리한 정황은 하나도 없는데 니네는 왜 그리도 의사가 되지 못해서 안달인 거냐?

누가 의사 하지 말라고 했니? 처음부터 의대에 갔으면 되는 거 아니었냐고.

아님 지금부터라도 수능 다시 보고 의대 들어가면 되잖아? 니네들도 다 머리 좋다며?

뭐? 일정 교육을 이수하면 한의사에게도 의사면허를 주자고?

그래, 예과는 그냥 넘어가는 걸로 하고 한 학기에 24학점으로 4년간이니 총 192학점 이수하면 되겠네. 물론 의대부터 합격하고 나서 말이지.

이 땅에 의학이 들어오기 전까지는 니네가 민족 의학으로서 이 땅의 건강을 수호해 왔다며? 그런 훌륭한 실력을 가지고 있으면서 뭐 구태여 의사가 되려고 하는 거냐?

침? 뜸? 첩약? 물리치료? 왜 그것만 해? 그냥 수술도 다 해. 암 수술도 하고, 맹장염 수술도 하고, 머리도 까. 되도 않는 의사면허 욕심내지 말고 그냥 모든 수술적 행위까지 다 니네가 해.

동의보감에 X-ray, 초음파, CT, MRI 찍어서 진단하라고 쓰여 있니?

골밀도 검사 시연 후에 데이터 해석을 할 줄 몰라서 젊은 남자에게 골다공증 있다고 구라치던 니네 전임 회장은 심근경색 오니까 병원에 와서 스텐트 박았더라? 왜 그건 침이나 뜸으로 치료 안 했어? 결국 마지막엔 병원 응급실로 실려 갔었다며?

혹시 환자는 남이니까 적당히 구라쳐서 한약 팔아먹고 니네 자신이나 니네 가족은 병원에 오는 거니? 그러면 되겠냐? 사람이?

니네는 환자를 볼 때도 한의학으로 다 고칠 수 있다며 자신만만해 하면서 왜 그렇게도 의사면허에 목을 매니?

의사들은 니네 한의사 자격증 전혀 갖고 싶지 않아. 그런데 니네는 우리 의사면허를 왜 그렇게 탐내?

그렇게도 자신이 없어?

나를 단련하신 후에 내가 정금같이 나아오리다

인턴은 힘든 일이었다.

그러나, 레지던트 1년차를 시작하면 차라리 인턴 때가 그리워진다. 1년차를 시작하고 첫 2~3개월간 입에 달고 중얼거리던 말이 있었다.

"이건 미친 짓이야."

대학 6년간, 인턴 1년간 총 7년 동안 의학을 배웠으나 임상은 전혀 다른 세계다. 그 많은 지식은 환자 앞에 서면 까맣게 fade out(암전).

'내가 과연 의사를 계속할 자격이 되는가?'

수도 없이 내게 물었다.

학생 때 교수님이 했던 말씀이 있었다.

"의대생은 너희가 되고자 한다고 될 수 있는 것이 아니다. 너희는 그저 의학을 배울 수 있는 자격을 얻었을 뿐, 너희를 의대생으로 만드는 것은 의과대학이다."

그게 무슨 의미였는지는 졸업 즈음에야 알 수 있었다.

의사 역시 그러했다. 외과 1년차가 갓 되어서 하는 일? 수술? 웃기지 마라. 수술방이나 들여보내주는 줄 아나? 하는 일 대부분이 스케줄 잡기다.

CT, 초음파, 내시경, 수술방, 대장조영술, T-tubogram(T자형 관 조영술), ERCP(내시경적 역행성 담췌관 조영술)... 허구헌 날 발바닥에 불이 나도록 뛰어다녀야 된다.

order(처치 명령), admission/progress note(입원/경과 기록지) 정리, discharge summary(퇴원요약지) 정리, consult paper(협의진료의뢰서) 등의 문서 job(일), 병동, 중환자실 환자 dressing(상처 소독), subclavian catheter-ization(쇄골하 정맥 삽관술) 등...

그마저도 1년차 초기엔 인턴이 미숙하여 Foley cath.(도뇨관)이나 L-tube(비위관)를 한동안 1년차가 해야 하고, 수술이 양방이 되면(되면? 거의 매일이 양방이지.) 인턴이 끌려 들어가니, 오로지 1년차 혼자 다 해야 하는 일. 어쩌다 수술방이 세 개가 열리면 1년차도 수술실에 끌려 들어가기도 한다.

가뜩이나 바빠 죽겠는데 시니어(윗년차)들은 1년차 교육한답시고 오더를 1-day order만 내게 한다(한 번 오더 낼 때 하루치만 낼 수 있다는 소리다. 어느 정도 익숙해지면 사흘치를 낼 수 있게 해준다.).

아직도 일이 끝나려면 멀었는데 밤 열두 시가 되면 윗년차들이 병동 스테이션(간호사실) 앞으로 부른다. 다음 날 아침 conference(의국 회의) 때 교수님들 앞에서 presentation(환자 보고)해야 하는 각종 검사(CT, 초음파 등등) 필름을 viewbox(필름을 거는 형광등 박스)에 걸고 하나하나 짚어가며 설명하고 제대로 하지 못하면 될 때까지 깨진다.

요즘 아이돌 노래 중에 뭐 그런 게 있더만. 24시간이 모자라...

젠장, 48시간을 준들 다 할 수 있겠나? 그래도 내일은 어김없이 그 시간에 돌아온다. 미치겠는 거지. 그런데 이 빡빡한 일정에 껴드는 일은 거의 항상 존재한다.

#1

1년차가 된 지 한 달 남짓 무렵 응급실에서 걸려온 콜.

주변 2차급 병원에서 전원되어 온 환자였다. 대략 50대 정도로 보이는 남자.

일어나 앉지도 못한다. 40도에 육박하는 열 때문인지 공포 때문인지 연신 벌벌 떨고 있다. 복부를 다 덮은 cotton pad(면 패드)와 EB(elastic band:탄력붕대). 여러 겹인데도 배어나온 pus(농)로 인해 얼룩덜룩했다.

가위로 EB를 자르고 cotton pad(면 패드)를 젖히자 좌측 서혜부(사타구니)의 절개창으로 누런 pus(농)가 흘러나온다. 배 전체가 땡땡 부어 뻘겋다. Necrotizing Fasciitis(괴사성 근막염)이다.

괴사성 근막염은 근막을 따라 진행하는 피부, 피하 지방층 및 근막을 포함한 피하 연부 조직의 감염이다. 단독이나 연조직염에 비해

• 압통, 부종이 심하며 감각 이상이 온다.
• 피부의 색이 변하며 물집, 수포, 출혈반
• Fever(발열), 쇼크 진행 가능
• 사망률은 15~25%로 보고된다.

"선생님, 사...사...살려주세요..."

환자가 내 손목을 꽉 쥐고 덜덜 떨며 말했다.

전원의뢰서에는 2주 전에 strangulated inguinal hernia(교액성 서혜부 탈장)으로 응급 수술을 받은 환자라고 되어 있었다. 수술시 절개 부위에서 발생한 감염이 복부 근막을 타고 위쪽으로 퍼지고, 아래쪽으로는 scrotum(음낭)까지 퍼져 있었다. 2차 수술을 통해 절개를 더 크게 넣었던 것 같으나, 이미 testis(고환)와 spermatic cord(정삭)의 색깔은 시커멓게 변해 있었다. 다량의 누런 pus(농)와 푸르스름한 necrotic debris(괴사 조직 파편)까지...

저절로 미간이 찡그려질 정도로 처참했다. 초짜 1년차가 감당할 수 있는 환자가 아니었다. 그러나 교수님 이하 모든 시니어(라고 해봤자 꼴랑 세 명)는 수술방에 있는 상태. 그렇다고 응급실에 환자를 깔아둘 수는 없지 않나.

"ICU(중환자실)로 올려주세요."

입원 오더를 내고 수술방으로 가서 수술 중인 2년차에게 보고했다.

"응, 수술 끝나고 연락할게."

중환자실로 올라온 환자. 구태여 복부를 누르지 않아도 pus(농)는 꾸역 꾸역 흘러나왔다. 환자 밑으로 방수포를 깔고 어느 정도 pus(농)를 닦아낸 후 절개 부위로 Kelly(겸자의 일종)를 근막을 따라 수평으로 위쪽 방향으로 넣어보았다. 어느 방향으로도 끝이 닿지 않는다. 복부 전체에서 피부와 피하지방층이 근육층으로부터 분리되어 떠 있는 상태.
뭐에 떠 있냐구? pus(농) 위에 떠 있다.
당연히 midline(몸의 정중선)도 넘어가 있다. 환자는 감각이 소실되었는지 덜덜 떨기는 하지만 별로 아파하지는 않았다. 우선 급한 대로 saline irrigation(식염수 세척)을 하고 cotton pad(면 패드)로 덮었다.

오후 회진. 모두들 얼굴이 찌푸려진다.
"와, 이게 뭐냐. 이거, 우와…"

주니어 스텝 선생님이 상처를 열어보고는 말했다.
"야, 이 정도 열어서 이 pus(농)가 다 나오겠니?"

여기저기 배를 꾹꾹 눌러보더니 오른쪽 사타구니 쪽을 가리키며 말했다.
"이쪽에 따로 더 열어서 drain(배액)시키고 tube, penrose, silastic,

nelaton drain(모두 배액관들의 일종)까지 만들어서 너댓 개 넣어. irrigation(세척)을 해야 하는데…"

잠시 생각하시더니,

"우선 saline(식염수)으로 5ℓ 하고, H2O2(과산화수소수) 섞어서 5ℓ 하고, betadine(베타딘:요오드소독액) 섞어서 5ℓ 해라. 하루에 네 번씩, 50cc syringe(주사기)로."

말을 이어간다.
"testis(고환)는 아무래도 잘라야겠지? 근데 아직은 infection(감염)이 심하니 어느 정도 깨끗해지면 비뇨기과에 얘기해서 하고, 우선은 pus(농)부터 잡자고."

15ℓ씩 하루에 네 번.

"하아!"
한숨밖에 나오지 않았다.

"이런 환자를 '1년차 환자'라고 하는 거야."

2년차의 말이 무슨 뜻인지 알기까지는 그리 오래 걸리지 않았다.

"나는 환자의 건강과 생명을 첫째로 생각하겠노라."

'히포크라테스 선서(정확히는 제네바 선언)'이다.

과연 외과 1년차를 하면서 얼마나 이 다짐을 잃지 않고 생활할 수 있을까.

15ℓ를 50cc syringe(주사기)로 irrigation(세척)하면 300번을 헤야 한다.

300번씩 하루 4회. 1회 처치를 하는 데 드는 시간이 한 시간 반 정도이다.

suction tube(흡입 튜브)를 환부 가까이 대고 puspan(퍼스팬:곡반)을 아래에 받쳐댄다.

ICU 간호사와 둘이서, 여섯 시간마다, 매일 네 번. 그 사이에도 쉴 새 없이 울리는 삐삐.

환자가 미웠다.

"도대체 어쩌다가 이렇게... 이 지경이 되도록 뭐하고..."

irrigation(세척)을 하면서 투덜거렸다.

"죄송해요. 죄송해요."

하반신이 홀딱 벗겨진 채로 15ℓ의 물이 몸속으로 들락날락하니 항생제로 컨트롤되어 열이 떨어졌지만 이제는 정말 추워서 벌벌 떤다. 마음이 약해졌다.

"뭐하시는 분이시길래 이렇게 되도록 병원에 안 가셨어요?"

분명 탈장은 평소에도 알고 있었을 터이다. 장이 삐져나와서 꼬여 썩어

터질 때까지 병원에 안가고 뭐 했냔 말이다.

"그럴... 돈이... 없어요."

혼자 사는 사람이었다. 원래 집은 지방이었다고 했다. 프레스 공장에 다녔으나 특별한 기술이 없는 단순 노무직이었단다. 회사가 부도나자 직장에서 나왔는데, 특별한 기술이 없으니 여기저기 공사장에서 일용직 노동을 했다고 한다. 당연히 쪼들리는 생활. 빚을 많이 지고, 더 힘들어지고, 아내는 도망가고, 아이들과 남겨졌다. 아이들은 시골 어머니 댁에 맡기고 돈 벌러 올라온 환자. 흔하디흔한 신파.

되는 대로 돈을 시골로 부치다보니 탈장이 있는 것도, 수술을 해야 한다는 것도 알았지만 병원 갈 생각은 엄두도 못 내고 있었는데 평소 별 통증 없이 들락날락하던 탈장이 어느 날 튀어나온 후 들어가지 않다가 서서히 배가 아파오기 시작했다고 한다.

그럼에도 좀 있으면 나을 거라는 생각으로 버티고 버티다가 도저히 참지 못하고 갔던 병원. 응급 수술을 하면서 괴사된 장은 터졌고 그로 인해 발생한 괴사성 근막염.

평소 식사도 제대로 안 하고 술로 때우는 일이 잦으니 점차 저하되는 면역력.

몸이 이겨낼 방도가 없었겠지.

하루에도 네 번씩 처치를 하다 보니 2주 정도 지나자 현저히 줄어드는

pus(농).

하루 세 번, 하루 두 번, 횟수를 줄여갔다.

결국 몸에 들어갔던 모든 drain(배액관)이 제거되고 입원 한 달 후, 비뇨기과에서 양측 고환을 절제하는 수술을 했다.

다시 2주가 지났다. 그동안 회진할 때 교수님들이나 윗년차들의 특별한 언급 자체가 없었다. 그저 그 환자는 늘 내 몫이었고 상태가 호전되는지, pus(농)는 얼마나 나오는지, 처치는 몇 번이나 하는지, 항생제는 무엇을 쓰고 있는지, 밥은 먹고 있는지 어떤지, 아무도 묻지 않았다.

일반 병실로 옮겨온 지 일주일 즈음에 오후 회진을 돌던 2년차 형(그 왜 엄청 시크하고 까칠하다는, 외과 가오가 이만저만이 아니라던 그 형)이 말했다.

"이제 퇴원해도 되겠는데, 퇴원시키지 그러냐?"
환자가 2년차를 보며 말했다.

"선생님, 감사합니다. 감사합니다. 살려주셔서 감사합니다. 감사합니다."

연신 머리를 조아렸다. 가운을 풀어헤친 채, 주머니에 손을 집어넣고, 건들거리는 듯 한 자세, 하이톤의 특유의 말투, 표정으로 2년차가 말했다.

"아저씨는 저나 여기 외과 교수님들한테 고마워하실 거는 전혀 없어요. 아저씨 살린 사람은 여기 1년차 선생이에요. 고마워하시려면 애한테 하세요."

"예, 선생님, 감사합니다. 감사합니다."

이번엔 나를 쳐다보고 조아린다. 병실을 나와 다른 병실로 가면서 2년차가 나를 돌아보고 얘기했다.

"특별하게 고난도의 테크닉이 필요 없는 환자야. 그저 부지런하고 성실한 의사를 만나면 사는 환자고, 그렇지 못하면 죽을 환자였어. 이제 왜 '1년차 환자'라고 했는지 알겠지? 수고했다."

그동안 힘들었던 것이 봄눈 녹듯이 사라져갔다.

#2

대학병원의 외과 환자 대부분은 암 환자다. 수술을 받고, 항암제 치료를 하고 방사선 치료를 하기도 한다. 암이라는 것이 대부분 고령의 환자에 많으나 젊은 사람이라고 해서 암에 걸리지 않는 것은 아니다.

26세 남자.

위암(signet ring cell ca.(반지세포암) Borrman type IV(볼만4형암)). 수술 당시에 이미 stage IV(4기), controversy(논쟁, 논란)가 있으나 아마도 debulking Op.(암을 완벽하게 제거할 수 없을 경우 암의 크기라도 줄여주기 위한 수술)를 했던 것 같다. 항암제 치료를 하다가 도저히 견디지 못하는 상태까지 이르렀다.

의사들은 흔히 말한다. 환자가 젊으면 암도 젊다고. 더 이상의 적극적인 치료는 의미가 없었다. 해줄 수 있는 것이라고는 pallia-tive treatment(완화 치료:주로 통증 및 영양 상태에 대한 치료) 뿐이었다.

60대의 어머니는 아들 곁을 떠나지 못했다.

내가 뭐라고 내 손을 부여잡고 부탁하는 환자의 어머니.

수술 전부터 나에게 형, 형 하던 환자. 마음이 아팠다.

밤낮으로 오는 통증. 점차 증량되는 마약성 진통제. 1999년이었으니 딱히 PCA(무통 주사)도 없던 시절이다. 그저 병실 주치의 1년차의 오더에 의해 믹스되어 달게 되는 진통제. 약 용량을 증가시키면 잠깐 효과가 있다가 이내 곧 더 심한 통증이 밀려왔다.

통증의학과가 마취과에서 생겨 점점 발전되어가던 중이던 때라 consult(협의진료요청서)를 냈다.

'상기 환자는 stomach ca. stage IV(위암 4기)로 Op.(수술) 후 chemo-theraphy(항암 화학 치료) 시행하던 도중 general condition(전신 상태) 급격히 악화되어 현재 중단한 상태이며, pain control(통증 조절) 및 nutritional support(영양 보충)만 시행하고 있습니다.

pethidine(페치딘:마약성 진통제의 일종)의 계속된 증량 및 morphine(몰핀:마약성 진통제의 일종) 증량에도 pain control(통증 조절) 안 되어 의뢰드리오니 고진 선처 바랍니다. 감사합니다.

p.s. 환자의 어머니가 환자와 주말에 제부도로 여행을 가고 싶어 합니다.

다녀오는 동안 고통 없이 갔다 오도록 보내주고 싶습니다. 부탁드립니다.'

마취과 교수님이 환자를 보러 병동으로 올라오셨다. 여교수님이셨다.

"이 consult paper(협의진료기록지) 누가 썼어요?"
"전데요."
"뭔 consult(협의진료기록)에 주치의 감정을 실어."
"죄송합니다, 교수님."
"아뇨, 그게 아니고 이런 consult paper(협의진료기록지) 처음 받아봐서
그래요. 근데 환자에게 의사 개인 감정 들어가면 환자 보기 힘들어져요.
선생님 위해서 하는 말이에요."
"예, 죄송합니다."
"나까지 기분이 이상해지잖아요."
"……"
"선생님을 나무라는 것은 아니에요. 그냥, 힘들어질까봐."

교수님이 환자를 보고 처방을 내려주었다.
제부도 여행은 2박3일의 일정이었다고 했다. 그러나 하루만에 다시 돌아왔다.

"어땠어? 많이 아팠어?"

환자에게 물었다.

"아니 형, 그렇게 많이 아프진 않았는데 너무 힘들어서… 그냥 좀 일찍 왔어."

"그래, 제부도엔 갔었니?"

"응."

"가서 뭐했어? 맛있는 것 좀 먹었어?"

"아니, 뭐 먹기는 힘들고, 해 지는 것 봤어."

젊은 사람인데도 살이 거의 없어 주름진 얼굴로 웃는다.

"고마워요, 선생님. 덕분에 우리도 병원 밖 추억이 생겼네요."

어머니가 말했다. 그저 어색한 미소를 짓는 것밖에 내가 뭘 더 할 수 있으랴.

이틀 후 새벽, 이미 DNR(심폐소생술 금지 동의서)까지 썼던 환자는 조용히 소천했다.

주치의로서 사망선고를 하고 돌아섰다. 내가 주치의로서 본 첫 사망 환자.

병동 스테이션 옆 두 평 남짓의 1년차 당직실에서 환자의 어머니와 함께 울었다. 간호사에게 전해들은 윗년차와 교수님께 혼났다.

"외과 의사가 앞으로 그런 일을 수없이 많이 보게 될 텐데 그때마다 그렇게 나약한 모습을 보일 참이냐? 환자가 죽고 나서 울려고 하지 말고 울지 않도록 환자를 살려라. 그게 외과 의사다."

의사는 사람이 아니어야 하는 사람이다.

내 환자 하나를 잃을 때마다 가슴엔 하나의 칼집이 남지만 아파하는 모습을 보여서는 안 된다.

환자를 잃으면 의사도 아프다. 그래서 의사도 사람일 수밖에 없다.

그러나, 의사에게는 살려야만 하는 또 다른 환자가 있다. 그래서 의사는 울어서는 안 된다. 이후 난 절대로 울지 않았다.

외과 병동이 따로 있지만 외과는 입원 환자가 많아서 한 개의 메인 병동만으로는 전체 외과 환자를 수용할 수가 없다. 일정 환자 수를 초과하면 그 이후부터는 다른 병동들로 분산되어 환자가 입원을 한다. 여기다 더해 transfer(전과)되어 오는 환자들까지 하면 병원 내의 거의 전 병동에 외과 환자가 있게 된다.

이게 1년차로서는 매우 싫은 일이다. 병원에서의 동선이 길어지면 일이 더 힘들어지는 것은 당연한 것이었다. 게다가 외과 의사들이란 언제 올지 모르는 엘리베이터를 진득하게 기다릴 인내심이 없는 사람들이라 항상 계단으로 다니는 까닭에 1년차의 발바닥은 굳은살이 두껍게 앉아서 보는 사람들이 깜짝 놀라기도 했다.

여친은 내 발바닥을 보고 울기도 했었다. 그러나 이런 얘기야 의사들에게는 흔하디흔한 얘기라 쓸데없는 공치사일 뿐이다.

외래/응급실/전과를 통해 외과로 입원하는 환자가 매일 열 명은 족히 되는데 나와 내 동기 1년차는 이 환자들을 EOD(Every Other Day:하루걸러

하루씩)로 퐁당퐁당 맡았다. 많을 때는 각자 5~60명의 환자. 반 정도는 암 환자이고 나머지 반은 가지가지 질환의 환자이다. 충수돌기염, 탈장, 담석 증 등.

파트가 나눠져 있지 않을 때라 1년차 둘 다 everyology(정식 명칭이 아니다. 모든 걸 다 본다는 의미)에 각종 검사, 수술 스케줄 잡는 것은 기본인데 게다가 교육까지 빡세게 받는다. 따로 교육 시간이 있는 것은 아니다. 그냥 일하면서 배우는 거지. 특히나 1년차 초반일 때는 외과 의사로서 앞으로의 습관을 만들어가는 시기이므로 교육은 정석적으로 행해져야 했고 요행이나 지름길은 허용되지 않았다.

당시 수원 성빈센트병원 외과에는 복강경 수술 방면에 있어 세계적으로 유명하신 K교수님이 외과 과장님으로 계셨다. 우리나라에서는 거의 독보적인 존재를 자랑하시는 분으로, 물론 everyology를 하시지만 그중에서도 주로 많은 수술이 대장암과 직장암 분야였다. 당연히 논문도 많이 쓰시니 그 논문 작성에 필요한 여러 가지 기록이 필요했고 K교수님 당신께서 따로 정리하는 자료 외에도 1년차가 기록하는 차트도 필수적인 것이었다.

K교수님의 training(훈련)은 매우 기본적인 것부터 제대로 하라는 것이었다. 예를 들면, rectal ca.(직장암) 환자가 입원했을 경우 그 primary lesion(원발 병소)를 기술함에 있어 말만 듣고도 다른 의사가 원발 병소의 상태를 머릿속에 그릴 수 있어야 한다는 것이었다.

"digital rectal exam.(직장수지검사) 상 Jack-knife position(잭나이프 포

지선)에서 일곱 시에서 열두 시 방향에 걸쳐 anal verge(항문연)에서 lower margin(하부연) 3cm 상방에서부터 upper margin(상부연) 7cm 상방까지 Ulcerofungating mass(궤양을 동반한 융기성 종괴)가 만져집니다."

이런 식의 기술이다. 게다가 아침 conference(의국회의) 시간마다 CT 필름을 걸면 꼭 lesion(병소)을 볼펜 끝으로 짚어보게 하신다. 3x4 = 12, 총 열두 장의 사진이 한 필름에 있는 CT 필름을 viewbox(뷰박스)에 걸고 각 컷마다 primary lesion(원발 병소)을 짚을 줄 알아야 해서 매일 밤 다음 날 presentation(환자 보고)할 필름을 보지 않을 수가 없었다.

초기에는 윗년차한테 깨져가면서 필름 보는 법을 배웠다.

"외과 1년차는 방사선과 3년차랑 abdomen CT(복부CT)를 논해야 한다."

3년차 형의 주장이었다.

할 일도 다 끝내지 못했는데 필름을 봐야 하고 게다가 제대로 못하면 쿠사리...

죽을 맛이었다. 그렇게 배운지 서너 달이 지나자 눈이 떠지기 시작했다.

어느 날인가부터 윗년차의 닦달이 뜸해지고 같이 CT를 봐주는 일이 드물어졌으나 난 오히려 CT를 보는 것에 재미를 들였고 새벽에 출근하는 방사선과 주니어스텝 선생님께 아침마다 찾아가서 판독실 책상 앞에서 필름을 걸어놓고 같이 봤다.

어떻게 그런 일이 가능하냐고? Deal(거래)을 했거든.

맨날 필름만 보고 '~일 것이다'라고 유추해야 하는 방사선과 의사는 수술방에서 의사가 직접 보는 수술 소견이 자신의 소견과 부합하는지를 많이 궁금해 했기에 같이 CT를 보았던 환자의 Op. finding(수술 소견)을 내가 알아다 주기로 거래를 한 거지.

덕분에 나는 지금까지 복부CT를 보는 것은 누구보다도 자신이 있다. 심지어 페이닥터 때는 방사선과 과장이 놓친 소견을 방사선과 과장에게 가르쳐주기도 했다.

맞다, 내 자랑이다.

애기가 잠깐 딴 데로 샜다.

암튼, 정석대로 가르쳐야 하는 1년차. 논문에 쓸 기록이 필요한 교수님. 의무 기록(차트)이 꼼꼼해야 한다는 것은 당연한 결론이었다. 그런데 스케줄 잡기에도 정신없는 1년차가 차트 정리를 할 시간이 어디 있겠나? 결국 1년차 전반기 빈센트병원에서의 집중 교육 기간이 지나고 후반기 강남 성모병원으로 넘어가서는 도로아미타불이 되었다. 그런데 이 의무 기록이 내 목을 죄게 되는 일이 생겼으니...

아침마다 회진을 돌 때 환자의 침상 발치에 차트를 늘어놓는다. K교수님이 회진하실 때 교수님 눈앞에 admission/progress note(입원/경과 기록)을 펴놓아야 하기 때문인데 이 기록이 제대로 되어 있지 않으면 그 날은 거의 죽는 날이다. 윗년차, 간호사, 환자, 보호자 앞에서 개쪽을 당하는 거지.

난 progress note(경과 기록)에 아예 CT 필름을 그렸다. viewbox(뷰박

스)에 필름을 걸고 그 위에 종이를 대고 비쳐지는 불빛을 따라 CT 사진을 그렸다. CT 소견 description(기술)과 함께.

"캬! 독한 놈. 어떻게 이렇게 그릴 생각을 했냐?"
코앞에 들이댄 progress note(경과 기록)를 본 K교수님의 일성이었다.

내 자랑 하나 더. 난 빈센트병원 외과 레지던트 최초로 의무기록상을 받기도 했다. 정작 시상식 때는 회진 도느라 못 갔지만. 전문의가 되고 의국을 떠난 후에도 내가 기록했던 차트를 본 후배들이 나에게 한 말이 있었다.

"와, 선생님. 어떻게 차트 정리를 그렇게 하십니까? 놀랐습니다."
동기 1년차가 있었다. 편의상 Y라 하자. 여러 번 빵꾸를 내다보니 나와는 좀 많이 비교가 되었는데 아침에 늦잠 때문에, 의무 기록 작성 때문에, 오더를 안 내서, 회진 때 교수님 이하 시니어들에게 자주 혼이 났었다.
어느 날 아침 회진 시간. K교수님이 회진을 도시다가 좀 크게 혼냈다. 고개를 숙이고 눈물이 글썽글썽하던 Y가 병실 밖으로 뛰쳐나가버렸다. 갑작스런 상황에 모두 잠시 당황했고, 이내 수간호사가 쫓아갔지만 찾을 수 없었다. 허탕을 치고 돌아오자 K교수님 왈,

"엄윤이, 그냥 니가 OO이 환자 차트 보고 얘기해. 계속 돌자."

거우거우 회진을 마쳤다. 그날 이후 시니어 레지던트들과 교수님들이 상

의 후에 내린 결론.

"그냥 윤이가 차트 다 잡고 OO이는 수술방에 들어가라."

헐! X된 거지 뭐.

이후 Y의 환자까지 다 떠맡고 매일 매일 새로 입원하는 환자까지 모두 다 내 몫. 적을 때는 90여 명, 가장 많았을 때가 144명, 환자 얼굴도 기억이 안 날 정도. 별 수 없었다.

암 환자 등 중환을 제외하고 appe(충수돌기염), hernia(탈장) 등의 환자는 모두 order form(처치 명령 서식)을 미리 만들어 내 사인만 하고 차트에 끼우면 환자가 퇴원하는 날까지 완료. chemotheraphy(항암제 치료) 환자는 입원 시에 약 용량을 계산해 넣고 내 사인만 하고 끝.

나머지 환자들은 수술 환자, evaluation work-up(수술 전 검사 과정) 환자 등만 해도 60명이 넘는다. 교수님들과 시니어들이 다독여 주었길래 망정이지 때려치우고 나갈 뻔했다.

Y? 시간이 남으니 의국에서 샤워도 하더라. 에효, 어찌나 밉던지.

병동의 간호사 스테이션 앞에는 환자 휴게실이 있었다. 소파 몇 개와 자판기 두어 대. 등받이가 없는 1인용 소파를 여덟 개 붙이면 누울 수 있을 만큼의 크기가 된다. 난 거기서 잤다. 어디 방에 들어가서 자면 일어나지 못할 테고 스테이션 바로 앞 휴게실이라 콜을 놓칠 염려도 없었다. 수술복

위에 가운을 입고 슬리퍼를 신은 상태로 1년차 노트를 안고 잔다. 삐삐는 머리 옆에. 그나마 길어야 세 시간, 지금 생각해보면 어떻게 버텼는지 미스터리다. 젊었으니 가능했겠지 정도.

차트 독박은 강남성모로 옮기는 날 끝났다.

2년차까지는 별다른 파트 구분 없이 병원을 돌아다녔다. 2년차에는 부천성가, 대전성모, 청량리 성바오로병원에 각 4개월씩. 3년차가 되어서야 비로소 각 파트별로 레지던트가 배치되었다. 3년차에는 여의도성모, 부천성가, 강남성모, 의정부성모 병원에서 각 3개월씩.

어느 병원이나 마찬가지겠지만 CMC(가톨릭 중앙의료원)의 각각의 8개 병원 외과에는 유명한(notorious?) 교수님들이 계셨다(유명한 이유는 다 각각이다. 걍 알아서 판단하시기 바란다. 난 절대 아무 말도 안했다.).

확률적 우연이라고만 하기에는 뭔가 꺼림칙하다고 생각하는 바였으나, 어떻게 가는 병원마다 다 그 유명한 교수님들을 전담 마크하게 되던지…

1. 여의도성모병원 : Hepatobiliary(간담췌외과) 김OO 교수님(우리는 'OO도사'라 불렀다.)
2. 부천성가병원 : Stomach(위암) 김O 교수님
3. 강남성모병원 : Hepatobiliary / Liver Transplantation(간담췌외과/간이식) 김OO 교수님(그 유명한 DD박사님)
4. 의정부성모병원 : Breast/Thyroid(유방/갑상선) 김OO 교수님

암튼 일이 힘들고 수술이 많아서 동기들 모두 가기 싫어하는 파트인데...

부천성가병원에서 다음날이면 강남성모로 옮겨가는 날 강남성모 의국의 Colorectal part(대장 항문) 펠로우 선배로부터 전화가 왔다.

"윤아, 너 우리 파트로 오게 됐어. 잘 지내보자."

강남성모의 colorectal part(대장 항문)는 당시에 강남성모에 있었던 세 파트 중에 가장 젠틀하고도 편한 파트였다.

'얼씨구나, 웬 떡이냐.'

"예, 선생님. 감사합니다. 내일 가서 뵙겠습니다."

즐거운 마음에 전화를 끊었다. 그런데 다음 날 강남성모로 옮겨 갔더니 파트가 바뀌어 있었다. hepatobiliary(간담췌외과)로. 아무도 이유를 얘기해 주지 않았다.

'아!'

그걸로 끝이었다. 나도 더 물어보려 하지 않았다.

힘들었다.

게다가 2년차부터 서서히 증상이 나타나기 시작하여 3년차가 되자 악화되었다가,

나중엔 누웠다가 일어나지도 못하게 되어서야 비로소 MRI를 찍고(그것

도 평일에는 수술 때문에 못하다가 일요일에 방사선과 기사에게 부탁하여 겨우 찍었다),

진료를 보고, lab.(혈액검사)을 하고 나서 진단받은 지병.

어디다 하소연할 수도 없었다. 하긴 뭐, 4년차에는 어디 시골 가서 의원이나 차리라는 말까지 들었는데 뭘. 안 그래도 힘든 놈을 때리기까지. 젠장.

그래도 죄다 좋은 점만 있기도 힘들듯이 죄다 나쁜 점만 있는 것도 아니다. 참 많이 배웠다. 워낙 중환자가 많은 파트였기에, 워낙 수술이 많은 교수님들이셨기에, 워낙 실력이 출중한 교수님들이셨기에 많은 종류의 수술을 볼 수 있었고, 배울 수 있었고, 해 볼 수 있었다.

4년차 말이 되어 전문의 시험 공부를 위해 동기들과 합숙할 때, 다들 맡기 꺼려하는 immunology(면역학)과 LT(Liver Trans-plantation:간 이식) 분야는 내가 맡아서 하게 될 정도까지 갈 수 있었다.

그때는 죽을 만큼 힘들었지만 지금 돌이켜보면 그렇게 힘들게 수련을 받은 것이 오히려 나에게는 득이 된 것이라는 생각이 든다.

그렇게 힘들게 배웠기에 그 이후의 어떤 일도 힘들다고 느껴본 적이 없었고,

그렇게 수술을 많이 해봤기에 그 이후의 수술이 빠르고 정확할 수 있었고,

그렇게 해야 할 일이 많았기에 그 이후에 일을 한둘 더 하는 것이 별것이 아니었다.

다 뜻이 있으셔서 그렇게 단련시키셨으리라.

나의 길 오직 그가 아시나니 나를 단련하신 후에 내가 정금같이 나아오
리다.

내가 약사요, 나도 다 알아요

병원에 있다 보면 아는 체하는 환자를 많이 보게 된다. 그 아는 체 하는 환자들은 네이버 등 인터넷을 찾아보고 와서는 의사와 맞짱 떠보려 하는 경우가 대부분이다. 그런데 가끔은 의료계 또는 유사 의료계, 또는 의료계이고 싶어 하는 사람들도 있다.

F/65(65세 여자 환자).

postprandial epigastric pain and discomfort for several years
(수 년 간의 식사 후 상복부 통증과 불편감)으로 내원.

Endoscopy findings : mild chronic superficial gastritis
(위 내시경 상 경중의 만성 표재성 위염)

USG finding : multiple GB stones with chronic cholecystitis

(초음파 소견 상 다발성 담낭 결석과 만성 담낭염)

Op. indication(+) d/t Symptomatic GB stones

(유증상 담낭 결석으로 인한 수술 적응증이 됨.)

"다발성 담낭 결석이네요. 수술하셔야 하겠는데요."

예? 수술이요?"

"예. 증상이 있는 담낭 결석이라 수술하셔야 합니다."

"어떻게 하는 건데요?"

"요즘은 복강경 수술이 발달해서 대부분 배를 째지 않고 구멍 뚫어서 담낭을 떼어낼 수 있어요. 복강경 수술로 할 겁니다."

"예? 담낭을 떼어낸다구요?"

"예."

"아니, 그냥 돌만 빼낼 수 있는 방법이 있는데 왜 담낭을 떼어내요?"

"예? 돌만 빼내는 방법이 있다구요?"

"예, 내시경으로 빼낼 수도 있고, 초음파로 깨트려서 빼낼 수도 있잖아요. 의사가 그것도 몰라요?"

'제1차 빠직!'

"담낭 결석을 내시경으로 뺄 수 있다구요?"

"아, 그럼요. 요즘 누가 수술로 담낭 결석을 빼요?"

"담관 결석을 잘못 알고 계신 거 아닌가요? 담관 결석은 내시경으로 빼는 경우가 많습니다만 담낭 결석을 내시경으로 뺄 수는 없는데요."

"아, 자세한 것은 모르겠고 내시경으로 안 되면 초음파로 깨서 꺼내는 방법도 있잖아요. 왜 수술하라고만 하세요?"

"초음파로 담낭 결석을 깬다구요?"

"예, 그럼요."

환자의 표정이 '이거 완전 돌팔이구만' 하는 표정이다.

"그건 요로 결석과 헷갈리신 것 같은데, 요로 결석은 담낭 결석과 동네가 완전히 다르구요, 초음파도 아니고 체외충격파라는 음파입니다. 그걸로 깬 후 소변으로 나오는 거죠. 담낭하고는 완전히 동네가 달라서 요로 결석은 비뇨기과에서, 담낭 결석은 외과에서 치료하는 겁니다."

"아, 누굴 바보로 아나. 나도 알 만큼 알아요. 지금은 안 하지만 내가 약사요. 나도 다 알아요!"

'제2차 빠직!'

더 이상 교과서적인 치료인 수술을 권하고 싶은 마음도 없다.

"아, 그래요? 그럼 다 아시겠네요. 일단 GB stone(담석증)이 있는 것은 확실하시구요, Endoscopy(내시경) 상에서 mild chronic superficial gastritis(경증 만성 표재성 위염) 소견 외에는 nonspecific finding(특이소견 없음)인데다가, 환자분께서 나타나는 Symptom(증상)인 postprandial epigastric discomfort(식후 상복부 불쾌감)와 pain(통증)은 GB stone(담석증)의 typical(전형적인)한 symptom(증상)이고, Sono finding(초음파 소견)에서도 GB wall thickening(담낭벽 비후) 소견이 보이는 것으로 보아 그동안 repetitive cholecystitis(반복적인 담낭염)가 있었던 것으로 생각되고, tiny multiple stone(작은 다발성 결석)으로 보아 GB(담낭)의 Hartmann's pouch(하트만 낭)나 neck(경부) 부위에서 자꾸 impaction(감입)될 때마다 symptom(증상)이 나타나는 것이구요,

이게 만일 Common bile duct(총수담관)로 내려오게 되면 cholangitis(담관염)나 pancreatitis(췌장염)를 일으킬 수도 있구요, 그때가 되면 이 연세에서 쉽게 septic shock(패혈성 쇼크)으로 빠질 수도 있습니다.

distal CBD(원위부 총수담관)에 stone(결석)이 impaction(감입) 되었을 때 endoscopic retrograde cholangiopancreatography(내시경적 역행성 담췌관조영술)를 통해 EST(내시경하 괄약근절개술)를 해서 stone removal(결석 제거)을 할 수는 있습니다.

그런데 그 전에 Laparoscopic cholecystectomy(복강경하 담낭절제술)를 하는 것이 환자분에게 더 낫죠.

ESWL(체외충격파 쇄석술)로 부셔서 urine(소변)으로 나오는 ureteral stone(요관 결석)과는 다른 겁니다. 이해 가시죠?"

벙찐 환자 표정.

"다 아시니까 뭐 환자분이 잘 알아서 치료받으시면 되겠네요. 어떻게, 비

뇨기과로 가시겠어요?"

"……"

"돌 깨는 기계는 저희한테 없으니까요, 비뇨기과로 가세요."

"음… 음… 여기는 그 기계가 없어요?"

"예, 없어요. 안타깝게도."

"음… 그럼 비뇨기과로 가야겠네."

"예, 안녕히 가세요."

'그래, 비뇨기과 가서 황당해 하는 의사 얼굴 한번 보고 다시 또 아는 척하서. 꼭이야. 꼭 그래야 돼. 알았지?'

약사? 웃기고 있네.

良藥苦於口 而利於病, 忠言逆於耳 而利於行

병원에 내원하는 사람들은 어디가 아파서, 또는 불편해서 오는 사람들이다. 전문적인 의학 지식이 없으니 전문가인 의사에게 물어보고, 검사하고, 치료받기 위해서 오는 것이다. 그러나 환자 중에는 소위 '답정너(답은 정해져 있으니 넌 대답만 해)'인 경우가 많다.

#1

"대장내시경을 좀 해보려고 왔어요."

"특별한 증상이 있으신가요?"

"요즘 들어 변을 볼 때 피도 나오고 아랫배도 묵직하고…"

"예, 그럼 그러시죠. 대장내시경해 보신 적 있으세요?"

"예, 두어 번 해봤어요."

"마지막으로 하신 게 언젠가요?"

"작년 10월인가? 11월인가?"

"예? 그럼 겨우 4~5개월 지났네요?"

"예."

"그때 이상은 없었나요?"

"예, 깨끗하대요."

"용종도 없었구요?"

"예."

"그럼 지금 대장내시경하실 필요는 없는데요."

"……"

"4~5개월 전에 검사에서 이상이 없었는데 그 사이에 대장이나 직장에 피가 날만한 다른 뭐가 생겼을 가능성은 거의 없어요. 아마도 치핵에서 피가 나는 거겠죠."

"……"

"항문 검사 좀 해 볼게요. 침대 위로 올라가서서 벽보고 옆으로 누우세요."

역시나 치핵.

"치핵에서 피가 나는 거네요. 근데 아직 튀어나오지는 않으니까 수술까지 하실 정도는 아니구요, 제가 약을 좀 처방해 드릴…"

"대장내시경 해주세요."

"예?"

"대장내시경 해달라구요."

"왜요? 하실 필요 없는데요?"

"아니, 그냥 해주세요."

"환자분은 아직 내시경하실 필요 없어요. 가족력이 없는 분이 이전 대장 내시경에서 아무 이상이 없으면 이후 5년 후에 하도록 되어 있어요."

"그냥 해주세요."

"왜요? 해봤자 뭐가 나올만한 게 없어요. 환자분이 배변 시 피가 나오는 것은 치질 때문에 그런…"

"아, 그냥 해달라면 해주면 되지 왜 자꾸 안 해주려고 그러세요?"

"할 필요가 없다니까요?"

"내가 불안해서 그래요. 대장암이나 뭐나 그런 게 있을까봐."

"없어요. 그럴 가능성…"

"선생님이 어떻게 확신해요? 내게 암이 있을지 없을지?"

"4~5개월 전에 대장내시경해서 이상이 없었는데 그 사이에 뭐가 생기겠어요? 암이 그렇게 짧은 시간에 증상을 나타낼 만큼 빨리 자라는 게 아니에요."

"아, 그냥 해주세요."

"환자분, 환자분한테 대장내시경하면 저도 돈 벌고 좋아요. 하지만 제가 돈 좀 더 벌자고 환자에게 필요 없는 검사를 해서는 안 되잖아요."

"환자가 필요해서 해달라면 해주면 되지 뭘 그렇게 자꾸 안 된다고…"

"환자분, 어떤 환자에게 어떤 검사가 필요한지 아닌지를 결정하는 것은 의사가 하는 일입니다. 환자분이 해달라고 해서 필요 없는 검사를 무작정

해대면 그건 의사가 아니잖아요."

"뭐 그렇게 까칠하게 그러세요? 환자가 필요하다는데, 해달라는데. 뭐 이런 병원이 다 있어? 딴 데 갈래. 뭐 대장내시경하는 병원이 여기밖에 없어?"

환자는 화가 나서 밖으로 나간다.

#2

물론, 반대의 경우도 있다.

"목에 뭐가 나서 왔어."

"어디 좀 보죠. 어느 쪽이시죠?"

"왼쪽."

좌측 쇄골 윗부분과 좌측 경부를 따라 여러 개씩 뭉쳐있는 다발성 종괴가 만져진다. 딱딱하다. 왼쪽 쇄골 윗부분의 임파절들이 다발성으로 딱딱하고 뭉쳐져서 만져질 경우 이를 Virchow's node(비르효씨 노드)라 하여 '암의 원격 전이'를 의심할 수 있는 sign(징후)이다. 암이 아닐 경우 임파절결핵을 의심할 수도 있다.

"어르신, 혹시 가장 최근에 내시경한 게 언제세요?"

"없어, 난 평생 그런 거 해본 적 없어."

"한번도요?"

"응, 내가 원래 건강 체질이라 그런 거 안 하고도 아무렇지도 않게 잘 살아왔어."

"어르신, 위내시경이랑 복부초음파 좀 해보셔야 할 것 같아요. 가슴 사진도 좀 찍고."

"왜?"

"왼쪽 목에 만져지는 게 좀 이상해서 그래요. 검사를 좀 해봐야 할 것 같아서 그래요."

"암이여?"

"음, 그럴 수도 있고, 결핵일 수도 있고."

"에이, 아니여. 내가 지금까지 어디 하나 아픈 데 없이 멀쩡히 밥도 잘 먹고, 잠도 잘 자고, 일도 다 하면서 살아왔는데 무슨... 난 아무 증상이 없는데 뭐 갑자기 그럴 리가 있어?"

"예, 그건 알겠는데요. 그래도 환자분들 중엔 아무런 증상이 없어도 그런 분들도 종종 있어요."

"에이, 난 아니여."

"예, 아무것도 아닐 수도 있죠. 그래서 그걸 확인해보기 위해서 검사 좀 해보시자는 거예요."

"그게 얼만디?"

"이거 저거 다 하시면 아마 10만 원 정도?"

"흐에? 그렇게나 비싸?"

"그 정도가 비싸요?"

"그럼, 비싸지. 노인네들이 뭔 돈이 있어?"

"그래도 큰 병 걸리는 것보다는 낫잖아요. 일단 목에 있는 이게 왜 그런지는 알아야 하지 않겠어요?"

"아녀, 내가 지금까지 암시랑도 안 허게 건강하게 잘 살아왔는데 뭔 암이여. 검사 안 해도 돼야."

"아니에요, 어르신 검사는 꼭 하셔야 돼요."

"아, 내가 안 하겠다는데 왜 자꾸 검사하라고 그랴?"

"어르신 위해서 드리는 말씀이에요. 10만 원 아까워서 검사 안 하고 버티시다가 나중에 천만 원 들여도 못 고칠 수가 있어서 그래요."

"뭐여? 그럼 내가 시방 암이라는 거여?"

"그건 아니구요, 혹시 그럴지도 모르니까 검사를 하시자는 거죠."

"뭔지도 모르면서 웬 검사만 자꾸 하라고 그랴? 의사가?"

"……"

"의사가 그라믄 쓰겄어? 환자를 돈으로만 생각하고."

"아니에요, 어르신. 돈이 문제가 아니구요, 진단이 늦어지거나 치료 시기를 놓치면 나중엔 돌이킬 수 없을 만큼 문제가 생길 수 있기 때문에 그래요."

"그래서 지금 시방 내가 암이라는 거여?"

"꼭 그런 건 아니구요, 그럴 수 있다구요."

"거봐. 뭐 제대로 알지도 못 하믄서 뭔 검사랴. 나 안 혀."

환자는 화를 내며 나간다.

나도 아무런 토를 달지 않고 환자가 원하는 대로 다 해주면 얼마나 좋겠나. 필요 없는 검사라도 해달라는 대로 다 해주고 나는 그저 돈을 벌면 된다. 환자야 죽든 말든 환자가 강력하게 거부했다는 기록을 남기고 보내면 된다.

전자는 내 이득을 차려서 좋고 후자는 내 책임을 면해서 좋다.

그러나 의사가 그러면 안 되잖아. 환자가 듣기 좋은 소리만 하면 안 되는 거잖아. 환자와 싸우더라도 환자에게 좋은, 유익한 일을 해야 하는 것이 의사잖아.

良藥苦於口 而利於病, 忠言逆於耳 而利於行

(양약고어구 이리어병, 충언역어이 이리어행:좋은 약은 입에 쓰지만 병에는 좋고, 충성스러운 말은 귀에 거슬리지만 행함에 이롭다.)

우리
그러기로 맹세했었잖아.

우한폐렴 초기. 대부분의 의사가 중국으로부터의 입국을 금지하여 감염원을 차단해야 한다고 주장했지만 일부 의사는 그럴 경우, 밀입국이 증가할 것이라는 희한한 논리를 앞세워 입국 금지를 할 필요가 없다고 주장했다.

'감염원 차단, 감염자 격리, 대규모 방역'이라는 감염 질환 방역 방법의 기본을 무시하고 어쩌면 다분히 정치적일지도 모르는 주장을 했었다. 이후 국내에 전염병이 창궐하자 그 의사들은 지쳤다며 슬그머니 자취를 감추었다. 정부가 듣기 좋은 얘기만 하다가 방역의 기본을 놓친 것은 아닌지. 그것은 '의사'가 하면 안 되는 일 아닌가 말이다.

良藥苦於口 而利於病, 忠言逆於耳 而利於行

우리
좋은 의사가 되기로 했었잖아.
그러기로 맹세했었잖아.

베니스의 상인

이 유명한 작품을 모르는 사람이 있을까? 어렸을 적 읽었던 이 작품의 통쾌한 결말에 나 역시 속 시원해 했지만 지금 다시 생각해보면 합리성, 공정성, 도덕성에 많은 문제가 있는 내용이라는 생각이 든다. 그래서 이전의 많은 해석과 평가에 비해 완전히 다른 감정을 느끼게 된다.

르네상스 시대의 이탈리아는 여러 개의 소도시국가로 나뉘어 있었고 각각 지중해를 이용한 무역을 독점하다시피 하여 많은 부를 축적하고 있었다.

악착같은 생존 능력을 가진 유대인들을 미워하는 토착 유럽인들은 기독교의 교리를 부정하는 유대인들이 오랫동안 한 곳에 정착하지 못하도록 농·어업뿐만 아니라 상공업에도 종사하지 못하게 하였다. 자신들이 원하든 원하지 않든 유대인들은 기독교인들이 천시하고 터부시하는 이자놀이를 하는 금융업(고리대금업)에 종사할 수밖에 없었고 그 직업 때문에 더 멸시받았다.

유대인 2천 년의 삶이 그래왔듯이 샤일록 역시 기독교인의 박해를 받는 입장이었다. 샤일록은 안 그래도 멸시받고 박해받는 입장에서 자신의 딸이 자신을 박해하는 기독교인과 함께 막대한 재산을 가지고 도망친 것에도 큰 상처를 입었을 것이다. 기독교인에 대한 증오는 말도 할 필요가 없었겠지.

그런데 이자를 받지 않고 돈을 빌려주니 자신의 사업에 방해가 되던 안토니오는 평소에도 많은 사람에게 샤일록에 대한 험담을 하고 다녔다. 그런 안토니오에게 좋은 감정을 가지고 있을 리 만무하지 않겠는가?

또한 안토니오의 친구 바사니오를 보면 자신의 결혼을 위해 분수에 맞지 않게 많은 돈을 절친에게 빌려달라고 했다. 안토니오가 샤일록과의 사이에서 체결한 계약서 내용을 알면서도 그 돈을 빌린 것을 진정한 친구의 행동이라 할 수 있겠는가?

다음으로 바사니오의 여친인 포셔. 아무런 자격도 없는 사람이 재판관으로 변장해 재판에 참여하는 것은 범죄다. 이를 묵과한 재판정 또한 공범이다. 더구나 살점을 1파운드 떼어내더라도 피는 한 방울도 흘리지 말아야 한다는 포셔의 주장은 일반적인 상식 수준에서 벗어나는 지극히 말도 안 되는 주장이다.

처음 안토니오와 샤일록의 계약 체결에 있어 안토니오는 살점 1파운드를 떼어낼 때 당연히 출혈이 있을 것이라는 것을 인지하고 있었을 것이다. 안토니오가 출혈에 대한 인지가 있었음에도 출혈이 없어야 한다는 포서의 주장은 설득력이 없는 억지다. 물론 금전적 배상을 신체의 훼손으로 해야 한다는 계약은 현대의 법률에 의거하면 애초부터 성립이 되지 않을 것이다. 현대 법률적으로만 본다면 물론 안토니오는 돈을 빌리지도 못했을 테다.

현대의 법률에 따라 생각해 본다면
1. 안토니오는 샤일록에 대한 명예훼손죄
2. 바사니오는 돈을 빌리고 갚지 않았으니 사기죄
3. 포셔는 재판관 사칭죄로 법정구속감이다.

당시 유럽에 만연해 있던 혐 유대 감정의 발로로써 셰익스피어가 이런 글을 썼을지도 모르지만 공정성에 있어서는 큰 문제점을 가진 심각하게도 포퓰리즘적인 작품이 아닌가 말이다.

갑자기 웬 고전문학 비평이냐고 생각하시겠지만 제대로 생각해보지도 않고 군중 심리에 편승하여 불공정한 주장이나 갑질을 시전하여 억울한 처지에 몰릴 수밖에 없는 사람들이 지금 이 현대 사회에도 있으니 하는 말이다.

나는 수술을 하는 사람이다. 수술을 하려면 permission(수술동의서)을 받아야 한다. 환자에게 수술동의서를 받을 때 수술에 대한 설명을 하면 대개는 각각의 문장마다, 또는 단락마다 인지했다는 환자의 대답(또는 추임새)가 이어진다. 예를 들면 이렇다.

"수술 받으실 거라서 수술에 대한 설명 드리고 동의서를 받겠습니다."

"예."

"자, 정식 명칭은 급성 충수돌기염이구요. 흔히 얘기하는 맹장염입니다."

"예."

"수술명은 복강경하 충수돌기절제술이라는 거구요."

"예."

"사람의 오른쪽 아래쪽 배 안을 들여다보면 대충 이렇게 생겼는데요, 여기가 소장이고, 여기가 대장이고, 소장과 대장이 만나는 부위의 대장을 특별히 맹장이라고 하고, 요게 충수돌기이고 여기에 염증이 생긴 건데, 맹장 옆에 붙어 있어서 사람들이 흔히 맹장염, 맹장염 하는 거예요."

"아…"

"수술은 여기를 잘라내고 이 부위를 묶어버리는 수술을 하는 거구요."

"아…"

"사람 배가 이렇게 있으면, 예전에는 여기를 이렇게 째서 수술했는데, 요즘에는 그렇게 안하고, 배꼽에 구멍을 뚫어서 기구를 배 안에다 집어넣고 TV 화면을 보면서 수술하는 복강경 수술을 하는데 이게 흔히 사람들이 말하는 레이저 수술이에요. 사람들이 복강경이라는 말을 어려워 하니까 그냥 의사들이 레이저, 레이저 해온 것인데 정식 명칭은 복강경 수술이에요."

"아…"

"이 복강경 수술의 장점은 여러 가지가 있어요. 흉터가 적고, 통증이 덜하고, 퇴원과 회복이 빠르고. 여러 가지 장점이 있지만 단점이 두 개 있어요. 사람의 손으로 직접 만져서 수술하는 게 아니고 기구를 배 안에 집어넣고 TV 화면을 보면서 수술하는 것이기 때문에 사람의 손보다는 덜 정확할 수 있어요. 그래서 수술 중에 유착이 심하다든지, 염증이 심하다든지, 해부학적 구조가 이상할 때 등 하다가 안 되면 열어서 수술할 수 있어요. 이걸 개복 가능성이라고 합니다."

"……"

갑자기 대답이 없어진다. 개복 가능성이 마음에 안 든다 이거지.
설명을 계속 이어간다.

"두 번째 단점으로는 가격이 좀 비싸다는 거예요. 아무래도 기구나 이런 걸 더 쓰니까 그런 거죠."

"……"

돈이 많이 든다는 것도 기분 나쁜 거겠지.

"마취는 전신 마취를 하실 거예요. 전신 마취를 하면 합병증이 있을 수 있다고 하는데요."

"……"

또 대답이 없다. 이번엔 합병증이라는 말이 기분 나쁜 거지.

말을 계속 이어간다.

"첫 번째로 마취약제에 알레르기가 있는 분들이 있어요. 가볍게는 두드러기부터 시작해서 심할 경우 호흡 곤란까지 있을 수 있다고 하는데..."

"......"

표정이 어두워진다.

"발생 빈도는 10만 명 중에 몇 명꼴로 발생하는 매우 드문 거구요."

"......"

"다음, 두 번째로, 마취하는 동안에는 인공 기도를 삽입하고 기계 호흡을 하는데요, 이때 가래가 낄 수 있습니다. 이게 나중에 무기폐나 폐렴을 일으킬 수 있어서..."

"......"

표정이 일그러지기도 한다.

"수술 후에는 기침을 열심히 해서 가래를 뱉어내야지 이런 합병증들을 예방할 수 있어요."

"......"

약간 표정이 풀린다.

"그 다음으로 수술의 합병증이 있을 수 있는데..."

"……"

이쯤 되면 환자나 보호자의 눈빛이 변하기 시작한다.

"첫 번째로는 수술이니까 출혈이 있을 수 있구요."

"……"

"두 번째로는 감염이 있을 수 있어요. 이건 심할 경우 농양을 형성할 수도 있구요."

"……"

"세 번째로, 여기 잘라내고 묶어버리는 이 부위를 결찰 부위라고 하는데 이 결찰 부위에서 파열이나, 천공, 구멍이 뚫리거나, 협착, 좁아지거나 할 수 있어요."

"……"

"네 번째로 장 유착이 있을 수 있다고 하는데 복강경 수술에서는 굉장히 드문 것으로 되어 있습니다."

"……"

환자는 거의 수술 안 할 표정이다.

"이 모든 것은 다 가능성을 말씀드리는 거지 반드시 그렇다는 것이 아니 구요."

"……"

약간 표정이 좋아졌다가,

"있으면서 심할 경우 재수술할 수 있습니다."

마지막 설명을 듣고 나면 환자나 보호자는 대개 두 부류로 나눠진다.

"설명을 들으니까 무섭네."

하면서 동의서에 서명하는 경우는 그나마 나은 경우.

"이런 합병증이 생기면 다 책임지시는 거죠?"
"……"

이젠 내가 대답이 없어진다. 아니, 정확히는 기분이 나빠진다.

  수술이 무엇인가? 큰 수술이든 작은 수술이든 어느 하나 위험하지 않은 수술이 없고 합병증을 전혀 발생시키지 않는 수술이란 없다. 그럼에도 불구하고 수술이 아니고서는 환자를 치료할 수 없으므로 어쩔 수 없이 할 수밖에 없어서 하는 게 수술 아닌가?

  외과 의사라고 해서 약만 먹어도 되는 병을 수술하자고 덤비는 것이 아니다. 우리라고 남의 배 째고 피 보는 걸 즐겨서 하는 거겠나? 너를 낫게 해주려고 하는 수술이다. 그런데 수술 전부터 책임을 질 거냐고? 내가 너한테 빚진 거 있냐?

"지금까지 제가 수술하면서 이런 합병증 생긴 적은 없습니다만 앞으로도 계속 똑같이 없을 거라는 보장은 없기 때문에 드리는 말씀입니다. 의사도 이런 설명 하는 거 싫어요. 하지만 이런 설명을 하지 않았을 때, 충분히 있을 수 있는 합병증이 발생하면 고지의 의무를 다하지 않았다며 모두 의사의 책임으로 돌리기 때문에 설명 드리는 거예요."

"그래도 책임은 지셔야죠."

'썅! 걍 관둬. 딴 데 가라, 딴 데 가!'

생각은 굴뚝같지만 입 밖에 내면 더 난리를 칠 테니…

"어떻게 책임을 질까요?"

"그건 선생님이 어떻게 책임을 질 건지를 말씀하셔야죠."

"지금 수술 시작도 안 했어요."

"만약에 생기면요?"

"합병증이 발생하면 적절하게 대응해서 치료했는지가 관건이죠. 문제가 발생하지 않으면 되는 거 아닌가요?"

"그건 그래도…"

"법적으로도 불가피한 합병증이 발생했다는 사실만으로 의사에게 책임을 물을 수는 없습니다. 합병증이 발생했을 때 의사가 적절한 판단 하에 필요한 대처를 다 하면 그 책임이 없습니다."

수술하기도 전에 이러고 앉아 있다는 게 말이 되냐? 이렇게 따지는 놈들뿐만 아니라 조용한 환자들에서도 그런 문제가 발생한 적은 없었다. 재수 없는 말 좀 하지 마라.

말이 났으니 말인데, 수술비가 얼마인지나 알고 말하는 거냐? 충수돌기 절제술은 25만 원이 채 안 된다. 그것도 병원급에서만.

꼴랑 이거 받으면서 위험을 감수하며 수술하는 건데 니들은 문제 생기면 얼마를 받아 처먹으려고 할 거 같냐? 쓰다 보니 더 열 받는다.

우리나라 환자의 경우 의사의 설명이 어떤 문제 발생의 전이냐 후이냐에 따라 큰 차이가 난다. 이런 거다.

"수술 전에는 그런 설명 없었잖아욧!"

"수술 전에 얘기했으면 수술 안 받았을 거 아녜욧!"

"왜 수술 전에 얘기 안 하고 이제 와서 문제가 생기니까 얘기하는 거죠? 빠져나가려고 하는 거 아녜욧?"

기본적으로 의사에 대한 불신과 적대감이 깔려 있지 않으면 할 수 없는 말들이다.

응급실에 ICH(Intra-Cranial Hemorrhage:두개강 내 출혈) 환자가 왔다. 초기엔 mental(의식)이 괜찮다가 출혈량이 늘어나게 되면 정신이 혼미해지기 일쑤인데 이 과정에서 의사가 처방한 수액 하나를 놓았다. 오비이락 격으로 수액을 놓자마자 환자의 mental(의식)이 떨어졌고 이 모습을 본 보호자는 그 자리에서 당장에 전화질을 해댄다.

"의사가 주사를 잘못 놔서 아빠가 이상해."

수액 놨다고 mental(의식)이 떨어지는 사람이 어디 있나? 그러나 우기면 장땡이다.

"이거 맞기 전에는 안 그랬잖아요."
"병의 경과가 그런 거예요."
"거짓말 말아욧!"

한 두 번 있는 일인 줄 아나? 나중에 결국 아니라는 게 밝혀지면 그때의 그 보호자는 없고 다른 보호자가 말한다.

"우린 모르니까."

모르면 입 닫고 있어야 정상인 거 아니냐?

가끔 외국인 환자들을 수술할 때가 있다. 우리나라 환자를 치료할 때에 비해 근본적으로 큰 차이점을 느끼게 되는데 매우 이성적이라는 점이다. 외국인 환자들에게는 이성적인 설명이 통한다. 합병증의 발생에 대해 문제 삼는 경우는 본 적이 없다. 다만, 합병증이 발생한 경우의 설명을 듣고 수긍하고 최선의 치료를 다짐하는 의사에게 감사해 한다. 하나라도 더 잘해주고 싶은 생각이 용솟음친다.

"complication maybe exist(합병증이 있을 수 있습니다.)."

(내가 영어가 짧아서리. 뜻만 보라고 뜻만...)

"OK, I see."

우리나라 국민에게 우리나라 의사들은 샤일록이다.

돈을 빌려 본 적도 없지만 그냥 미운 놈이다. 나한테 잘못한 적도 없고 수술을 받았으되 합병증 없이 잘 나았지만, 애초부터 살 1파운드를 잘라낼 때도 피 한 방울 나지 않아야 하는 것이 당연하며 우르르 몰려들어 저 한 놈 죽사발 만들면 통쾌하다.

어린이용 동화책에 '베니스의 상인'을 싣고는 글의 끝에 아이들에게 같이 생각해보자는 글이 있었다.

"아니 어찌 피를 흘리지 않고 살을 벨 수 있겠어요~ 샤일록의 말대로 법대로 했으니 그는 자신의 꾀에 당하고 만 셈이죠~ 쌤통이다! 우리 아이 '베니스의 상인' 줄거리 읽더니 마지막 반전이 통쾌했던 모양이에요."

이게 쌤통거리인가? 그동안 샤일록의 욕을 해대던 사람은 죄가 없나?

피고 측인 안토니오의 절친 마누라가 재판관이 된다는 게 사법 질서를 문란케 하는 일이 아니고 무엇인가?

그저 우우~ 하고 몰려가서 미운 놈 하나 병신 만들면 그게 정의인가?

만일 반대로 샤일록이 돈을 빌렸고 갚지 못해서 안토니오가 샤일록의 가슴살 1파운드를 잘라내려 했을 때도 피는 한 방울도 흘려서는 안 된다고 했을까?

공정한 법은 있는가? 아니, 법이 있기는 한가?

수술실에 CCTV를 설치해야 한다는 주장이 돈다. 세상 살다 살다 별 일을 다 보게 된다. 이게 얼마나 멍청한 발상인지 내가 가르쳐 줄게.

환자를 치료한다는 것, 수술한다는 것이 울산 현대자동차 공장에서 자동차 찍어내는 것 같은 줄 아는 돌대가리들은 잘 봐라.

1. 니네 중에, 또는 니네 새끼들 중에 피아노, 바이올린, 웅변, 뭐 기타 등등의 콩쿠르에 나가본 적 있는 사람들 있지? 내내 연습 때 잘 하던 짓도 청중 앞에 서면 버벅대는 거 경험해 봤을 거야. 면접 볼 때 떨려서 버벅거려 본 적은 없냐? 사람이라는 게 원래 그런 거라고. 누가 쳐다보면 잘 하던 것도 긴장해서 실수를 하게 되는 거야.

CCTV로 니네가 감시한다고 생각이 들면 수술자들이 수술 참 잘도 하겠다. 그치?

니네 때문에 발생하지 않아도 되는 실수들이 발생할 거고 그럼 그게 모두 환자가 위험해지는 일이야. 뭐, 니네가 수술자의 실수를 유도해서 가족을 골로 가게 한 다음에 의사를 협박하여 삥 뜯어낼 심산이라면 잘하는 짓인 건 맞아. 그런 의도에서인 거라면 강추!

2. 수술실에서 수술이 진행될 때 전혀 아무런 문제없이 착착 다 진행될

것 같지? 마치 풀빵 찍어내듯이 말이야. 그럼 전 국민이 다 똑같이 생겼다고 생각하냐? 일란성 쌍둥이도 조금씩은 차이가 있어. 완벽하게 똑같은 사람은 지구상에 없다고. 70억 명의 인구는 70억 개의 다양성을 가진다 말이다.

 마찬가지로 사람 뱃속도 다 달라. 수술자는 그 모든 다른 상황들을 맞닥뜨려 그때그때 다양한 경험으로 문제를 해결해 나가는 거라고.

 때론 생각지도 못한 혈관이 있어서 터지기도 하고 해부학적 구조가 특이해서 전혀 엉뚱한 곳에 전혀 엉뚱한 장기 구조물이 있기도 해. 좌우가 완전히 반대인 사람이 있다는 것 정도도 니네 중에는 아는 놈이 몇이나 되겠냐?

 그런 수술 도중에 발생하는 다양한 상황들을 하나하나 해결해 나가는 것이 수술인데 니네들은 나중에 그런 상황이 발생한 것을 꼬투리 삼아 또 의사를 협박해서 삥 뜯으려고 혈안이 될 거 아냐?

 "어, 어, 어, 어, 저거 저거 봐. 저렇게 문제가 있었구만. 의사 새끼가 실수를 했네. 개새끼. 이건 그냥 못 넘어가지. 의사 새끼 어딨어!"

 안 봐도 비디오다.

 3. 니네들은 모두 수술 열라 잘하는 의사가 수술의 처음부터 끝까지 다 하기를 바라지? 배 쨀 때부터 시작해서 마지막 한 땀의 봉합까지 말야. 대학병원에서 교수가 수술하다가 중요한 부위를 다 끝내고 뒷마무리를 펠로우한테 맡기면 니네 그럴 거잖아.

"어? 저거 뭐여. 의사 이 개새끼가 수술을 하다말고 밑에 놈헌티 수술 넘기는 거 아녀? 이런 개새끼, 다 디졌어."

그렇게 넘기지 않고 니네가 다 바라는 대로 처음부터 끝까지 그 교수가 수술 다 하면 어떤 일이 벌어질지 가르쳐줄까? 그 교수는 기껏해야 하루에 수술 세 개밖에 못해. 워낙에 유명한 교수라서 안 그래도 수술 한 번 받으려면 2개월 넘게 줄줄이 밀려 있는데 니네가 바라는 대로 하면 더 밀리겠지? 게다가 그 교수는 외래 볼 시간도 없어서 니네가 그 교수 얼굴 한 번 보려면 석 달 열흘을 기다려도 안 될 거야.

그것뿐인 줄 아냐? 그 교수가 알파에서 오메가까지 다 하느라 밑의 의사들은 수술해 볼 기회조차 없어. 너까지는 하겠지. 근데 그 교수 은퇴하고 나면 더는 그 수술할 사람이 없어. 니 자식 새끼들부터는 그 수술 못 받아.

4. CCTV는 누구 돈으로 설치할 거냐? 서버는?

정부? 돈 없대.

가뜩이나 정당하게 청구하는 것도 삭감하려고 혈안이 되어 있는 새끼들이 아~나 행여나 돈 주겠다.

니가 낼래? 뭐? 니가 왜 그 돈을 내냐구? 니가 꺼낸 말이잖아, X새끼야. 뭐? 의사가 내야 된다구? 왜? 우린 CCTV 설치하는 거 싫은데? 내가 바라지도 않은 것을 내 쌩돈 들여가며 내 목줄을 매려고? 내가 깜장물 먹었냐? 그 짓을 하게?

5. 그 촬영한 화면에 담긴 장면이 어떤 게 있을 것 같아? 참고로 난 항문 수술한다. 촬영한 게 유출되면 어쩔 건데? 니네 가족 거시기 부위가 적나라하게 다 드러나니 참 좋겠지? 뭐? 유출되면 의사 책임이라고? 난 그런 적 없는데? 뭐? 그래도 의사가 책임을 저야 된다고?

아, 왜? 정은이가 핵 개발한 게 남측 의사 책임이라고 하지 그래?

니가 오늘 점심 먹다가 헛바닥 씹은 건 의사 책임 아니냐?

니가 어제 저녁에 술 처먹고 꽐라 되어서 픽치기당한 것도 의사 책임이잖아, 안 그래?

안 무겁니? 그런 돌대가리 어깨 위에 얹고 있으면?

6. 합병증이 없거나 실수를 안 하면 되는 거 아니냐구?

자, 그럼 보자.

99.99%의 정확도가 있는 수술자라면 괜찮은 의사냐? 수술한 1만 명 중에 딱 한 명 문제가 있는 의사 말이야. 그 정도는 괜찮아? 그래?

그럼, 그 한 명이 너야. 아직도 괜찮아? 그건 안 돼?

그럼 다른 사람이면 괜찮아? 뭐? 다시 생각해보니 그것도 안 돼?

넌 뭐하는 놈이냐? 니 직업에서 넌 100% 정확한 놈이냐?

아니, 그런 게 있기나 하냐?

뭐? 넌 그래도 되고 의사는 그러면 안 된다고? 내로남불 오지시네.

"인절미를 만들되 콩고물은 한 톨도 떨어뜨리거나 손에 묻어서는 안 된다."

"샴푸를 하되 머리를 적시면 안 된다."

"한 시간 안에 회장님 결재용 서류를 준비하되 처음부터 단 하나의 오·탈자도 있어서는 안 된다."

"가슴살 1파운드를 제거하되 피는 흘려서는 안 된다."

"위험한 수술을 하되 절대로 문제가 발생해서는 안 된다."

이게 다 같은 말이라고.

니 머리가 나쁜 건 니 잘못은 아니지만 니가 머리 나쁜 게 자랑은 아니잖니?

입 밖으로 꺼내지 좀 말라고. 니넨 항상 그 주둥아리가 문젠 거야.

P.S. 여기서 말하는 '너'가 누구를 지칭하는지는 다들 아시죠?

슬기로운 ER 생활

'응급'이라는 말의 의미를 아는가? 사전적 의미 따위를 말하는 것이 아니다. 의료 현장에서의 응급이란 사람의 생명이 조금의 여유도 없이 경각에 이르렀을 때를 의미한다.

외과 레지던트 1년차 시절. 나는 수원의 모 대학병원에서 근무하고 있었다. 지금이야 '응급의학과'라는 진료 과목이 당당히 존재하여 응급실로 내원한 환자를 일차적으로 각과 레지던트가 진료하지는 않지만, 그때, 그 병원에는 응급의학과가 따로 없어서 응급실에 상주하는 인턴 두 명이 내원 환자를 1차 진료하고 각 진료과별로 분류하여 각 진료과의 1년차 레지던트에게 알리는(이걸 notify, 또는 줄여서 noti라고 한다.) 시스템이었다.

레지던트 1년차는 어느 병원, 무슨 진료과든지 힘든 과정이어서 자기 진료과 업무만도 상당한 상태이다. 그래서 밥 못 먹고, 잠 못 자고 일하는 사람들이라 항상 만성 피로와 배고픔을 달고 살았다.

나 역시 예외는 아니었고, 그중에서도 가장 힘든 1년차라 할 만큼 상태가 좋지 않았었다. 그래서인지 우리 외과 교수님뿐만 아니라, 타과 교수님들까지도 외과 1년차라면 웬만해선 건들지 않았다.

외과 1년차의 패션은 딱 두 가지다. 다 헤지고 너덜너덜하며 뻣뻣하기가 이를 데 없는 초록색 수술복 상하의를 기본으로 하여, 이 위에 가운을 입으면 겨울 패션, 가운을 안 입으면 여름 패션이다. 머리는 일주일 이상 감지를 못해서 우주 소년 아톰처럼 떡져 있고, 목욕은 언제 했는지 솔직히 기억이 없다. 머리 감을 시간이나 목욕할 시간이 있으면 차라리 쪽잠을 자겠지. 양말은 신다 신다가 발바닥 부분이 맨질맨질해지면 아예 벗어놓고 맨발에 슬리퍼를 끌고 다녔다. 가운은 앞 단추를 다 열어젖히고.

대충 상상이 가시나? 이런 morphology(생김새)로 병원을 활보하고 다녀도 병원에 근무하는 사람들은 누구도 아무 소리 못했다. 저거 건드렸다가는 폭발할지도 모른다는 공포 때문에…

그러나 이런 사정을 모르는 환자들이야 말도 섞기 싫을 정도의 더러운 놈이 의사인지조차도 의심되는 상황에서 그나마 보기도 힘드니 더 성질이 나는 것은 당연한 일이다.

하루는 아침 회진을 도느라 숱하게 걸려오는 응급실 콜을 못 받고(대개는 이럴 때 같이 도는 인턴에게 대신 콜을 받게 하는데, 하필 그날따라 수술이 세 방에서 동시에 잡혀 인턴도 다 끌려 들어갔던 상황이었다.) 오전 시간이 거의 다 날아가서 회진이 끝나자마자 응급실로 뛰어갔다.

아수라장. 응급실 수간호사는 왜 이제 왔느냐는 미운 눈 반, 너 힘든 거 충분히 알고 지금 내려와 준 것도 감사하다는 연민의 눈 반의 이상야릇한 표정으로 나를 맞는다.

인턴은 울듯이 나를 반긴다.

'짜식, 어지간히 괴롭힘을 당했나보군.'

응급실 스테이션에 앉자마자 내 앞으로 쏟아지는 차트들. 족히 스무 개는 넘는다. 대충 Chief Complaint(주 호소 증상, 보통 C.C.로 표현)만 훑어보고는 인턴의 안내를 받으며 환자 앞으로 갔다. 응급실 베드는 한쪽에는 여섯 개씩 4열이 배치되어 있고, 스테이션과 응급 처치실을 지나 반대편에는 CT 등의 검사나 입원을 기다리는 베드가 스무 개 정도 있었다. 베드가 놓인 쪽으로 다가가자 분노와 증오에 가득 찬 시선들이 얼굴에 날아와 박혀 저절로 눈을 깔게 만든다.

"외과 의삽니다. 할머니, 어디가 어떻게 불편하세요?"
"아, 왜 지금 와? 응급실에 온 지 두 시간도 넘었어."
"예, 죄송해요. 제가 너무 바빠서요. 어디가 불편해서 오셨어요?"
"일주일째 변을 못 봐. 보고 싶어는 죽겠는데 도통 안 나와. 어쩌다 봐도 가늘게 나오고, 보고 나도 또 보고 싶고. 그래서 집에서 숟가락으로 파냈더니 이제는 피가 나고 아퍼 죽겠어."

항문을 보니 띵띵 부어 있고 피칠갑이 되어 있다. 피 반 똥 반이다. 그래도 다행히 지금은 멈춰 있다. 부어 있는 항문으로 직장수지검사를 해 보았으나 손가락이 닿는 범위 내에서는 만져지는 종괴는 없다. 그러나 변비의 원인을 밝혀야 한다. 증상과 연세로 봐선 직장암도 의심할 수 있는 상황이다.

"할머니, 대장내시경해 보신 적 있으세요?"

옆에 있던 아들이 말한다.

"없어요."
"아, 그럼 할머니 입원하셔서 대장내시경 좀 하십시다."

보호자가 짜증 섞인 말투로 말한다.

"아, 그냥 대변만 좀 빼줘요."
"보호자분, 지금 그게 중요한 게 아니구요, 할머니가 변을 잘 못 보시는 원인을 찾는 게 더 중요해요."
"아니, 이 병원은 변만 좀 보게 해달라는데 왜 입원하래? 뭐 또 이것저것

검사해서 돈만 엄청 나오게 하려고 그러지?"

"아뇨, 그런 게 아니고 할머니 연세와 지금 증상으로 봐선 직장암도 의심할 수 있는 거라서, 정확한 검사를 해야 해서 그래요."

"무슨 소리야? 직장암이라니? 단지 변을 못 보면 다 직장암이야?"

흰자위를 희번덕거리며 양팔이 허리춤으로 땡겨 올라간다.

"어? 뭐라고? 내가 직장암이야?"

"아뇨, 할머니 그게 아니고 그럴지도 모르니 검사를 해야 한다고요."

"으헝헝... 내가 직장암이래."

"아뇨, 지금 제가 단정적으로 말씀드리는 게 아니잖아요."

"으헝헝... 내가 직장암이래."

"아, 아니라니까요."

"뭐야, 아까는 직장암이라며..."

아들이 눈을 부라리며 따진다.

"제가 언제요. 그럴지도 모르니 검사를 해 보자는 거죠."

"아니, 그게 그 말 아니얏!"

"어떻게 그게 그 말이에요? 나 참."

"뭐? 나 참? 너 이 새끼 몇 살이야? 너 이름이 뭐야?"

갈수록 태산이다. 말꼬리 하나하나를 트집 잡을 기세다.

"아, 그럼 좋으실 대로 하세요. 여기서 관장을 받으시고 나중에 외래로 오세요."

따라온 간호사에게 관장을 해주라고 오더.
다음 침대. 젊은 여자 환자. 아랫배가 아파서 왔단다. 땀을 삐질삐질 흘리고 있고 웅크린 상태에서 옆으로 누워 있다.

"맹장염 같아요."
옆에 있던 남자친구로 보이는 남자가 말한다.

"언제부터 아팠어요?"
"한 세 시간 정도 됐어요."
"환자분 똑바로 누워 보세요."
"똑바로 못 누워요."
"그래도 잠시만 똑바로 누워보세요. 배를 만져봐야 하는데 옆으로 누워 있으면 만져볼 수가 없잖아요."
"자기야. 좀 똑바로 누워보자."
"아, 아, 악..."
"자기야, 많이 아파?"

남자가 안절부절 못한다.
"맹장염 같아요. 빨리 수술해야 될 것 같아요."

"맹장염인지 아닌지 아직 확실하지 않으니 만져보고 검사도 해야 돼요. 환자분, 아래쪽 배 어느 쪽이 아프세요? 오른쪽이에요? 왼쪽이에요?"

"왼쪽이요."

"아무렇지도 않다가 갑자기 아프기 시작했어요? 메슥거리거나 토하지는 않았어요?"

"그런 건 없이 갑자기 아팠어요. 아… 아…"

"맹장염 맞잖아요. 이렇게 아픈데…"

'아주 지가 의사구만.'

"환자분이 아프신 부위가 왼쪽이라 맹장염보다는 난소염전이나 자궁부속기 쪽 문제일 수 있어요."

"왼쪽이니까 맹장염이죠. 남자는 맹장이 오른쪽이고 여자는 왼쪽에 있잖아요."

'헐! 이건 무슨 소리?'

"보호자이신가요?"

"예."

"관계가 어떻게 되시죠?"

"남자친구요."

"그럼 혈연관계가 아니라서 보호자가 될 수 없습니다. 환자 부모님께 연락하시구요. 그리고 남자 여자의 맹장 위치가 서로 다르다는 것은 어디서 들으신 거예요?"

"원래 그런 거 아닌가요? 어디서 본 거 같은데, 들은 건가?"

"아니구요, 남자나 여자나 맹장의 위치는 오른쪽 아랫배로 같습니다. 잘못 알고 계신 거예요."

빠직 열 받았나 보다.

"아니, 내가 의사가 아닌데 그런 걸 어떻게 알아요?"

'모르면 입 다물고 있으라고, 이 자식아!'

욕이 턱밑까지 차오른다.

"우선 진단을 해야 하니까 산부인과 연락해서 보고 나서 산부인과 쪽 문제가 아니라고 하면 CT부터 찍어볼게요."

"언제 볼 건데요?"

"글쎄요, 지금 연락할 건데 언제 산부인과가 와서 볼지는 잘 몰라요. 최대한 빨리 보시도록 할게요."

"아니 그럼 또 기다리라는 거예요? 뭐 이래 응급실이..."

'응급실이 뭐 이러냐구? 니가 응급이라고 생각하면 그게 다 응급이냐?'

방안 통소일 뿐 입 밖으론 말을 못 꺼낸다.

"조금만 기다리시면 돼요. 저희도 최선을 다 하고 있잖아요."

인턴에게 산부인과 콜하라고 하고 다음 환자. 바로 옆 환자, 그 옆 환자, 그 옆 환자도 내가 봐야 할 환자란다. 휘릭 둘러보는 시선에서도 환자 및 보호자의 살기가 느껴진다. 그때 맞은 편 침대의 보호자가 소리를 지른다.

"아니, 우리는 왜 안 봐주는 거야?"
"순서대로 보고 있습니다. 잠시만 기다리세요."
"아까부터 계속 잠시 잠시만이라고 했잖앗! 환자는 아파 죽겠다는데 아무 조치도 안 해주고 뭔 이따위 병원이 다 있엇! 원장 누구야? 원장 나오라 그래!"

'원장 불러다 놓으면 아무 소리도 못할 거면서...'

"인턴 선생, 저 환자분은 뭘로 오셨나?"
"watery diarrhea(물 같은 설사)로 오셨습니다. food poisoning(식중독)에 의한 AGE(Acute Gastro-Enteritis:급성 위장관염) 같습니다."
"그럼 외과도 아니잖아."
"예, 그래서 내과 선생님 콜한 상태고 아직 안 오셔서 기다리고 있습니다."

"그런데 왜 나한테 그래. 저기요, 보호자분, 저는 외과 의사구요, 환자분은 내과 선생님이 보셔야 되는 거라서 제가 봐 드리는 게 아닙니다."

"아니, 뭐야? 그럼 우리는 아직도 못 본다는 거야? 이런 씨, 진짜, 원장 나왓!"

'에구, 무시하자, 무시해.'

한 사람이 소리를 지르니 여기저기서 고성이 튀어나왔다.

"아, 씨!"

"여기두용."

"아, 씨. O 같네."

욕설의 융단폭격을 맞고 있는데, 갑자기 앰뷸런스 싸이렌 소리와 함께 우당탕 응급실 문이 열리면서 환자를 태운 카트를 밀고 소방대원들이 들이 닥친다.

"자상 환자요! 빨리!"

언뜻 보기에도 얼굴과 가슴 부위가 온통 시뻘건 환자가 들어온다.

"얼른 처치실로!"

간호사 너댓 명이 뛰어가고 응급실 인턴이 뒤따라 처치실로 뛰어가더니 이내 수간호사가 소리친다.

"엄윤 선생님! 목 부위 Laceration(열상:찢어진 상처)이요!"

후다닥 처치실로 뛰어 들어갔다. 응급구조대원들이 환자의 목 부위를 누르고 있는데도 흘러나온 피가 카트에서 떨어져 처치실 바닥에 흐른다.

"잠깐 봅시다."

목 부위에 압박되어 있던 패드를 떼는 순간 뿜어져 나온 피가 솟구쳐 안경과 오른쪽 얼굴, 가운의 절반을 적신다. Common Carotid Artery Laceration(총경동맥 열상). 손을 떼니 치솟는 피가 처치실 사방으로 흩어진다.

"어떻게 된 거죠?"

두 손으로 목을 압박하면서 구급대원에게 물었다.

"변심했다고 애인이 칼로 목을 찔렀답니다."
"얼마나 됐죠?"
"바로 온 겁니다. 약 20분 정도요."

환자는 의식이 없다.

"intubation(기관 삽관)!"

Laryngoscope(후두경)으로도 기도가 잘 보이지 않았지만 어떻게 어떻게 밀어 넣었다.

"앰부백 짜요."

"카트째로 수술방 갑니다. PRC(Packed Red Cell:농축적혈구)건 전혈이 건 상관없이 열 개 이상 신청하고, 인턴 선생은 외과 4년차 콜해서 수술 방으로 직접 오시라하고, 수간호사님은 수술실 연락해서 마취과 수술실 입구로 불러주시구요, 차지 간호사(Charge Nurse:책임간호사)는 외과 OOO교수님 콜해 주시구요, 간호사들은 카트 좀 밀어주세요. 보호자분 따 라오세요. 누가 가서 엘리베이터 좀 잡아요."

정신없이 환자를 수술실로 옮겼다. 미리 연락 안 하고 들이닥쳤다고 나 중에 마취과장님께 엄청 혼났다.

수술이 끝나고 나중에 들은 얘기지만 수술 중에도 cardiac arrest(심정지) 가 와서 CPR(cardiopulmonary resuscitation:심폐소생술)을 여러 번 했다 한다. 불행 중 다행으로 경동맥 일부만 찢어졌던 거라, 결국 그 환자는 나 중에 멀쩡히 걸어서 퇴원했다. 만일 5mm만 더 옆으로 찔렀어도 살아남기 어려웠을 것이다.

어쨌든…

환자를 수술방에 넣어놓고는 다시 응급실로 내려왔다.

얼굴, 손, 안경이야 대충 씻었지만 가운과 안쪽에 입고 있던 수술복은 미처 갈아입지 못했다. 나중에 보니 머리카락도 피에 떡져 있었다.

"인턴 선생님. 환자 봅시다."

다시 아까의 그 아비규환 속으로 발걸음을 돌렸다.

"……"
"……"
"……"

아무도 말이 없다. 환자도, 보호자도…

아까의 그 호기롭던 외침들은 쥐 죽은 듯 한 적막 속에 웅크리고 숨었는지 모두 그저 처분만 바라는 표정으로 빤히 쳐다보고 있을 뿐이다.

스무 명이 넘는, 본인들은 소위 '응급'이라고 말하는 환자를 모두 보고 나서 약 처방/입원/타과 의뢰/외래 추적 관찰 등의 처방을 내리기까지 어느 누구 하나 재촉하거나 불평하는 사람은 없었다.

응급실은 말 그대로 응급 환자가 오는 곳이다. 그러나 그 응급인지 아닌지를 평가하는 것은 전적으로 의료진의 몫이다. 실제 대학병원이나 종합병원급의 응급실로 내원하는 환자의 태반이 응급 환자가 아니다. 응급실은 그저 빠른 진료를 받고 싶은 환자들의 만만한 진료 창구로 전락되어 여기저귀의 호통 소리와 욕설이 난무하는 도떼기시장이 되어버렸다.

하지만 그 안에 근무하는 의료진은 내가 성질난다고 함부로 아무렇게나 대해도 되는 사람들이 아니다. 오랜 기간의 공부와 트레이닝 과정을 거쳐 비로소 어느 정도의 실력을 갖춰야지 일선에 투입되는 전문가들이다.

"아니, 이런 건 이렇게 이렇게 해 줘야지."

이런 태도는, 교수 앞에서는 찍소리도 못하면서, 조금 만만해 보이는 수련의들에게는 돼먹지 못한 갑질을 일삼는 비겁하고 저열하기 짝이 없는 문외한임을 자인하는 것에 불과하다. 응급 환자를 보는 의사들끼리는 종종 얘기한다. 응급도 아닌 사람들이 시끄럽고, 진짜 응급 환자는 아무 말이 없다고. 응급실에 갈 일이 있을 때 제대로 진료 받고 싶으면 조용히, 매너 있게 행동하면 의료진들도 사람이라 그런 환자들에게 더 잘 해주려고 한다.

응급실 갈 일 없으면 그게 제일 좋은 거고...

신과 함께

"아픈 사람에게는 의사가 신이야."

의사가 되기 전, 의과대학생 때부터 많이 들어왔던 말이다. 무슨 의미인지는 안다. 아마 내가 의사가 되지 않았다면 나 역시 그렇게 말했을 것이다. 의사가 되기 전부터 그렇게 되도록 교육받았다.

"다른 직업에서는 무식은 그 사람의 성공에 지장을 줄 수 있는 문제로 그치지만, 의사가 무식한 것은 범죄다."
내가 학생 때 교수님의 말씀이었다.

"모르면 넘겨라. 환자 질질 끌고 있다가 죽이지 말고."

"네가 그 칼로 환자를 죽일 수도 있다는 것을 의미하는데도 메스를 잡을 수 있는 허락을 받은 것은 너희의 지식과 몸짓 하나하나가 얼마나 중요한 것인지를 너 스스로가 깨우쳐야 된다는 소리다. 의사는 신이 아니지만 신이 되어야만 하는 직업이다. 지금이라도 무서우면 나가라."

그때는 그 말씀의 무게를 잘 몰랐었다.

#1

흐려진 기억 속에 아마도 2007년 정도였으리라. 페이닥터 때였다.
70이 넘은 할아버지 한 분이 할머니와 같이 외래로 들어왔다. 왜소한 체격에 옷을 다 입고 있는데도 확연하게 드러나는 복부 팽만.

"어디가 불편해서 오셨어요?"
"배가 자꾸 불러와서..."

이 연세에 복부 팽만. 가장 먼저 생각해 볼 수 있는 것은 liver cirr-hosis(간경변)로 인한 ascites(복수) 또는 malignancy(악성 종양).

"일단 침대에 누워보세요."

주섬주섬 옷을 올려 침대에 눕는다. 반듯하게 누운 환자의 Rt. flank(우측 옆구리) 부분이 볼록하게 올라와 있다.

"할아버지, 언제부터 이러셨어요?"

"오래됐어요."

"얼마나요?"

"솔찮이 됐어요."

"한 일 년 됐어요?"

"아뇨, 훨씬 더 됐죠."

"한 10년?"

"아니, 더 됐어요."

'뭔 스무고개 하는 것도 아니고 그냥 딱 몇 년 됐다고 말해주라, 제발...
별거 아닌 질문에 의사도 진이 빠진다고...'

"한 20년?"

"한 30년도 넘었지."

'헐! 그런데 왜 이제야...'

"이게 처음부터 이랬어요? 왜 이제서야 오셨어요?"

"아니, 처음에는 이러지 않았지. 근데 시간이 지날수록 조금씩 조금씩 자
꾸 커지더라고..."

환자의 복부를 다시 보니 아주 흐릿하게나마 흉터가 있다. Rt. subcostal

incision(우측 늑골하 절개).

"할아버지 이건 뭐예요? 예전에 무슨 수술 하신 적 있어요?"

"아, 그거 쓸개 뗀 거유."

옆에 있던 할머니가 말했다.

"언제요?"

"그것도 솔찮이 됐지."

"그러니까 그 솔찮이가 언제냐구요."

"아마 그것도 30년도 더 됐을 거요."

"그럼 이거 생긴 시기와 비슷한 거예요?"

"아니, 그건 아니고 수술을 더 먼저 했지."

"아유, 이 냥반, 그거 수술 한 거랑 이거 생긴 거랑 비슷한 때 생긴 거라니깐."

할머니가 껴든다.

"아이, 쓸데없는 소리 말엇! 내가 다 기억한다니깐. 수술을 훨씬 먼저 했
어. 잘 알지도 못하면서... 쯧."

할아버지가 쿠사리를 준다.

"아이구, 됐어요, 됐어. 할아버지! 이거 뭔지 모르니까 CT 좀 찍어볼게요."

"암이여, 암."

"예?"

"아, 암이라고…"

할아버지가 진단을 내렸다.

"무슨 암인데요?"

"아, 그거야 나는 모르지. 암튼 암일 거여. 뭐 죽을 때도 됐지."

"아이, 이 냥반은 쓸데없는 소리는 자기가 하고 자빠졌네. 박사님, 그냥 찍어주세요."

할머니가 할아버지에게 눈을 흘기며 말했다.

"예, 우선 좀 찍어볼게요. 그런데요, 할아버지, 이게 암이고 30년도 더 된 것이라면 할아버지는 이미 돌아가셔도 네다섯 번은 돌아가셨어야 해요. 뱃속에 암을 30년 넘게 가지고 사는 사람이 어디 있어요?"

"아, 나야 잘 모르니까."

CT를 보냈고, 찍어왔다. CT의 판독 소견을 기다릴 것도 없었다.

"할아버지 오늘 입원하셔서 내일 수술하시자구요."

"이게 뭔가요?"

"뭔지는 아직 확실하지 않아요, 그저 비정상 종괴가 뱃속에 있으니 일단 빼내야 한다는 거예요. 일단 수술해서 빼내고 조직검사를 볼게요. 그런데 암은 아닐 것 같아요."

"예."

"아, 참. 예전에 쓸개 떼어내는 수술은 어디서 하셨어요?"

"저~~기 OO병원에서 했어요."

여기서 그리 멀지 않은 병원이다.

"......"

"많이 위험한 수술인가요?"

할머니가 물었다.

"그건 들어가 봐야 알 것 같아요. 오래된 거라서 주변 장기와 유착되어 있을 가능성이 커요. 그러면 수술이 쉽지 않을 수 있어요. 일단 배를 열어봐야 알 것 같아요."

할머니의 얼굴이 어두워졌다.

다음 날 수술방.

대개 이전 절개 부위가 있으면 그 절개 부위를 다시 열고 들어가는 것이 원칙이다. 그러나 이 환자는 30년 넘게 이 종괴를 가지고 있었던 터라 내부 장기와의 유착이 어떨지 알 수가 없었다. 그러므로 Extended Upper midline incision(상복부 정중선 확장 절개)을 시행했다.

역시 유착은 심했다. 핸드볼 공만한 종괴가 우측 복벽의 peritoneum (복막), liver(간), omentum(대망)과 유착되어 있고 A,T-colon(상행, 횡행 결장)은 눌리거나 옆으로 밀려 있었다. peritoneum(복막)을 완벽하게 dissection(박리)하지는 못했다. 일부의 peritoneum(복막)과 함께 종괴를 떼어냈다.

Cystic mass(낭성 종괴). 제발 '그것'만은 아니길 바랐다...

수술 중에 떼어낸 종괴를 열어 보았다(물론 Op. field(수술 시야) 밖에서다. 흥분하지 마시라.). 초콜릿 색깔의 액체가 다량 흘러나오고 cystic wall(낭벽)에 단단하게 붙어 있는, 역시 초콜릿 색깔의 종괴가 있다. 조심조심 그 덩어리를 풀었다.

"어? 이거 거즈 아니에요?"

스크럽 간호사가 놀라서 묻는다.

"뭐? 거즈?"

마취과장이 놀란 눈으로 경계를 넘어 내려온다.

"……"

"엄 과장님, 이거 거즈 맞아요?"

마취과장의 질문.

"예, 그러네요."

"어떻게 이런… 30년도 더 된 거라면서요?"

"예, 그렇다네요."

"우와, 어떻게 이걸 가지고 지금까지 사셨을까. 그런데 이 cyst(낭)은 뭐예요?"

진주가 어떻게 만들어지는 것인지 아는가? 자그마한 모래 하나가 조개 안으로 들어와 조개가 뱉어내려 해도 뱉어내지 못 했을 때 조개는 그 모래가 자신을 해치지 못하도록 계속 체액을 내어 둘러싸게 된다. 인간에게는 아름다운 진주일지 모르나 조개의 입장에서는 오랜 세월의 아픔이다.

조개만 진주를 품을 것 같나? 우리 몸도 이물질이 들어오면 그 주변에 염증을 일으키고 출혈이 생기는데 이 출혈이 오랜 세월 조금씩 반복되어 출혈과 흡수가 반복되다 보면, 결국 맨 바깥쪽에 섬유화가 진행되어 주머니를 만들고 그 내부에서의 출혈 및 흡수가 다시 반복되어 결국엔 초콜릿 같은 찐득한 액체로 가득 차게 된다.

말하자면 인간의 진주다.

"보호자나 환자에게 뭐라고 말씀하실 거예요?"

마취과장이 다시 물었다.

"글쎄요."

"예전에 어디서 수술하신 거래요?"

"OO병원이라네요."

"30년도 더 된 일이니 그 의사가 있겠어요?"

"없겠죠."

"어떡하실 거예요?"

재차 묻는다. 그러나 거짓말을 할 수는 없지 않은가?

"사실대로 말해야죠."

수술을 끝내고 수술방 바깥에서 맘 졸이며 기다리고 있던 할머니와 딸에게 갔다. 덩어리를 가지고...

요즘이야 대부분의 수술이 복강경 수술이라 뱃속에 커다란 거즈를 넣고 배를 닫을 일이 별로 없지만 개복 수술 시 항상 배를 닫기 전에 거즈 카운트를 한다. 수술 전 카운트한 개수와 수술 후 카운트한 개수가 맞지 않으면 그 거즈가 나올 때까지 배를 닫지 못한다. 30여 년 전 그 의사도 수술 시에 거즈 카운트를 안 했을 리 없다. 그러나 그렇게 철저하게 한다고 해도 가끔 이런 일들이 벌어진다.

물론 수술에 참여한 scrub(스크럽), circulating(보조간호사)이 하는 일이다. 그러나 수술방 내에서의 모든 문제는 온전히 Operator(수술자)의 책임이다. 어떠한 변명으로도 빠져나갈 수 없다.

보호자들에게 설명했다.

"아이구, 세상에나..."
"저런 나쁜 놈들."

충분히 예상 가능한 반응이었다. 당장 그 병원에 가서 따지겠노라고 했다.

"그 의사가 아직도 거기 병원에 있겠어요?"
"아니, 그래도 그 병원에 가서 따질 건 따져봐야..."
"글쎄요. 그 의사가 아니더라도 30여 년 전에 그 병원에 근무했던 어느 누구라도 아직까지 그 병원에서 근무하고 있는 사람이 몇이나 되겠어요?"
"......"
"억울하신 것은 충분히 이해해요, 그런데 지금 와서 할 수 있는 게 없지 싶어요."
"그래도..."

"현행법상 의무 기록 보존 기간은 환자 명부의 경우 5년, 진료기록부나 수술기록지는 10년이에요. 30여 년 전에 수술했던 기록이 남아 있을 가능성이 없어요. 이미 다 폐기 처분했겠죠. 그 병원에서 환자분을 수술했다는 증거가 남아 있는 게 없을 거예요."

"어휴, 억울하네요."

"마음은 충분히 공감합니다. 왜 안 그러시겠어요. 그래도 지금 와서 뭘 하실 방법이 없으니 그냥 할아버지 안전하게 수술 잘 된 것으로 위안 삼으셔야지 어쩌겠어요."

"……"

다독였다.

며칠 후 할머니는 딸과 함께 그 병원을 찾아갔다고 했다. 역시 아무 기록도 없더란다. 그러나 환자의 소식을 들은 그 병원의 원장은 보호자의 말만 듣고 500만 원을 위로금으로 주었다는 소식을 들었다. 그나마 다행이라고 생각했다.

이후 할아버지는 별 문제없이 잘 퇴원했다. 졸지에 나는 30년간의 묵은 병을 덜어내 준 명의가 되었다. 그러나 나에게도 언제라도 생길 수 있는 일이라고 생각하면 등골이 서늘해졌다. 항상 확인, 확인, 또 확인, 그리고 확인. 그 방법밖에는 없다.

전적으로 내 생각이지만, 의사는 바벨탑을 쌓아가는 사람이라는 생각이

든다.

신의 권위에 도전하려 쌓아 올리는 것이 아니라,

결코 신의 영역에 도달할 수 없다는 것을 알면서도,

결코 그렇게 하고 싶지 않으면서도,

벽돌 한 장 한 장을 쌓아 올려 신이 되어야만 하는 사람.

바닥에서 올려다보며 탑이 더 높아지기를 바라는 모든 사람을 위해 언제 떨어질지도 모르는 나선형의 그 계단을 위태롭게 오르는 사람.

의사는 신이 아니다. 그러나 신이 되어야 한다. 의사가 되면서부터 그런 의무를 부여받은 사람이다. 그렇다고 신으로서 숭배 받지도 못한다. 그저 신이 주는 열매만 바랄 뿐인 사람들을 위해 언제 무너질지 모르는 그 탑에 등짐을 지고 오른다.

가끔 생각한다. 내가 죽어 저승에 가면 내가 살린 그 수많은 사람을 보고 상을 받을지, 내가 실수했던 작은 일들에 벌을 받을지...

여러분의 생각은 어떤가? 당신은 신과 함께 살고 있는가?

얼마면 돼? 얼마면 되겠니?

환자를 진료하면서 가장 하기 싫은 얘기가 돈 얘기다. 내가 아직도 썹선비 기질이 있어서인지, 아니면 뭣도 없는 게 선민의식만 잔뜩 껴 있어서인지는 모르겠지만 여하튼 환자와 이건 얼마고, 저건 얼마고 시시콜콜히 얘기해야 한다는 것이 싫다.

의사가 아닌 사람들은 의사들이 새벽에 내린 이슬만 먹어도 천 년 만 년 살 수 있을 거라고 생각하는지 무슨 수술에 대해서 얼마를 얘기하더라도 나오는 반응은 똑같다.

"왜 이렇게 비싸요?"

"보험 적용이 된 거예요?"

허구헌 날 남의 똥꼬나 쳐다보고 얼굴에 확 덮쳐오는 똥 냄새를 맡아야만 하는 직업이라서 그 인격까지도 똥간 레벨 정도로 생각하는지 뭔 말을 해도 비싸댄다.

'내 똥꼬나 쳐다보는 주제에 뭔 돈을 요구하는 거냐?'

외과가 보험 적용이 안 되는 수술이 뭐가 있냐? 마치 모든 걸 내 맘대로 정하는 것으로 알고 있는 것 같은데...나라에서 '이만큼만 받아라'라고 한 금액 이외에 더 받을 수도, 덜 받을 수도 없다.
덜 받을 수는 있는 것 아니냐구? '환자 유인 행위'에 걸려서 패널티를 먹게 된다.

#1
M/64(64세 남자 환자) 의료급여 1종, anal fistula(치루) 환자.
외래에서 하는 항문경 검사, 수술 전 검사를 다 해봤자 본인 부담금은 1,000원이다. 그래서 급여 1종 환자들에게는 오히려 검사를 하자고 하기가 쉽다. 단, 비급여 항목은 제외다.

"수술하셔야 돼요."
"수술비는 얼마나 든다요?"

'에효, 또 그 소리...'
"전부 다 해서 25만 원 이쪽저쪽 나올 거예요."

"에? 뭐시 이렇게 비싸? 보험이 되는 거요?"

"예, 물론이죠."

"보험이 되는데도 그렇게 비싸당가요? 나 급여 환자인디. 1종이요, 1종..."

"척추 마취도 하고, 수술도 하고, 수액에 약도 들어가고, 무통 주사도 있고, 항문 초음파도 해야 하고, 1박2일 입원하느라 당직자도 병원에서 밤새 근무해야 하고, 좌욕기에, 치핵 방석에, 바르는 진통제도 드리고, 퇴원하실 때 먹는 약도 드리는데 25만 원이 비싸요?"

"비싸지, 나는 의료수급자인디..."

'그게 자랑이냐?'

"25만 원은 너무 비싸게 원장님이 20만 원만 받으쇼."

헐!

"이게 지금 무슨 시장통에서 콩나물 사는 거예요? 나라에서 정해주는 대로 받는 거라구요. 저희 마음대로 받는 게 아니라구요."

"그려도 너무 비싸지잉. 20만 원에 합시다. 20만 원에..."

"내가 왜요?"

"에?"

"내가 왜 환자분한테 그렇게 해줘야 하냐구요?"

"아따, 원장님은 많이 버시니께 그 정도 해 줄 수도 있는 거 아뇨?"

"나 참. 제가 많이 벌지도 못하지만 설령 많이 번다고 해도 환자분께 제가 왜 그래야 하는 건데요?"

 순간 환자의 얼굴이 굳어진다.

 "의사가 돈 없는 환자를 위해서 그 정도는 해 줄 수도 있는 거지, 사람이
야박허게 말여. 내가 급여 1종이여, 급여 1종!"
 "환자에게 돈을 더 받는 것도 안 되는 일이지만 돈을 덜 받아도 환자 유인
행위라고 해서 위법이라구요. 그런 거 걸리면 제가 벌금을 물거나 영업 정
지를 당한다구요. 제가 왜 그런 위험을 무릅쓰면서까지 환자분 편의를 봐
줘야 하느냐구요? 제가 환자분께 뭐 빚진 거 있어요?"
 "내가 딴 데다가 그런 말을 안 하면 되제."
 "되긴 뭐가 되요. 뭐 우리가 한두 번 당해본 줄 알아요? 깎아주면 나중에
그걸 꼬투리 삼아서 신고 안 할 테니 돈 달라고 하는 사람들도 있어요."
 "아따, 사람을 뭘로 보고…"
 "뭘로 보긴 뭘로 봐요? 깎아달라고 어거지 쓰는 사람으로 보죠. 어쨌든
못 깎아드리니까 수술하든 말든 마음대로 하세요."
 "어거지? 말 다한 거여, 시방?"
 "나 참. 아저씨 의료보험료 내요?"
 "안 내지, 급여 1종잉께."
 "세금은 내요?"
 "……"
 "아저씨가 세금이나 보험료 한 푼 안 내고도, 이렇게 병원에 가서 1,000

174

원만 내고 모든 검사를 다 받을 수 있는 것은 다른 많은 사람이 아저씨 몫의 세금과 보험료를 다 내주는 덕분이라구요. 이미 다른 사람들로부터 그런 은혜를 받고 있으면서 거기다 더해서 뭘 깎아달라는 말을 어떻게 하세요? 급여 1종은 아저씨의 권리가 아니라구요. 타인들의 배려라구요."

"아따, 됐어. 수술 안 혀, 안 혀. 뭐 병원이 여그 밖에 없어?"

"잘 생각하셨어요. 안녕히 가세요."

한동안 째려보더니 나갔다.

급여 1종 환자만 그럴 것 같나? 천만의 말씀 만만의 콩떡이다.

#2

M/23(23세 남자 환자).

chronic anal fissure(만성 치열) 환자. 건강보험 환자.

설명 다 해주고 스케줄 잡고 갔다. 며칠 후 오후에 아버지라는 사람이 내원했다.

"갑자기 수술을 해야 한다고 해서 무슨 소리인가 해서 왔어요."

스물셋 아들이다. 뭔 애들도 아니고... 내가 제일 싫어하는 것 중의 하나가 같은 설명 반복하는 것. 근데 목구멍이 포도청이라 별 수 없다.

여튼, 설명을 다 하고 나니까 아니나 다를까...

"수술비는 얼마예요?"

"전부 37만 원 정도 나올 거예요."

'왜 이렇게 비싸요? 보험 적용이 된 거예요? 하겠군...'

"왜 이렇게 비싸요? 보험 적용이 된 거예요?"

"예, 보험은 당연히 되는 거죠."

"근데 그렇게 비싸요?"

"이게 비싸요?"

"비싸죠."

"그럼 얼마면 안 비싸겠어요?"

"글쎄요, 그건 원장님이 얘길하셔야지요."

"제가 왜요?"

"예?"

"지금 보호자분이 비싸다고 하셨잖아요, 제가 비싸다고 한 게 아니고. 근데 제가 왜 안 비싼 비용을 얘기해야 하냐구요?"

"아, 그게 뭐..."

"얼마면 적정한 가격인 것 같으세요?"

"글쎄요, 한 10만 원 정도?"

"......"

내가 황당한 얼굴로 쳐다보니 눈치를 슬쩍 보더니만,

"한 15...까지는..."

"아버님 되신다고 하셨죠?"

"예."

"만약에 제가 수술하다가 잘못해서 아드님에게 변실금이 생긴다면 어쩌시겠어요?"

"예?"

"저한테 배상금을 요구하실 거죠?"

"수술을 잘못해서 그런 거라면… 그러겠죠."

"자, 제가 수술 중 실수로 괄약근을 너무 많이 잘라서 아드님한테 변실금이 생겼어요. 그래서 변이 줄줄 새요. 그럼 저한테 얼마 정도를 배상하라고 하시겠어요?"

"평생이요?"

"뭐 평생까지는 아니더라도 변실금을 치료하기 위해서 더 수술을 할 수도 있고 꽤 오랫동안 고생하겠죠."

"음… 그럼 한 1억?"

"그럼 저는 37만 원짜리 수술을 하면서 1억을 배상해야겠네요? 근데 그나마도 10만 원에 하자구요?"

"……"

"이게 적정하다고 보세요?"

"수술을 잘 하면 되죠."

"예, 수술이야 잘 하고 아직까지는 그런 문제가 생겼던 적은 없습니다만 언제라도 그런 일이 발생할 가능성은 있겠죠? 아버님이시라면 여차하면 1억을 물어줄 수 있는 일을 10만 원 받고 하시겠어요?"

"……"

"이 가격은 전적으로 국가에서 정해놓은 가격입니다. 저희가 맘대로 더 받거나 덜 받을 수가 없어요."

"그래도 원장님은 많이 버시니까…"

"참나, 요즘 의사들은 돈 못 벌어요."

"에이, 그래도 의산데…"

'빠직! 내 통장이라도 봤냐?'

"아버님은 무슨 일 하세요?"

"예?"

"직업이 어떻게 되시냐구요."

"조그만 사업 하나 하고 있습니다. 유통업 쪽에…"

"그럼 많이 버시겠네요, 사장님이시니…"

"아니에요, 경기가 안 좋아서 저희 쪽도 힘들어요."

"에이, 그래도 사장님이신데…"

비로소 알아들었는지 표정이 변한다.

"제가 많이 번다면, 그래서 누구를 돕는다면 그건 제 배려지 누가 저한테 강요할 수는 없는 거죠. 아버님이 많이 번다고 누가 물품 가격 깎자고 하면 깎아주시겠어요?"

"……"

"그렇게 못하시죠? 저도 마찬가지입니다."

그래도 더 이상은 얘기 안 하더만...

환자는 수술과 치료를 마치고 퇴원했다. 돈은 다 내고...

돈 다 내고 갔으니 괜찮은 거 아니냐고 생각할 사람도 있을 것이다.

그렇다. 물론이다.

근데 우리 한번 다르게 생각해보자.

결국 다 내고 갈 거면서 군이 왜 의사 속은 그렇게 박박 긁는지...

의사에게도 감정이라는 게 있다. 환자를 대할 때 의사의 태도가 너무 건조하다고 욕하는 사람들이 의사의 감정은 왜 무시하는데? 의사가 되기 위한 그간의 노력이나 환자를 치료하는 의사의 수고는 그렇게도 값어치 없고 싸구려로 평가받아도 되는 건가?

#3

나는 수술이나 시술을 할 때 항상 permission(동의서)을 받는다.

"대장내시경을 하다가 용종이 발견되면 그 자리에서 바로 떼어드리는데 그렇게 해 드릴까요?"

M/75 환자.

CFS(대장내시경)는 처음이라고 했다. Multiple colon polyps(다발성 대장 용종). 일곱 개의 EMR(Endoscopic Mucosal Resection:내시경하 점막

절제술) 시행.

개원한 놈이 간이 배 밖으로 나왔다고 하실 분들도 있겠으나, 나는 웬만하면 뗄 수 있는 한 다 떼어주자는 생각이다. 장 세정제와 다량의 물을 먹고 설사하는 게 환자에게도 쉬운 일은 아니잖나 말이다.

Polypectomy(용종절제술)와 EMR(Endoscopic Mucosal Resection:내시경하 점막절제술)은 크게 Epinephrine(혈관수축제의 일종)을 점막 하에 주입한 이후에 snare(올가미)를 사용하여 절제하느냐(EMR), 아니면 Epinephrine(에피네프린) 주입 없이 snare(올가미)로만 절제하느냐(Polypectomy)의 차이인데 나는 주로 안전을 위해 전자의 방법을 선호한다. 환자가 수면 내시경 하에서 용종절제술이나 점막절제술을 하게 되면 원래 비보험 항목이었던 수면 유지비는 보험 적용을 받게 된다(참 돈 많은 나라다.). 즉, 비급여 항목이 전혀 없다는 소리다.

내시경을 끝내고 두 시간 정도 수면을 취한 후에 진료실에서 내시경 사진을 보여주며 설명했다. 처음 받은 대장내시경에 용종을 일곱 개나 떼어냈으니 환자도 놀라고 보호자도 놀랐다. 일곱 개의 용종 중 어떤 것들은 반드시 조직검사 결과를 확인해야 할 정도로 모양이 좋지 않았다(결과적으로 암은 아니었지만 high-grade dysplasia(고도 이형성증)이 나왔다. 완전 절제되었으니 다행인 거지...).

설명을 다 듣고 난 후 나가서 수납을 하는데, 간호사와 싸운다.
"뭐? 얼마?"

"27만 원이요."

"왜 27만 원이야? 내시경하기 이전에는 13만 얼마라고 했잖아."

"그건 용종을 떼지 않았을 때 얘기구요. 환자분은 용종을 일곱 개나 떼어내셨잖아요. 그 가격이 추가된 거예요."

"용종을 떼는 데 돈을 받어?"

"그럼요, 추가 비용이 들죠."

"그럼 처음부터 용종을 떼면 추가 비용이 든다고 말을 했어야지."

"……"

"나 돈 못 내. 이렇게 비쌀 줄 알았으면 난 용종 떼겠다고 안했어."

"단순히 내시경으로 보고 나오는 것만 아니고 용종을 떼어내면 비용이 더 추가될 거라는 것은 당연한 거잖아요."

"그런 건 의사라면 환자를 위해서 당연히 해줘야 하는 거지."

"당연히 해주는 게 어딨어요?"

"아, 몰라. 난 돈 못 내. 용종을 다시 붙이든가 말든가 마음대로 해."

진료실에서 듣고 있는데 이가 갈렸다.

"환자분, 원래 개원가들에서는 한꺼번에 그렇게 많은 용종을 떼지 않아요, 위험해서… 출혈이 생기거나 대장에 구멍이 뚫릴 수도 있어요. 그러면 응급 수술을 해야 할 정도로 위험하기 때문에 시설이 다 갖춰진 병원에서나 그렇게 많이 뗄 수가 있어요. 그러면 환자분은 그 물약 다시 먹고 또 고생하셔야 하고 비용은 비용대로 더 들어서 저는 무리를 해서라도 다 떼어드린다구요. 그런데 이렇게 돈을 못 내시겠다고 하면 대장내시경하면서 있는 용종을 다 그냥 두고 나오라는 말씀이세요? 어느 것이 암이 될지도, 어쩌면 암일지도 모를 용종을요?"

"아무리 그래도 이건 돈이 두 배가 넘잖어?"

"우리가 맘대로 받는 게 아니라구요. 나라에서 정한 대로만 받는 거예요."

"노인네가 무슨 돈이 있어? 이렇게 비싸면 어떻게 내?"

"그럼 어쩌라구요?"

"깎아줘. 쫌..."

"안돼요. 그건."

"내가 딱 16만 원 가져왔어. 내시경 끝나고 점심 먹고 택시 타고 가는 돈까지 해서... 내가 점심은 안 먹을 테니까 16만 원만 받어."

"용종을 많이 떼서 어차피 오늘 점심은 원래 안 드셔야 되는 거구요, 27만 원을 어떻게 16만 원으로 해요? 현금이 모자라시면 카드로 내셔도 돼요."

"아, 카드 없어. 그냥 이것만 받어."

"안된다니까요."

"그럼 다 다시 붙여놔."

"말씀 좀 되는 소릴 하세요."

옥신각신하고 있는데 보호자(할머니)가 카드를 내민다.

"아, 그냥 내요, 쫌. 이 냥반이..."

'헐! 카드 없다며...'

"용종 떼어줬으면 고마운 거지 이 냥반은 꼭..."

할머니가 할아버지에게 눈을 흘겼다.

"아, 이 마누라가 왜 나서고..."

없다던 카드를 할머니가 내미니까 뻘쭘했겠지.

"쪼금만 깎아줘."

다시 얘기하는데 이번엔 아예 대답을 안 하고 진료실로 들어와버렸다. 투덜투덜하더니 결국 수납을 하고 나갔다. 엘리베이터를 타고 내려가면서 이 할아버지는 뭐라고 했을까?

"가만 놔두면 깎을 수 있었잖어!"

이러면서 할머니를 구박하지는 않았을까? 어쩌다 의사의 진료가 흥정의 대상이 되었을까? 비참하다.

환자 단체나 무슨 의료 소비자 단체라고 주장하는 사람들은 의료 사고가 발생했을 때 그들의 요구는 매우 간단하다고 주장한다. 진실된 사과. 그것 이외에 다른 것은 없다고 한다. 과연 그럴까?

#4

내가 페이닥터 시절.

GB empyema(담낭 농양)로 응급실로 내원한 70대 여자 환자.

40도가 넘는 fever(열)에 WBC(백혈구)는 20000대(정상 4000~10000), platelet(혈소판)은 지금은 정확히 생각은 안 나지만 매우 낮았다. BP(혈압)도 떨어진다. 환자의 배를 보니 long midline incision scar(정중선 절개 상처)가 있었다.

"예전에 무슨 수술하신 거예요?"

"몰라요, 뭔 장이 안 좋다고 해서 수술했어요."

할아버지(남편)가 말했다. 이 정도의 수술창 크기라면 분명히 복강 내 유착은 심할 터, 복강경 수술은 불가능했다.

"응급 수술하셔야 돼요."

환자의 흉부 전면에 ecchymosis(반상 출혈)까지 있는 상태에서 전원하거나 항생제를 쓰면서 기다려 볼 수도 없었다. 더구나 PTGBD(경피적 담낭배액술)을 해 줄 영상의학과 전문의도 없을 때였다.

할아버지에게 permission(수술동의서)을 받고 응급 수술. 80이 넘는 노인에게 급하게 설명을 하기는 쉬운 일이 아니었다.

"할아버지, 자제분들 안 계세요?"

"있지."

"지금 바로 좀 오라고 해주세요."

주섬주섬 효도폰을 꺼내어 더듬더듬 버튼을 누르고 전화를 거는데 큰아들, 큰딸...

전화를 안 받는다. 세 번 만에 받은 세 번째 자녀. 받기는 했지만...

"지금 바로는 못 온다는데. 애들 학원 데리러 가야 된다고..."

기가 막혔다.

"아니, 지금 어머니가 돌아가시게 생겼는데 학원 픽업 때문에 못 온다구요? 그게 말이 돼요?"

"바쁘니까 그렇겠지."

이해를 했는지 못했는지는 모르지만 할아버지의 사인을 받고 수술방으로 들어갔다.

말해 뭘하랴.

유착을 피해 Rt. subcostal incision(우측 늑골하 절개)로 들어갔지만 어디가 어딘지 알 수가 없을 정도. 게다가 관절염으로 인해 오랫동안 스테로이드 약물을 먹어온지라 trunkal obesity(복부 비만)도 장난이 아니었다. 어찌어찌 dissection(박리)을 해서 담낭을 노출시켰는데 이미 까맣게 썩어버린 담낭.

Calot's triangle(칼로씨삼각) 등 주위 조직에 온통 edema(부종). 흐늘흐늘한 조직을 박리하다가 cystic artery(담낭 동맥)이 터져서 잡느라 애먹었다.

그러나 끝나지 않는 수술은 없는 법. 세 시간 넘게 수술을 하고 환자는 ICU(중환자실)로 갔다.

"힘들긴 했지만 수술은 잘 됐어요. 연세가 있고 원래 너무 심한 상태로 오셔서 아직 안심할 수 있는 단계는 아니어서 며칠간은 중환자실에서 치료하다가 좀 좋아지시면 일반 병실로 옮기도록 할게요."

할아버지에게 설명했다. 그때까지도 자식들은 오지 않았다.

다행히도 나의 실력인지 운인지 환자는 잘 회복했다. ICU로 회진을 가서 환자와 할아버지에게 상태가 많이 호전되었음을 설명하고 환자를 일반 병실로 옮겼다. 이럴 때만큼 외과 의사가 된 것이 뿌듯할 때가 없다. 외과 의사는 월급 받을 때가 뿌듯한 게 아니라고, 제발 쫌...

회진을 마치고 진료실로 돌아와 진료를 보던 중에 할아버지가 외래로 불쑥 들어온다.

"큰일 났어요, 큰일. 피가 철철 나요. 빨리요, 빨리..."

할아버지와 함께 병동으로 달려갔다. 2층 외래에서 4층 병동까지 계단을 뛰어올라가면서 별의별 생각이 다 들었다.

'지금 와서 cystic artery(담낭 동맥)가 터진 건가? 그럴 리가 없는데...'

2층까지 가는 시간은 억겁처럼 느껴졌다. JP drain(배액관)이 fresh blood
(선혈)로 가득 차 있을 상황을 머릿속에 그리면서 뛰었다.

'아, 다시 열어야 하나? 그러면 엉망일 텐데...'

6인실인 병실로 들어가자 간호사들이 죽 둘러 서 있다.

"아..."

시뻘건 침대 시트. 꽤 많이 젖어 있기는 했다.
bleeding focus(출혈 부위)는 iv line site(정맥 수액 삽입 부위).
환자를 cart(이송용 침대)로 옮긴 후 다시 병실 침대 위로 옮기는 과정에
서 수액 연결 부위가 떨어지면서 angioneedle(정맥 주입용 바늘)과 수액
라인이 분리되어 피가 나고 있는 것을 간호사가 모르고 그냥 갔던 것. 피
가 흘러서 침대 시트를 적시고야 할아버지가 발견하여 간호사에게 말하고
나에게 달려온 것이었다.
보기에는 엄청나 보이지만 젖은 정도로 봐서는 약 100cc 정도의 실혈. 흔
히 하는 말로 '대세에 지장은 없는' 정도.

"이 봐요, 이봐, 피가 이렇게나 많이..."

할아버지가 소리쳤다. 주위 다른 환자들도 공포에 질린 표정으로 쳐다본다.

"잘못되는 거 아니여?"

의사나 간호사들이야 늘상 보는 것이고 100cc 정도의 실혈이 무슨 큰 문제를 일으키는 것은 아니지만 일반인들이 보기에는 그만큼 시각적 효과를 불러오는 것이 없다.

"아니에요, 할아버지. 피가 좀 나기는 했지만 문제 생길 정도로 출혈이 있었던 것은 아니에요."
"이렇게 뺄건데? 빈혈 생기겠어! 수혈해야 되는 거 아니야?"
환자와 보호자를 안심시키기 위해서 응급 CBC(기본 혈액검사의 일종)를 나갔다. 기억으론 Hb(헤모글로빈) 10이 조금 넘었던 것 같다. 완전히 정상 레벨은 아니지만 70 넘은 할머니의 Hb 수치로는 acceptable(받아들일 수 있을만)한 상태.

"괜찮아요, 출혈이 그리 많은 게 아니어서 수혈까지는 안 해도 돼요."
"그래도..."
"죄송해요, 할아버지. 저희가 좀 더 조심했어야 하는 건데 미처 못 봤나

봐요, 죄송해요. 저희가 명백히 잘못한 거니 제가 사과드릴게요. 하지만 큰 문제는 없을 테니 걱정 안 하셔도 돼요."

위험한 상태의 고령의 환자를 수술 잘 하고도 욕을 먹어야 한다는 게 짜증이 났다. 스테이션으로 돌아와서 간호사들을 혼냈다.

"좀 제대로 하자, 쫌... 지금부터 15분마다 바이탈 체크해서 보고해."

revenge order(보복성 오더)를 내고 외래로 돌아왔다.

그거 조금 피 났다고 바이탈에 문제가 있을 게 뭐가 있겠나? 그러나 오더는 오더다. 간호사들은 죽어나는 거지 뭐.

문제는 그날 오후 늦게 일어났다. 외래로 딸 두 명이 왔다. 처음 봤다. 아마도 할아버지가 전화를 했겠지... 뭐라고 했을지는 안 봐도 비디오다.

"우리 엄마 어쩌실 거예요?"

적의가 가득한 눈으로 쏘아보며 말한다.

"뭘요?"
"뭘요라니요? 모르시고 있는 거예요? 설마?"
"환자분 피 나신 거요?"
"예."

"실혈이 그리 많았던 것도 아니고 피검사해봐도 혈색소 수치가 나쁘지 않아서 괜찮으실 텐데요."

"아니, 괜찮다니요? 엄마가 저렇게 힘이 하~나도 없으신데 뭐가 괜찮다는 거예요? 우리 엄마 잘못되면 어떡하실 거예요?"

"잘못되실 일 없습니다."

"왜 장담하세요? 무슨 일이 일어날 줄 알고?"

"무슨 일이요?"

"그건 선생님이 더 잘 아시겠죠, 저희가 어떻게 알아요?"

"무슨 일이 일어난다고 하신 거는 따님이시잖아요. 제가 한 말이 아니구요."

"지금 저하고 말꼬리 잡으시겠다는 거예요?"

"나 참. 제가 무슨 말꼬리를 잡아요?"

"나 참이라뇨? 지금 태도가 그렇잖아요, 태도가!"

딸이 언성을 높였다.

"……"

"이거 선생님이 책임지세요."

"예, 그래요 그럼 뭐에 대해서 책임을 질까요?"

"뭐에 대해서라뇨? 출혈된 거 책임을 지셔야죠."

"예, 그럼 수혈을 해 드리면 되겠어요?"

"어머, 수혈은 안 해도 된다면서요?"

"예, 수혈까지 할 필요는 없지만 보호자분께서 출혈에 대해 책임을 지라고 하시니 수혈을 해 드리면 되겠느냐고 묻는 겁니다."

"그건 선생님이 알아서 하시는 거구요."

"그럼 어떤 책임을 말씀하시는 건가요?"

나도 모르는 바가 아니다. 그러나 자신들도 말하기 뻘쭘해 하는 말을 직접 듣고 싶었다. 아니나 다를까...

"배상을 하셔야죠, 배상을..."

헛웃음이 나왔다.

"배상이요?"

"그럼요, 병원에서 환자에게 잘못해서 출혈이 그렇게나 많이 된 거잖아요. 그러니까 병원에서 배상을 하셔야죠."

"실혈된 만큼, 아니 그 이상으로 수혈은 해 드리겠다니까요."

"지금 출혈이 문제가 아니라구욧!"

"예? 지금까지 출혈이 문제라고 하셨지 않아요?"

"아이 참, 환자랑 보호자가 놀랬잖아욧!"

"......"

"환자와 보호자가 놀래서 어떻게 됐으면 어쩔 뻔했냐구욧!"

이쯤 되면 예상을 뛰어넘는 어거지다.

"놀라서 어떻게 되는데요?"

"사람이 놀라면 쓰러질 수도 있고, 뭐... 중풍이나 심장마비나, 뭐... 그런 게 생길 수도 있잖아요."

"여기 병원입니다. 그런 게 발생하면 적절하게 대처할 수 있습니다."

"지금 그런 말이 아니잖아욧!"

또 화를 낸다. 뭘 바라는지 모르는 게 아니다. 그러나 나는 성격이 못돼서 보호자가 자신의 입으로 직접 말하게 한다.

"그럼 제가 어떻게 하길 바라시나요?"

"그건 선생님이 먼저 말씀을 하셔야죠."

"제가요? 저는 뭘 해드려야 할지 모르겠는데요."

"참 답답하시네."

"저도 그러네요. 제가 뭘 했으면 좋을지 말씀하세요. 가능한 거면 해 드릴게요."

"돈으로 주시면 되죠."

눈을 맞추지 않고 말한다.

'오케이, 이제야 나오는구만.'

"아, 돈 얘기라면 제가 관여하는 게 아니고 원무과에서 하는 거니까 원무과장을 만나서 얘기하세요."

"원무과장을 저희가 왜 만나요? 선생님이 잘못한 거니 선생님이 만나서

192

야죠."

"제가 뭘 잘못했는데요? 간호사가 환자를 옮기다가 발생한 일이고 저는 그 자리에 있지도 않았는데요."

"어머, 그래도 선생님이 주치의니까 선생님이 다 책임을 지셔야 되는 거 아니에요? 의사들이 이렇다니까, 의사들은 다 똑같애."

'응, 그래. 드디어 나왔구나.'

"할머니가 위독한 상태에서 조금만 지체해도 돌아가실 판에 응급실로 와서 혈액검사 수치도 굉장히 나쁘고, 예전에 수술하셨던 과거력 때문에 수술도 많이 힘들었고, 담낭은 썩어서 돌아가시기 일보 직전인 거를 겨우겨우 살려내고 중환자실에서 사흘 동안이나 있다가 이제 병동으로 옮기시기까지 전 한 번도 따님들 뵌 적이 없어요. 수술 전에 동의서 받을 때도 잘 알아듣지도 못하는 80 넘은 양반한테 설명할 때 따님들은 어디에 계셨어요? 애들 학원 픽업해야 된다고 못 오신다고 했던 따님은 누구세요? 따님이세요? 따님이세요?"

딸 둘에게 물었다.

"......"

"죽을 사람 살려 놓았는데 사흘이 지나서도 병원에 안 오다가 그거 피 좀 났다 싶으니까 병원에서 뭐 좀 뜯어 내려고는 오실 마음이 들던가요?"

"뜯어 내다늣!"

"아, 시끄러워욧! 부모님 위독하실 땐 코빼기도 안 보이다가 돈 좀 되겠다 싶으니까 이제야 병원에 나타난 거잖아욧! 우리가 뭐 이런 일 한두 번 겪는 줄 알아요? 돈이요? 못 드립니다."

"어머, 어머, 뻔뻔한 것 봐. 우리가 가만있을 줄 알아요?"

"그래요, 어쩜 이렇게도 레퍼토리가 똑같은지. 고소하고 소송 거실 거죠? 그럼, 그러세요, 소송 거세요. 법정에서 뵙겠습니다. 나가세요."

"뭐 이따위 병원이 다 있어!"

나가면서도 X발X발 하더라.

그러나 매번 프로세스는 똑같다. 아~~무 일도 없었다.

"환자의 가족들이 원하는 것은 그저 의사의 진심 어린 사과뿐 그 이상은 아무것도 바라지 않습니다."

뻔하디 뻔한 레퍼토리다. 대개는 서글픈 음악이 깔리면서 환자 또는 보호자의 눈물을 보이는 인터뷰 장면이 나온다. 이어지는 기자 또는 리포터의 멘트.

"환자와 그 가족의 아픔을 어루만져 줄 의사들의 각성이 요구됩니다."

자극적인 제목과 일방적인 주장. 의사의 해명은 모자이크에 음성 변조를 한 후(주로 카메라를 삐딱하게 놓아서 담당 의사가 인격적으로 삐딱해 보이도록 유도한다.) 싸가지 없어 보이는 장면만을 악의적으로 편집하여 시청하는 모든 사람으로 하여금 공분을 유도하고 의사에 대한 적개심을 갖도록 한다. 방송이 끝나고 나면 해당 프로그램의 인터넷 사이트에는 의사를 비난하는 댓글이 봇물을 이루고 청와대의 청원 게시판에는 의사를 처벌해달라는 청원이 뜬다.

그 후 앞뒤도 보지 않고 반론도 듣지 않는 마녀사냥이 완성된다. 일단 여론이 형성되고 나면 그 이후 재판을 통해 그 의사에게 무죄가 선고된다고 하더라도 모든 사람의 심정적 유죄를 벗어날 수가 없다. 물론 '무죄'라는 것에 대해서는 추적 보도도 하지 않는다.

그럼 방송에 나오지 않는 경우는 어떨까?

나는 surgeon(외과 의사)이라서 수술의 경우에 대해서 언급한다. 수술 전에는 항상 마취와 수술에 따라 발생할 수 있는 부작용이나 합병증에 대해 설명하고 동의서를 받는다. 대부분 발생 가능한 합병증은 매우 적은 확률(대개는 10만 명당 몇 명꼴이다)로 '발생할 수도 있는 것이다.

분명히 수술 전에 얘기했음에도 불구하고, 고개를 끄덕이면서 본인이나 보호자가 서명했음에도 불구하고, 일단 합병증이나 부작용이 발생하면 당장에 의사는 죽일 놈이 된다. 아마도 많은 의사가 당해본 일이리라.

항생제에 대한 skin test(피부반응검사)를 시행하여 특이 소견이 없었음에도 불구하고 가끔은 항생제 투여 후에 급성 과민 반응이 나타나는 환자들이 있다. 가볍게는 온몸에 rash(발진)나 urticaria(두드러기)가 발생하기도 하고 심할 경우 respiration difficulty(호흡 곤란)이나 hypotension(혈압 저하)가 나타나기도 한다. 물론 항생제에서만 나타나는 것이 아니고 모든 약물에 있어서 나타날 수 있다.

그런 일이 발생하자마자 옆에 있던 보호자는 핸드폰을 돌려댄다. 바로 의사 앞에서 말이다.

"아빠! 병원에서 주사를 잘못 놔서 엄마가 이상해."
"언니! 병원에서 주사를 잘못 놔서 지금 아빠가 돌아가시게 생겼어. 어서 빨리 좀 와봐! 빨리빨리..."

순간, 주사를 '잘못' 놨다는 것은 기정사실이 된다.

공식적으로 가족들끼리의 대화에 의사가 껴들어 갈 여지가 없으니 의사는 환자에게 적절한 처치를 하며 상태를 지켜보게 되는데 이 경우 보호자의 확신은 더 굳어져 간다. 대개의 경우 일시적인 과민 반응은 적절한 치료로 사라지고(많은 경우 생리식염수만 빨리 줘도 호전된다.) 다른 보호자가 도착할 때쯤이면 무슨 일이 있었냐는 듯이 환자는 호전되지만 의사에 대한 불신은 이미 한계점을 넘는다.

환자나 보호자와의 라뽀(rapport:소통, 신뢰)를 중시하는 의사의 경우 일어났던 상황에 대해 자세히 설명하기도 한다.

"환자분에게 항생제 반응 검사도 했지만 특이 소견이 없어서 항생제를 투여했던 것인데 드물게 이런 환자분들이 있는 것은 의사가 미리 알 수 있는 것이 아닙니다. 다행히 이제 과민 반응은 없어졌으니 안심하셔도 됩니다."

그러나 보호자들은 의사가 자신의 잘못을 감추려고 거짓말을 한다고 생각한다. 신뢰는 무너지고 그걸로 끝이다. 결과적으로 문제가 없는 경우에도 이럴진대 환자가 사망한 경우는 어떠랴.

의사에게 잘못이 있건 없건 그것은 중요한 것이 아니다. 그들에게 있어 처음이자 가장 중요한 단계는 의사의 '잘못 인정' 또는 그와 유사한 효과를 볼 수 있는 '사과'이다.

그러나 '잘못 인정'이나 '사과'는 해결의 종착점이 아닌 시발점이 된다. 무슨 말이냐고? 잘못을 했든 안 했든 '잘못 인정'이나 '사과'를 하게 되면 '진심 어린 사과만을 바랐던' 보호자들은 2선으로 물러난다. 이후 나타나는 보호자들은 그동안 한 번도 본 적 없는 사람들이다. 조카, 형부, 매제, 삼촌, 사촌, 심지어 아는 언니까지...

"잘못을 인정하셨으니 배상을 하셔야죠."
"잘못을 인정한다는 각서를 쓰세요."

결국 다 돈 문제로 귀결된다. 조카, 형부, 매제, 삼촌, 사촌, 아는 언니는 떨어지는 콩고물을 얻어먹으려는 일종의 '해결사'이다.
이럴 때 순진하게
"진심 어린 사과만 바란다면서요?"
이런 말이 통할 것 같나?
내가 아는 사람 중에 어떤 판사가 그러더군.

"잘못을 했든 안 했든, 네 과실이 있든 없든, 절대로 인정하거나 사과해서는 안 된다. 그럼 그걸로 끝이야. 각서는 말할 것도 없고. 절대로 써주면 안돼."

하이에나. 이 이상 더 적절한 표현은 찾기 힘들다. 때로는 변호사도 그 무리에 동참한다(변호사야 뭐 대놓고 돈 때문이니 그렇다 치고). 말로는 '진심 어린 사과'만 있으면 된다고 하지만 100%, 아니 200% 장담하건대 그걸로 끝나지 않는다. 절대로…

의료 혜택은 철저히 사회주의이기를 바라면서 배상은 철저히 자본주의기를 바라는 이중 잣대이다. 그들이 바라는 것은 결국 '돈'이다.
한번 그들에게 물어보고 싶다.

"진심 어린 사과를 받고 돈을 포기할래, 아니면 진심 어린 사과 대신에 돈을 받을래?"
그들은 뭘 선택할 것 같나? 물어보는 내가 바보다.
누구든 좋다. '진심 어린 사과' 이후에 돈을 요구하지 않은 경우가 있었으면 case report(증례 보고) 해 주기를 진심으로 앙망한다.

원가에도 못 미치는 비용을 지불하면서 문제가 발생하면 그냥 쉽게 다 '억'이다. 일단 세게 불러야 일부라도 받을 수 있다고 생각하는 거지… 선의로 행한 진료에 오진이라고 하여, 매우 희귀한 케이스였음에도 불구하고, 민사상 배상을 받고도 형사상 구속을 하고, 면허마저도 박탈하고 싶어한다.

어차피 일반적인 국민감정을 돌이키기는 어려울 테니 리스크에 대한 관리 비용이라도 책정해줘야 하는 것 아닌가?

"리스크는 의사인 니가 감당하고 배상도 니가 다 해라."

미쳤냐? 우리가 약 먹었냐? 깎아달라는 말이나 안 해도 좀 살겠다. 무식하게 억지만 쓰지 않아도 그냥 의사 하겠다.

"얼마면 돼? 얼마면 되겠니?"

니네가 사람이 되려면...

외눈박이 세상의 두눈박이

의학은 기본적으로 자연과학에 기초를 둔 학문이라 문과의 어느 학문보다(심지어 논리학보다도) 더 Logic(논리적)한 학문이다. 그래서 의과대학에 입학하려면 무엇보다 수학 점수가 더 좋아야 하는 것인지는 알 수 없지만(사실 수학은 의대 공부에서 별 도움 안 되더라만...) 철저히 인과관계가 명확해야 하는 학문이다.

의사들이 한의학에 대해서 진절머리를 내며 인정하지 못하는 것도 한의학의 비논리성과 비과학성이 가장 큰 요인이다. 1+1이 2이며 절대 0이나 1.5, 혹은 3이 될 수 없다는 과학적인 증명의 process(과정)가 있지 않는다면 의사들은 백 년, 천 년이 가도 수긍하지 못한다.

우리나라의 모든 진료 행위, 검사, 치료 행위는 정부(정확히는 건정심)가 일방적으로 결정한 '수가'에 의해 그 가격이 결정되는데 이 '수가'의 결정 과정이라는 것이 너무나도 주먹구구식이라 대부분의 의사는 이에 동의하지 못한다.

"무슨 헛소리야? 수가 결정할 때 의료계도 다 참여하잖아?"

라는 사람 많지?

그래, 그렇긴 해. 참여는 하지. 정부(공무원), 의료계, 시민단체. 이 세 곳에서 같은 수로(대개 여덟 명씩인가 그럴 거야.) 참석을 한 다음에 최종 결정을 다수결로 정하지.

1. 어떻게 하면 수가를 후려쳐서 의사들에게 조금이라도 덜 줘서 남은 돈으로 성과급 잔치를 하고 거기에 더해 재정을 아끼는 데 혁혁한 공을 세웠으니 그 공으로 진급을 해볼까 하는 공무원

2. 어떻게 하면 저 꼴 보기 싫은 의사 새끼들한테 조금이라도 피해를 더 주고 싶고 한 푼이라도 건강보험료를 적게 내면서도 의료 혜택은 많이 볼까 생각하는 시민단체(이 시민단체에 민노총과 한노총이 들어간다는 것은 아는가 몰라.)

이 사람들이 행여나 적절한 수가를 책정할 것 같나? 아무리 의료계(게다가 여덟 명 전부가 '의사'인 것도 아냐. 그 여덟 명 안에 병원협회, 약사협

회, 한의사협회, 간호사협회도 포함된다고...)가 적절한 수가를 말해봤자 쪽수에서 밀리기 때문에 일방적인 결정이 내려진다고...

어쨌든, 이렇게 '수가'가 일방적으로 결정되는 와중에서도 더 환장하는 것은 그 각각의 '개별 수가'를 결정하는 과정에 있어 '합리성'이라고는 눈꼽만큼도 찾아볼 수가 없다는 거지.

빵이를 치거나 하루 종일 탱자탱자하며 놀거나에 상관없이 월급 따박 따박 나오는 페이닥터로 있을 때는 당연히 몰랐었고 알려고 하지도 않았던 '수술 수가'.

개원을 하니 목구멍이 포도청이라 자연히 알게 되더라.

#1
탈장복원술
탈장(hernia)이 있을 때 하는 수술인데 이 탈장 수술이라고 하는 것은 크게 두 가지로 나뉜다.

1. High ligation(고위 결찰)
2. Posterior Wall Repair(후벽 보강)

이게 뭐냐면, 탈장은 말 그대로 '장이 튀어나오는 것'인데 이게 그냥 막 배가 확 갈라지면서 장이 불쑥 배 밖으로 튀어나오는 것이 아니고 복벽을 구성하는 일곱 개의 층 중 가장 안쪽에 있는 층인 복막(peritoneum)이 주머니('hernial sac:탈장낭'이라고 한다)처럼 늘어져 그 안에 장(intestine)을 싸고 복벽의 약한 부위를 통해 밀고 나오는 것이다. 그런데 이게 복부의 밖에서 보게 되면 복벽으로 불룩하게 튀어나오는(물론 장은 안 보이지만) 질환이다.

탈장은 그 원인에 따라 태아 때부터 선천적으로 발생하는 탈장(소아 탈장)과 원래는 없었지만 나이가 들어감에 따라 복벽이 약해져서 발생하는 탈장(성인 탈장)으로 나뉘는데 당연히 원인이 다르므로 그 수술 방법도 다르다.

대개 소아 탈장의 경우 복벽이 약해져서 생긴 것이 아니므로 hernial sac(탈장낭)만 제거해주면 되어 수술 방법은 1. High ligation(고위 결찰)만 하게 되지만, 성인의 탈장의 경우 복벽이 약해져서 발생한 것이므로 hernial sac(탈장낭)만 제거해 줄 경우 대부분 recur(재발)된다.

그래서 1. High ligation(고위 결찰)에 더해 2. Posterior Wall Re-pair(후벽 보강)를 더 해 주어야 한다. 즉, 소아의 경우보다 성인의 탈장 수술이 더 큰 수술이다.

수술 방법은 posterior wall repair(후벽 보강)의 방법에 따라 McVay, Bassini, Shouldice, Lichtenstein법 등으로 나뉘고,

절개술로 했느냐 복강경으로 했느냐에 따라 또 나뉘고,

복강경 수술에서도 복강 내로 들어가느냐 복벽 내에서만 하느냐에 따라 또 TEP, TAPP 법으로 나뉘지만, 이런 복잡한 것은 알 거 없고...

아무튼 일의 크기가 "소아 탈장 수술 << 성인 탈장 수술"이라는 것만 알면 된다. 당연히 수술 시간 또한 성인 탈장 수술이 훨씬 길다. 내 경우, 소아 탈장 수술 시간은 10분여 정도인데 성인 탈장 수술 시간은 3~40분 정도 걸린다. 수술에 필요한 도구나 재료 또한 성인 탈장 수술에 더 많이 들어가는 것은 당연한 이치.

그러나 '수술 수가'는,
소아 탈장 수술인 High ligation(고위 결찰)만 한 경우 수술 코드 Q2755, 성인 탈장 수술인 High ligation(고위 결찰) + Posterior Wall Repair(후벽 보강)을 시행한 경우 수술 코드 Q2756.

Q2755 : 375,000원
Q2756 : 352,930원

어럽쇼? 성인 탈장 수술이 더 싸다. 1+1 < 1인 상황. 이게 말이 되나?
더 오래, 더 힘든, 더 많은 재료가 들어가는 수술이 더 싼 것이?
난 이런 부당한 일에 대해 궁금해서 못 참는다.
심평원에 전화를 했다. 수가개발부 033-739-OOOO.
"예, 수가개발부 OOO입니다."
"예, 수고하십니다. 저는 서울에 있는 OOOO외과 원장인데요, 문의 사항이 있어서 전화 드렸습니다."
"예, 말씀하세요."

"수술 수가 관련 질문인데요, 탈장복원술에 쓰이는 수술 코드가 Q2755, Q2756이 있잖아요."

"예."

"Q2755는 고위 결찰만 하는 수술이고, Q2756은 고위 결찰에 더해서 후벽 보강까지 해야 되는 수술이라서 Q2756이 더 큰 수술인데 수술 수가는 Q2755가 375,000원이고 Q2756이 352,930원이어서 Q2756이 더 싸게 나오는데 이게 왜 그런 건가 해서요."

"아, 그게 아마 상대가치 점수 때문에 그럴 거 같은데요. 제가 이게 왜 그런지는 지금 알 수가 없어서요. 제가 좀 알아보고 전화 드리겠습니다."

"아, 예."

한 시간쯤 지나 전화가 걸려왔다.

"아까 탈장 수술 수가에 대해 문의하셨던 거에 대해서 알아봤는데요."

"예, 예."

"이 탈장 수술이 고위 결찰만 하는 것과 후벽 보강을 더 하는 것과의 차이가 뭔가요?"

'헐! 알아 봤다메...'

"탈장이라는 게요."

설명을 했다.

"소아 탈장의 경우 대개 선천적으로 발생하는 거라서 복벽이 약해진 게 없기 때문에 탈장낭만 제거해주는 수술을 해서 대개 고위 결찰만 해 주면 되는 거구요. 성인 탈장의 경우는 나이가 들면서 복벽이 약해져서 생기는 것이라 고위 결찰만 하면 반드시 재발되기 때문에 약해진 벽을 탄탄하게 해주기 위해 후벽 보강을 더 해줘야 하는 겁니다. 그래서 수술 재료비도 더 들구요. 그런데 성인 탈장에 있어서 수술이 더 큰데도 소아 탈장보다 더 가격이 싼 게 이해가 안 가서요."

"탈장은 소아가 더 많나요, 아니면 성인이 더 많나요?"

"성인이 더 많죠."

"그럼 아마도 소아에서 더 적기 때문에 상대가치 점수를 더 줬을 거예요."

"예? 수술 수가를 수기의 복잡성이 아니고 질병의 빈도에 따라 매긴다구요?"

"아니, 그건 아닌데요, 아마도 소아외과 학회에서 수가 조정할 때 더 어필을 많이 해서 그럴 거예요."

"수술 수가가 어느 학회에서 어필한 정도에 따라 정해진다구요?"

"자세한 건 제가 잘 모르구요. 어쨌든 이렇게 정해진 것이니까 저희는 그렇게 적용하는 것 뿐이구요. 만약에 이의가 있으시면 학회를 통해서 문제 제기해 주시면…"

"문제 제기를 하면 들어는 주구요?"

"그건 제가 잘 모르죠. 제가 결정하는 것도 아닌데…"

"참 나. 결국 왜 이렇게 책정이 되었는지는 잘 모르신다는 거고 이의 있으면 이의 신청하라는 말씀인 거죠?"

"그렇죠."

"에휴, 알겠습니다."

"감사합니다. 좋은 하루되세요."

"……"

'퍽이나 좋은 하루 되겠다.'

이의 신청하라구?

내가 100% 장담하는데 Q2755와 Q2756으로 이의 신청하면 Q2756의 수가를 올려주는 게 아니고, Q2755의 수가를 대폭 깎을 거다.

"어머, Q2756이 Q2755보다 더 큰 수술인데 Q2755가 지금까지 더 받아 갔던 거야? 이런 의사 도둑놈들. Q2755 수가 깎아!"

이렇게 말이다. 그럴 경우 소아외과 학회에서는 어떻게 나올까?

"누가 괜히 이런 거 문제 삼은 거야? 잘(?) 받던 수가가 깎였잖아. 어떤 놈이야, 누가 그랬어?"

결국 의사들끼리 싸우게 만드는 거지. 이런 결과를 충분히 예상할 수 있는 사람들이라서 의사들은 이의 신청을 못한다. 공무원들은 그걸 아는 거지. 도대체가 비합리적이고 이해가 되지 않아도 그저 권력을 쥔 쪽 마음대로인 거다.

의사들의 반발? 그까짓 거야 의사 한두 명 허위, 부당 청구한 거 까발려서 여론몰이하고 의사들 나쁜 놈 만들면 알아서 찌그러진다.

"억울하면 니가 공무원 하든가."

그들의 목소리가 들리는 듯하다.

다른 진료과에서도 이런 말도 안 되는 불합리한 일들이야 허다하겠지만 나는 내가 하는 일들에서의 불합리를 언급할 수밖에 없다. 이런 사례들 좀 구체적으로 모아서 100분 토론 같은 시사프로그램에서 말할 수 있으면 좋으련만, 아마도 이런 얘길 다뤄줄 방송사도 없으려니와 그래봤자 결과는 뻔하겠지.

헬조선에서는 본인의 이익 앞에서 '정의'란 유리할 경우에만 찾는 하찮은 것일 뿐이니.

#2

대장내시경 하 용종절제술

일반인들이야 그저 "용종 뗐어요"라는 말로 퉁쳐버리는 술기이나 그들이 말하는 "용종 뗐대요"에는 크게 네 가지 방법이 있다.

1. Endoscopic biopsy(내시경하 조직검사) : 대개 크기가 0.5cm 이하의 매우 작은 용종일 경우 endoscopic forcep(내시경 겸자)으로 뜯어내는 시술

2. Endoscopic hot biopsy : 용종을 endoscopic forcep(내시경용 겸자)으로 잡아당기며 bovie(전기소작기)로 전류를 통해 떼어내는 시술

3. Endoscopic Polypectomy(내시경하 용종절제술) : Endoscopic snare(내시경 올가미)로 용종을 잡아 bovie(전기소작기)로 전류를 통해 떼어내는 시술

4. Endoscopic Mucosal Resection(EMR:내시경하 점막 절제술) : 대개 용종의 크기가 클 경우 시행하는 방법으로 용종의 하방, 점막 하에 epinephrine(에피네프린)과 식염수를 섞은 용액을 endoscopic needle(내시경 주사침)을 통해 주입하여 용종을 대장벽으로부터 띄워 부풀린 후 endoscopic snare(내시경 올가미)로 용종을 잡아 bovie(전기소작기)로 전류를 통해 떼어내는 시술

이 중 보통 3, 4번 시술을 '용종절제술'이라 칭한다.

이것 말고도 ESD(endoscopic submucosal dissection)라는 시술도 있으나, 난 안 하는 시술이므로 pass.

각각의 개별 수가는 1에서 4로 갈수록 더 비싸진다. 시술이 복잡해지니 당연한 거지.

대개의 경우 3번 시술보다 4번 시술이 더 안전한데 이는 시술 후 천공(구멍 뚫림)이나 출혈을 방지할 수 있기 때문이다. 그런데 문제는 대장에 아무리 많은 용종이 있다고 하더라도 EMR을 '할 수 있는'(아니, 정확히는 '인정해주는') 경우는 내시경 1회당 한 번뿐이다. 나머지의 용종은 다 3번으

로 해야 한다. 이 기준은 심평원에서 일방적으로 정해 놓은 것이다.

　게다가 3번의 시술 방법 또한 최초 1회의 경우만 시술료의 100%를 인정해주고 나머지 용종을 더 절제할 경우 각각 최초 시술료의 20% 정도만 인정해준다. 그나마도 최대 다섯 개까지만...

　즉, 다발성 용종이 있는 환자의 경우 1회 내시경을 할 때 시행할 수 있는 용종절제술은 EMR 1회 + Polypectomy 6회이므로 최대 일곱 개까지만 절제가 가능하다.
　어떤 환자가 대장내시경 상에서 스물여섯 개의 용종이 발견되었다면(왜 하필 스물여섯 개냐구? 내가 한 번에 최대로 떼었던 케이스였거든... 미쳤었지...) 이 환자는 3회의 대장내시경을 통해 총 스물한 개의 용종을 떼 내고도 별도로 한 번의 대장내시경을 더 시행해야 하는 것이다. 총 4회.
　물론 출혈의 위험성 때문에 그렇게까지 한 번에 떼 내는 의사들은 없겠지만...
　어쨌든 다발성 용종 환자의 경우 여러 번에 걸쳐서 colyte(하제:대장세척액)를 먹어야 하는 곤욕을 치러야 한다. 환자가 여러 번 colyte(하제)를 먹어야 하는 수고를 덜어주기 위해 어떤 의사가 (나처럼) 한 번에 스물여섯 개의 용종을 다 떼었다고 가정해 보자.

　26 - 7 = 19.

　즉, 열아홉 개의 용종을 절제한 시술료는 심평원에서 지급해 주지 않는다.

"그럼 용종이 있어도 떼지 말고 그냥 나오라는 소리예요?"

심평원에 문의했었다.

"아뇨, 누가 그러래요? 그건 그냥 선생님 판단에 따라 더 하시면 돼요."
"일곱 개 넘어가면 인정 안 해준다면서요?"
"예."
"그럼 그게 떼지 말라는 소리 아니에요?"
"아니죠, 떼고 말고는 선생님이 전문가의 판단에 따라 결정하시는 거죠.
저희가 떼라 마라 말할 권한이 없어요."
"아니, 인정이 안 된다면서요?"
"그렇죠. 그건 심사 기준이라서…"
"그럼 의사는 하고 나서도 돈 못 받잖아요."
"그렇죠."
"그럼 공짜로 해주라는 말씀이세요?"
"그건 선생님이 판단하시구요."
"판단이 그런데요? 공짜로?"
"더 하시고 안 하시고는 저희한테 물어보실 일은 아니죠."
"돈도 못 받는데 어떤 의사가 하겠어요?"
"의사를 꼭 돈 때문에 하세요?"
"예? 나 참. 그럼 의사는 땅 파서 진료하나요?"
"의사 선생님이 무슨 말씀을 그렇게 하세요? 그럼 안 하시면 되죠."

"환자나 보호자는 최대한 한 번에 다 떼 주길 바라지 않을까요?"

"그건 저희가 모르죠. 그건 선생님이 환자랑 하실 말씀이구요."

"……"

끝나지 않는 논쟁일 뿐이다. 결국 의사는 환자에게 시술 후 천공, 출혈 가능성을 빌미로 심평원 기준에 맞추게 된다.

간혹 용종의 크기가 크고 stalk(줄기)를 가진 용종의 경우 그 stalk(줄기) 안에 feeding vessels(먹여 살리는 혈관)이 있는 경우가 많은데 이런 용종은 용종절제술 후 대규모 출혈이 일어나기 십상이다. 이런 용종을 절제함에 있어 각각의 내시경 전문의들은 자기만의 특별한 노하우를 가지는데 나 같은 경우는 stalk(줄기)이 있는 용종에는 먼저 endoclip(내시경 클립)을 stalk(줄기)에 잡고, 그 밑의 점막 하에 지혈용 epinephrine(에피네프린)+식염수 용액을 injection(주사)한 후 endoclip(내시경 클립)의 윗부분에서 endoscopic snare(내시경 올가미)로 용종을 잡아 bovie(전기소작기)로 전류를 통하게 하여 떼어낸다.

대개 stalk(줄기)이 있으면서 용종이 큰 경우는 그 stalk(줄기) 안에 feeding vessels(꽤 큰 동·정맥이 다 있다)이 있어서 endoclip(내시경 클립)을 잡지 않고 그냥 snare(올가미)로 떼어낼 경우 artery(동맥)에서 피가 펑펑 솟아나는 경우가 있어서 안전에 안전을 기하기 위해 endoclip(내시경 클립)과 지혈 용액을 같이 쓰는데 이 경우 endoclip(내시경 클립)은 청구가 되지 않는다.

"어? 청구되는데…"

하는 의사 분들 계신가?

대장에서 출혈이 있는 경우 '대장내시경 하 출혈 지혈법'이라는 청구 항목이 존재하기는 한다. 물론 수가도 따로 정해져 있다. 그러나 이것은 대장내시경을 하는 도중에 발생한 출혈에 대해서는 적용되지 않는다. 용종을 떼다가 발생한 출혈에 이 항목을 적용하여 청구할 수가 없다는 얘기다. 그럼 언제, 어떤 때 할 수 있냐고?

1. 이전에 대장내시경 시행 없이 대장 내 동·정맥 기형이나 게실 출혈 등으로 인해 그냥 대장 내 출혈이 되어서 온 환자
2. 전날 대장내시경을 하고 용종을 떼었는데 오늘 그 부위에서 출혈이 되어서 온 환자(하루 이상이 지나야 한다고…)의 경우 청구가 가능하다. 또한 이럴 경우에 있어 endoclip(내시경 클립)은 단 한 개만 인정된다. 여러 개를 쓸 경우 몽땅 삭감이다.

내시경 전문의들은 많이들 공감하실 텐데, 출혈이 있어 내시경을 통해 지혈을 시도할 경우 endoclip(내시경 클립) 한 개만으로 지혈이 되는 경우는 거의 없다.

대개 서너 개의 endoclip(내시경 클립)을 쓰게 되는데 그러면 두세 개의 endoclip(내시경 클립)은 청구가 안 된다. endoclip(내시경 클립) 하나의 가격은 구입가 만 원이 넘는다. 2~3만 원은 그냥 날리는 거라고…

"환자한테 말하고 환자에게 직접 받으면 되잖아?"

응, 불법이야. 이거 환자한테 받았다가는 당장 심평원에서 환자에게 공문을 보내서 말한다.

"귀하가 ○○○병원에서 대장내시경을 받을 당시 ○○○병원에서 사용한 endoclip(내시경 클립)의 비용은 귀하에게 받을 수 없음에도 불구하고 ○○○병원에서 귀하에게 부당하게 요구한 것이므로 본 심평원에서 귀하에게 그 금액을 돌려드립니다. ○○○병원은 부당 청구로 행정조치하였습니다."

그러고는 환자에게 돌려준 돈 만큼을 다음 청구 시에 삭감한다.
이 공문을 받아본 환자는 이렇게 생각한다.

'아, 씨. 의사 이런 개XX들. 받으면 안 되는 돈을 나를 속여서 받은겨? 그 의사XX 그렇게 안 봤는데 그거 아주 나쁜 XX네.'

결국 의사는 해줄 거 다 해주고도 돈만 아는 천하의 개XX가 되고 손해는 손해대로 보게 된다.

　뭐, 표현에 있어서 약간의 과장은 있을 수 있겠지만 내용 자체는 사실이다.

　환자에게 보내는 것을 내가 못 봤을 텐데 어떻게 아느냐구?

　내가 우리 어머니의 대장 용종을 떼고 나서 어머니한테서 진료비 다 받았더니 나중에 심평원에서 어머니께 공문이 왔더란다. 내가 우리 어머니께 부당청구했으니 돈 돌려준다고… 나 참…

　만일 용종을 뗐는데 그 자리에서 출혈이 생기면 피가 퐁퐁퐁 솟듯이 나오기 때문에 바로 지혈을 해야 한다고 치자. 그런데 이 출혈이 대장내시경을 할 당시에 발견되면 오죽 좋겠느냐만(출혈이 있는 것을 보고도 그냥 나올 내시경 전문의가 어디 있겠나?)

　대개는 지혈 용액 등으로 인해 대장내시경 시행 당시에는 출혈이 없다가 나중에 출혈이 되는 경우가 대부분인데 이럴 경우 다시 내시경을 대장 안으로 밀어 넣으면 아무것도 안 보인다.

　무슨 말이냐구? 이미 출혈이 되어서 응고된 혈액이 대장 내부를 가득 채우고 있으니 내시경 자체를 진행 못한다. 응고된 혈액을 씻어내는 동안에도 출혈은 계속되고 있어서 출혈 부위를 찾기가 여간 어려운 것(아니, 거의 불가능)이 아니다.

　그런데 하루 이상 지나야만 '대장내시경 하 출혈 지혈법'이 인정이 된다고…

　이게 말이 되는 거냐고…

위에서도 말했지만 대장 용종을 제거한 후 발생한 출혈은 대개 동맥에서 나오는 출혈이라 초응급이다. 자칫 잘못하면 환자가 죽는다고... 그런데 '대장내시경 하 출혈 지혈법'을 인정받기 위해 하루 기다렸다가 다음 날 시행해? 미친 거 아니냐?

공무원들은 의사들이 그러지 못한다는 거 뻔히 안다.

결국 뭐냐면

"공짜로 해줘"

라는 말이다.

항문에 생길 수 있는 양성 질환(암이 아닌)은 크게 네 가지로 나뉜다. 치핵(흔히 말하는 치질), 치열, 치루, 항문 농양.

그런데 이러한 질병들이 꼭 한 번에 하나씩만 있는 게 아니라서 환자에 따라 두 가지 이상의 질환을 가지고 있는 경우도 흔하다. 치핵+치루, 치루+치열, 치핵+항문 농양...

심지어 치핵+치루+치열+항문 농양을 가진 환자들도 있다.

#3

M/61(61세 남자 환자)

항문 출혈, 배변 시 통증, 항문 분비물을 주 증상으로 내원. 치열이 의심되는 상황.

이런 환자에게 외래에서 anoscopy(항문경)을 넣었다가는 거의 환자가 아파서 죽는다. 항문경을 넣지 않고 이학적 검사만 시행했다. 이학적 검사 상 열두 시 방향에 chronic anal fissure(만성 치열), 한 시, 열한 시 방향에 anal fistula external opening(치루 개구부)가 있다. anal sphincter tone(항문 괄약근 압력)도 많이 증가되어 있다.

"에구, 변 볼 때 많이 아프시겠어요."
"예, 엄청 아파요."
"환자분, 그런데 치루도 있으시네요?"
"치루요?"
"예, 혹시 이전에 항문 주위에 고름 잡혔다가 터진 적 없어요?"
"아, 예전에 그런 적 있어요."
"언제요?"
"한 5년 정도 됐어요."
"그때 병원에 가신 적 없어요?"
"예, 안 갔어요."
"그 이후로 팬티에 뭐 지저분한 거 묻고 그러신 적은 없어요?"
"아, 그랬어요. 가끔 붓고 아프기도 하고…"
"그럴 때 병원에 가보신 적은 없구요?"
"그냥, 그러다 말다 그러다 말다 하더라구요. 그래서…"
"환자분은 치열도 있으면서 치루도 있어요. 예전에 항문 농양이 생겼다가 터진 후에 치루가 생긴 건데 이 치루를 제거하는 수술을 받지 않으셔서 지금까지 항문 분비물이 나오는 거예요. 이것도 제거하셔야 해요."

"예."

환자는 수술 전 검사를 하고 수술 날짜를 잡고 갔다.

수술 당일. 척추 마취를 하고 수술 position(Jack-knife position:수술시 환자 자세의 일종)을 잡고 보니 항문이 벌어지면서 내부에 있던 치핵이 새로 보인다. 꽤 크고 여러 곳에서 보인다. Pergusson retractor(항문을 벌리는 수술 도구의 일종)를 넣어 꺼내보니 딸려 나온다. 예상하지 못했던 새로운 질병.

환자에게 물었다.

"환자분, 척추 마취를 하고 항문이 벌어지고 나서 보니까 치핵도 있거든요."

"아, 그래요?"

"이거 수술해야 할 정도로 심하신데 하는 김에 이것도 같이 해드릴까요?"

"아, 그래야죠. 다음에 또 수술을 받을 수는 없으니…"

"근데 여러 가지 수술을 한꺼번에 하는 거라 수술 후에 좀 아프실 거예요."

"별 수 없죠, 뭐."

"그리고 아마도 수술비도 더 비싸질 거구요."

"얼마나요?"

"글쎄요, 저희도 그건 컴퓨터 프로그램에 입력해 봐야 아는 거라서 지금 딱히 얼마가 나온다고 말씀드릴 수는 없구요. 한 일, 1~20만 원 정도 더 나오지 않겠어요?"

"……"

"어떻게 할까요? 다 한꺼번에 할까요? 아님, 이건 나중에 하시겠어요?"

"나중에 또 이걸 어떻게 해요, 그냥 오늘 다 해주세요."

"예, 알겠습니다."

각각의 산정되어 있는 수술비는 대략

치핵 : 300,600원, 치루 : 278,890원, 치열 : 192,680원

물론 이 수술을 모두 다 한꺼번에 할 경우 단순히 산술적 덧셈만으로 772,170원이 되는 것이 아니다. 제1의 수술, 제2의 수술로 나뉘어 제1의 수술(주수술)은 다 인정받지만 제2의 수술(부수술)은 반값으로 떨어진다. 즉, 무슨 말이냐면 제1의 수술이 치핵, 제2의 수술이 치루, 제3의 수술이 치열이라고 할 경우 이 모든 수술을 다 하게 되면 300,600 + 139,440 + 96,340 = 536,380이 되는데 또 여기서

'치핵과 치열 수술을 동시에 시행한 경우 치열 수술은 산정하지 않는다' 라는 심사 원칙이 있는 거라서 결국 300,600 + 139,440 = 440,040이 된다.

그런데 여기에 하나 더. 항문 질환은 모두 DRG(포괄수가제)에 묶여 있어 서 일반적인 행위별 수가제의 계산 방식을 따르지 않는다(DRG 계산 방식 이 어떤 건지는 모른다. 그냥 그들이 만든 프로그램에 조건을 넣어 돌리면 일방적으로 '얼마' 이렇게 나온다.).

결국 세 가지 수술 모두를 다 받은 환자가 퇴원할 때 환자의 본인 부담금은 치핵 한 가지만 수술 받은 환자보다 8,470원 많고 심평원 청구 금액은 치핵 한 가지만 수술 받은 환자보다 33,860원 많더라. 즉, 치핵 한 가지만 수술한 것보다 치핵, 치루, 치열 세 가지를 모두 수술한 것이 total 42,330원 많더만...

자, 이걸 보고 여러분의 생각은 어떠신가?

이걸 보고 외과 의사들은 어떻게 해야겠다고 생각할 것 같나?

심평원에 문의를 했더니 원래 그렇게 하도록 수가가 결정되어 있는 것이라 어쩔 수 없다는 말을 들었다. 뭐, 매번 똑같은 답변이라 놀라울 것도 없었다.

"그럼 세 번으로 나눠서 수술하라구요?"

"그건 의사 선생님이 결정하실 일이죠."

"아니, 환자도 세 번이나 직장을 쉬고 병원에 와서, 세 번이나 척추 마취를 하고, 세 번이나 수술을 하고, 세 번이나 아픈 걸 참아야 하는데 이게 환자한테 좋겠어요? 지금 전화 받으시는 분이나 가족분이 환자라면 세 번에 나눠서 수술하자고 하면 하시겠냐구요?"

"그건 저희가 뭐라고 할 수 없는 거라... 그냥 의사 선생님들이 그렇게 하자고 하시면 해야지 환자가 뭐라고 하겠어요?"

"의사가 세 번에 나눠서 하자고 하는 게 아니잖아요? 나라에서 법이 그런 거라..."

"법에 세 번에 나눠서 하라고 되어 있지는 않아요. 한 번에 하셔도 돼요."

"아니, 같은 수술을 하고도 수술비를 반 토막 내서 주는데 어떤 의사가 자기가 손해 보면서까지 한 번에 다 하려고 하겠어요?"

"그럼 그냥 세 번에 나눠서 하시구요."

"세 번에 나눠서 수술하게 되면 심평원에서 의사에게 지급해야 하는 금액이 훨씬 많아지는데두요?"

"별 수 없죠."

"국가로서도 보험 재정을 절약하는 게 좋은 거 아니에요?"

"그렇죠."

"그럼 한 번에 문제를 다 해결해 주는 것이 환자나 국가나 의사나 다 좋잖아요."

"그렇겠죠."

"그런데 이렇게 수술 수가를 덤핑을 쳐버리면 안 되잖아요."

"그건 원래 수가 자체가 그렇게 되어 있는 거라…"

"그럼 이렇게 불합리한 것에 대해서는 좀 수정을 해야 하지 않나요?"

"그러시면 의사협회를 통해서 민원을 접수해서 수가 협상하실 때 반영되도록 하시면 되죠."

"들어주기는 하구요? 그런다고 이게 고쳐질까요?"

"그건 저희가 모르구요. 의사 선생님들께서 한 목소리를 내서서 강력하게 말씀하셔야죠."

심평원에서 전화 받는 사람은 다 각각일 텐데 대답은 천편일률적으로 똑같다.

아무리 돈을 밝히는 의사라 하더라도 진료를 하는 데에 있어서 가장 중요한 것은 환자의 안전이다.

"의사는 환자에게 전문가로서 가장 좋은 방법을 제시하는 것이고 그걸 듣고 안 듣고는 환자분이 결정하시는 겁니다."

환자들이 나의 치료 제안을 잘 받아들이지 못하고 주저주저할 때 내가 잘 하는 말이다.
"수술 말고 약으로는 어떻게 안 될까요?"
"약으로 해서 될 것 같으면 처음부터 약으로 하자고 하지 왜 수술하라고 하겠어요? 수술밖에는 방법이 없으니까 그런 거예요."

의사는 환자의 질환에 대한 치료를 결정할 때 환자의 여러 상황을 종합하여 가장 최선의 방법을 제안한다.
나이가 많아 가까스로 취직한, 두 명밖에 없는 아파트 경비라서 24시간 일하고 24시간 쉬는 시스템으로 돌아가는 사람의 사정도 고려해야 하고,
애기가 어리고 양가 부모님들은 멀리 살아서 누구 하나 애를 봐줄 수 없는 엄마의 사정도 고려해야 하며,
당장 사흘 후엔 장기간 외국으로 나가는 환자의 사정도 생각해야 하고,
심지어 주로 앉아서 직장 일을 하는 사람인지,
몸을 움직여 직장 일을 해야 하는지,
장시간 운전을 해야 먹고 살 수 있는 사람인지도 고려해야 한다.

그 모든 조건을 고려하여 환자의 치료법을 결정하는 거라고...

그냥 책상 앞에 앉아서 데스크탑 컴퓨터에 올라오는 청구서 처리만 하는 사람들이 어떻게 최전선에서 욕을 먹고 갖은 불평을 들어가며 환자를 치료하는 의사들의 현실을 이해하겠느냐만, 적어도 불합리한 제도에 대한 고통의 외침을 들었다면 합리적으로 수정하려는 의지라도 있어야 할 것 아닌가 말이다.

외눈박이 세상의 두눈박이.

이 불합리한 세상에서 내가 살아가는 방법은 한쪽 눈을 파내야 하는 것일지도 모른다.

오늘도 수많은 공허한 외침이 외눈박이 세상을 감싸고 돈다.

우리가 돈이 없지 가오가 없어?

지금은 IT기기가 발달하여 대학병원에 가 봐도 안내 방송을 하는 경우가 별로 없는 데다 병원들이 다 대형화되어 웬만한 인력 수급은 다 확보되어 있는 상태라 원내 안내 방송이 별로 없다. 그런데 내가 전공의로 일할 시절만 해도 핸드폰을 가진 사람이 극히 드물었고 병원 내에서는 모든 의사가 삐삐를 통해 연락을 받는 시스템이었다.

이 삐삐라는 것은(요즘 젊은 사람들은 '응답하라 1994'에서나 봤겠지만) 우선 연락을 받으면 그 전화번호로 다시 전화해서 notify(보고)를 받는 것이라서 의사가 전화기 근처에 있지 않으면 빨리빨리 대응하지 못한다는 단점이 있었다. 그러다보니 CPR(심폐소생술) 같은 응급 상황일 때는 삐삐를 통해 연락을 취하지 않고 원내 방송을 통해서 긴급함을 알렸다.

각 병원마다 어디서든 CPR이 발생하면 CPR을 시행할 수 있는 의사들의 팀이 따로 정해져 있었는데 우리 CMC(가톨릭 중앙의료원)의 경우 내과, 외과, 마취과, 흉부외과, 응급의학과와 때론 여기에 더해 신경외과까지 '청색팀'이라는 암호로 불렸다. 가령 예를 들면 이런 것이다.

"청색팀, XX병동 CPR!, 청색팀, XX병동 CPR!"

이 방송이 나오면 해당 과 레지던트들은 만사 제쳐두고 CPR 장소로 달려가야 하는데 청색팀 과에 속해 있는 교수님들은 은근 누가 가장 먼저 해당 장소에 도착하느냐에 자존심을 내세우기도 했다. 그러나 실제로 이 청색팀에 속해 있는 과들은 CPR이 아니라 지네 할 일만으로도 일이 차고도 넘치는 사람들이라 종종 '나 말고 누군가 가겠지'라는 생각을 하기도 했다.

청색팀에 속한 과가 상당히 많지? 그럼 CPR 터졌을 때 상당히 많이 올 것 같지?

자, 그럼 한번 얼마나 오는지 세어볼까? 내가 수원 성빈센트병원에서 외과 1년차가 막 되었을 때의 경우를 보자.

1. 내과.

심장내과, 호흡기내과, 혈액종양내과, 소화기내과, 알레르기내과의 다섯 개 파트로 나뉘어 있었는데 1년차가 있는 파트는 달랑 두 개. 나머지는 듬성듬성 2, 3년차가 있어서 각 파트별로 기껏해야 레지던트가 두 명 또는 한 명이었다. 내과 환자가 좀 많아? 지네들 일하기도 벅차서 골골대는 애가 많았다.

2. 흉부외과
레지던트가 아예 없다.

3. 마취과
수술실 마취하는 것만으로도 사람이 모자라서 마취과 레지던트는 수술실 밖으로 못 나왔었다.

4. 응급의학과
1999년 초 빈센트 병원에는 응급의학과가 없었다.

5. 신경외과
걔들은 낮에 자. 얘기 했었잖아,
NS(NeuroSurgery:신경외과)는 Night Surgeon(밤에만 수술하는 외과의사)의 줄임말이라고...

6. 외과
1년차 둘, 2년차 하나, 3년차 하나. 수술은 보통 양방 또는 세 방이 열려. 윗년차는 기본 다 수술방에 짱박히고 밖에 있는 것은 대개 1년차만 있든지 그나마도 하나는 수술방으로 불려 들어가. 당시 상황이 그랬다고, 당시엔...

#1

　3월이었던가... 정확히는 생각이 안 나지만 여하튼 내가 1년차가 된 지 얼마 안 되었을 때였다. 정신없이 여기저기 돌아다니면서 스케줄 잡기의 앵벌이를 하고 있을 때, 원내 방송.

　"청색팀, 25병동 CPR!, 청색팀, 25병동 CPR!"
　(흐린 기억 속에 아마도 25병동이었던 것 같은데. 아님 말고...)

　정형외과 병동이다.
　정형외과 병동에서 CPR? 매우 드문 일이기도 하거니와 OS(Ortho-pedic Surgery:정형외과)는 vital(활력 징후)을 잡는 과가 아니므로 그들에게는 매우 황당한 상황이다.

　'가장 먼저 도착해야 돼.'

　바람과 같이 뛰어갔다. 간호사 스테이션 맞은편의 일반 병실. 몇몇 OS레지던트와 간호사들이 복도에 나와 서 있다가 나를 맞는다.

　"아, 엄 선생님 오셨구나."
　'에이, 벌써 많이 와 있나보네.'

　실망을 하며 병실로 들어가는데, OS 교수님, OS 주니어 스텝, OS 펠로우,

OS 4, 3, 2, 1년차, 수간호사, Charge 간호사, Acting 간호사, 다수의 보호자...

4인실 병실이 사람들로 꽉 차 있는데 청색팀은 아무도 없다. 헐!

문을 열고 들어가자마자 왼쪽 첫 번째 병상의 환자. 모니터링이 없다.

"아, 엄 선생. 어서 와. 빨리 좀 어떻게 해봐."

교수님이 재촉했다. 환자는 입을 약간 벌린 상태에서 반듯하게 누워 있다. 손목에서 pulse(맥박)가 잡히지 않았다. carotid artery(경동맥)에서도 잡히지 않는다. self respiration(자발적 호흡)도 없다.

"Intubation(기관 삽관)!"

환자의 머리맡으로 가는데 침대의 머리 쪽 프레임이 걸린다.

"외과 선생님이 인투베이션이라잖앗! 머리 쪽 빼란 말얏!"

교수님이 소리치니 3, 4년차와 간호사가 황급히 머리 쪽 침대 프레임을 뺐다.

Laryngoscope(후두경)을 밀어 넣고 endotracheal tube(기관)을 밀어 넣는데 vocal cord(성대)가 잘 보이지 않았다.

"목 좀 눌러주세요!"

OS 2년차가 황급히 목을 누르는데 너무 세게 눌러서 아예 안 보인다.

"어, 어, 아뇨, 그렇게 말고, 좀 살살…"
"살살 누르라고 하시잖앗!"
"살살 눌릿!"
"이 새끼야, 살살햇!"

교수님, 주니어 스텝, 펠로우까지 소리 지른다. 2년차가 흠칫 놀라 뒤로 빠지고 charge간호사가 다시 누른다. intubation(기관 삽관)을 하고 ambu bag(앰부 백) 연결한 후 다시 산소 튜브 연결하고…

"이것 좀 짜주세요."

넘기는데,

"앰부 짜라고 하시잖앗!"
"앰부 짜!"

교수님과 주니어 스텝이 소리치고 펠로우가 ambu bag(앰부 백)을 잡았다.
"CPR 할게요. epinephrine(에피네프린) 두 개, atropine(아트로핀) 한 개 주세요."

"에피 두개, 아트로핀 하나 빨리줫!"
"에피랑 아트로핀 빨리빨리, 쫌!"

'참 나. 무슨 중계하나?'

간호사들은 바삐 움직이는데 일곱 명의 OS 의사들은 멀거니 서서 소리만 질러댄다.

"ICU(중환자실)로 갈게요. 수간호사님은 ICU에 전화 좀 해주시고 다른 분들은 침대 좀 밀어주세요."

환자의 배 위에 올라타서 cardiac massage(심장 압박)를 하는데 침대 양쪽 끝 네 귀퉁이에서 OS 레지던트들이 침대를 민다. 2층에 위치한 ICU로 올라가는 엘리베이터 안에서도 CPR은 계속하는데 엘리베이터에 다 탈 수가 없다. ambu bag(앰부 백)을 넘겨받은 간호사와 cardiac massage(심장 압박) 중인 나만 엘리베이터에 타고 OS 의사들은 들어오지 못했다.

"야, 이 새끼들앗! 계단으로 뛰란 말얏!"

교수님이 소리치고 다들 헐레벌떡 계단 쪽으로 뛰어갔다. 2층에서 엘리베이터 문이 열리고 다시 침대의 네 귀퉁이를 잡고 침대를 끌어냈다. 바로 ICU행…

ICU로 와서 Ventilator(인공호흡기), 모니터를 달고 10분 정도 CPR을 하자 pulse(맥박)가 다시 돌아왔다. EKG(심전도) 소견은 MI(Myocardial Infarction:심근경색).

"내과 cardiology(심장학) 콜해주세요."

ICU 간호사에게 말하고 뒤돌아섰더니 일곱 명의 OS 군단이 서 있다. 덩치들은 또 얼마나 큰지. 벽이다, 벽…

"MI 같습니다, 교수님. 우선 외과가 transfer(전과) 받겠습니다. consult paper(협의진료서) 써 주시고, transfer out note(환자를 전과하는 진료과에서 작성하는 환자의 최종 상태에 대한 의무 기록) 써 주십시오."

OS 3년차가 consult paper(협의진료서)를 쓰는데, 약 다섯 줄 정도로 되어 있는 페이퍼에 빽빽이도 써 내려간다. 아주 뒷장까지 쓸 기세다.

"아뇨, 선생님. 그냥 간단하게만 쓰셔도 돼요."
"야, 이 새끼야, 간단하게 쓰라고 하시잖앗!"
"……"

나름 OS 3년차는 높은 사람인데 쿠사리만 잔뜩 먹더라.
장문의 consult paper(협의진료서)에 reply(응답)를 남겼다.

'Please, transfer(전과해 주십시오).'

달랑 한 줄.

"고마워, 엄 선생. 수고했어. 나 참. 엄 선생이 우리 과 했으면 얼마나 좋아. 그렇게 꼬셔도 안 하고, 에이..."
"......"

빙긋 웃고 말았다.

'나도 그렇게 멀거니 서 있는 의사 만드시게요?'
말은 안했다. 속으로만 그랬다고, 속으로만...

OS가 모두 떠나고 기다려도 기다려도 cardio(심장내과)는 오지 않았다. 전화는 왔는데 vital(활력 징후)이 잡혔다고 하니까 나중에 온다고 했다더라, 간호사가... 젠장.

오후 회진.
ICU에 들어가서 프레젠테이션(환자에 대한 설명)을 하는데 교수님 왈.

"MI(심근경색)? MI를 왜?" (심장내과 환자를 왜 외과가 받았냐 이거지...)
"병동에서 OS 환자 CPR이 떴는데, 청색팀이 아무도 안 와서요. 일단 받아서 다시 cardio(심장내과)로 넘기겠습니다."

"cardio(심장내과)는?"

"연락은 했는데 아직 안 왔습니다."

"그래? 그래, 그럼..."

같이 회진을 돌던 2년차나 교수님이나 아무도 왜 CPR은 혼자서 했는지 물어보지도 않았고 특별한 언급이 없었다.

단,

"야, 인간적으로 환자 mental(의식)도 다 돌아왔는데 intubation(기관 삽관)은 좀 빼줘라. 환자 괴로워하는 거 안보이냐?"

이 말은 하더만... 환자는 다음날 cardio(심장내과)가 회진 후 전과받아 갔다.

당시 빈센트 병원의 대부분의 외과 스텝은 서울에 살았다.

어느 병원이나 대학병원은 마찬가지겠지만 외과는 밤에 응급실로 오는 환자들이 꽤 있어서 당직 스텝은 퇴근 후 집에 갔다가도 수술 때문에 콜을 받고 다시 불려오기가 일쑤였다. 그래서 당직 콜을 받는 주니어 스텝들은 퇴근하기 전에 문제가 있는 환자는 다 처리해 놓고 퇴근하려 했다.

당시 유방/갑상선 쪽 수술을 주로 하시던 모 교수님은

(근데 이 양반은 사람이 좀 까칠하고 집요해서 그렇지 수술은 정말 기가 막히게 하는 양반으로, 응급 개복술 때 들어가서 봤더니 upper midline incision(상복부 정중선 절개)을 knife(수술용 칼)로 skin(피부)부터 fascia(근막)까지 한 칼에 열고 손이 엄청 빨랐다. 그 시니컬한 성격만 빼면 연구에 있어서도, 진료에 있어서도, 수술에 있어서도, 엄청난 외과 의사였다.) 오후 회진 때 마지막으로 들르는 곳이 응급실인데 응급실에 들어가면 맨날 같은 소리를 했다.

"배 아픈 사람 차트 다 내놔."

surgical abdomen(수술이 필요한 급성 복중)이든 medical ab-domen(약물 치료가 필요한 내과적 복중)이든 싸그리 다 가져가서는 리뷰한 후에 그 모든 환자의 진찰을 다 하고 Physical Exam-ination(이학적 검사)을 다 한 후 수술 환자가 없으면 퇴근했다.

배 아픈 환자가 없었던 적이 한 번 있었는데, 이 교수님 왈,

"그럼 다 머리 아퍼?"

캬!

다른 과로서는 그 곤조가 재수 없을 만하지만, 외과 1년차의 눈에는 그렇게 멋져 보일 수가 없었다.

이놈의 외과 의사들이라는 게 나가면 돈 못 벌 것을 뻔히 알면서도 외과

에 들어온 사람들이라 자부심 하나로 버티는 인간들인데 이런 사람들에게 소위 개기는(우리끼리의 표현이다. 기분 나쁘신 분들께는 죄송...) 타과가 있을 경우 처절한 응징(?)을 하곤 했다.

#2

내가 1년차 초반일 때, 2년차 한 명, 3년차 한 명이 있었는데 이 두 양반 다 둘째가라면 서러워할 외과 꼰대였다. 하루는 야간에 스텝들이 다 퇴근한 이후 응급실로 하복부 통증을 호소하는 젊은 여자 환자가 내원했다. 만져보기에는 surgical abdomen(수술이 필요한 급성 복증). rebound tenderness(반발 압통)까지 빡빡 뜬다.

환자를 진찰하고 나서 3년차에게 보고하니,

"아뻬(Appendicitis:충수염, 소위 맹장염)야?"
"글쎄요, 맞는 것 같기도 하고, 아닌 것 같기도 하고..."
"보자."

응급실로 내려갔다. 이 형은 생긴 거는 베트남 출신 같은데 충남 출신이다. 그런데 출신 지역에 안 어울리게 말은 엄청 빠르고 decision making(판단 결정)도 엄청 빠르다. 환자를 진찰한 후

"아뻬 아니네. 산부인과로 넘겨."
"뭘로요?"

"PID(pelvic inflammatory disease:골반염)!"

뒤도 안 돌아보고 의국으로 돌아가면서 말했다.

"예."

차트에 산부인과 보라고 써 놓고 나도 의국에 올라가서 늦은 저녁을 먹고 있는데, 응급실에서 울리는 콜.

"산부인과 질환 아니라는데요."

응급실 간호사가 보고한다.

"PID 아니라는데요."
"뭐? 지랄 말라고 해."

응급실로 내려갔다. 차트를 보니 transvaginal USG(경질식 초음파) 사진과 함께 산부인과 3년차의 코멘트.
'Not gynecologic problem(부인과 질환 아님). more likely appe(충수염 가능성이 더 높음)' 이라고 쓰여 있었다.

"형, 아뻬라는데요."

의국으로 전화했다.

"어우, 씨... 내려갈게."

응급실로 내려와서 차트를 보더니만 산부인과 의국으로 전화를 건다.

"이 환자 아뻬 아니에요. PID라니까요. history(아파오는 과정)도 아뻬 아니구요, rebound tenderness(반발 압통)가 direct tenderness(압통)보다 더 쎄서 아뻬보다는 PID가 맞아요. muscle guarding(근육 강직)도 별로 없다구요."

"USG(초음파)에서 fluid collection(체액 고임)도 안 보이고 산부인과 질환 아니에요."

"cervical motion tenderness(자궁경부를 움직일 때 나타나는 통증)는요? 그것도 없어요?"

"별로 없어요."

"웃기시네. rectal exam(직장수지검사)만 해도 환자가 아파 죽을라고 하는데 없다구요?"

"없어요, 없어."

"좋아요, 그럼 외과가 열고 봐서 아뻬 아니면 어쩌실래요?"

"마음대로 하세요."

"table transfer(수술 중 전과)합니다. 그래도 되겠죠?"

"맘대로 하시라구요."

전화를 끊었다.

"윤아, 스케줄 내라. 열자."
"뭘로요?"
"PID!"

스케줄을 내러 마취과 의국으로 갔더니 당직 마취과 레지던트가 황당해
한다.

"PID요?"
"예."
"왜 GS(General Surgery:외과)가?"
"그러게요."
"언제요?"
"지금요."
"환자는요?"
"ER(응급실)에요."
"올리세요."
"예."

3년차와 내가 들어간 수술. 당시 우리는 아뻬 정도는 의국장 주도하에 그
냥 우리가 했다. 그때만 해도 Laparoscopic appendectomy(복강경 하 충

수돌기 절제술)가 그리 흔하지 않을 때라 Rocky-Davis incision(우하복부에 가로로 절개하는 절개 방식)으로 배를 열었다.

Op. finding(수술 소견) : normal appendix(정상 충수돌기)에 yellowish pus(농:고름)가 pelvic cavity(골반강) 내에 흥건했다. PID에 합당한 소견.

"간호사, 산부인과 의국에 전화 좀 해줘요."

팔장을 끼고 간호사가 받쳐주는 수화기에 대고 마스크 너머로 우리 3년차가 산부인과 3년차에게 말했다.
"좀 들어오시죠."

잠시 후, 걸어오는 건지 굴러오는 건지 헷갈리는 여자 의사 하나가 수술방으로 들어온다.

"여기 보세요, 아뻬 정상인 거 보이죠? 그리고 여기 pus(농) 보이죠?"
"......"

산부인과 3년차가 말이 없다.
"table transfer(수술 중 전과)한다고 했죠? 자, 그럼 우린 나갑니다."

우리 3년차가 글러브를 좌악좌악 벗더니 수술방 밖으로 나가버린다. 당황한 것은 산부인과 3년차뿐이 아니었다.

"어, 어, 이러면 어떡해요. 어, 어…"

마취과 레지던트도 황당하기는 마찬가지.

산부인과 3년차가 수술 들어오면 되지 왜 그러냐고? 산부인과는 우리와 달리 스텝에게 보고하지 않고는 수술을 할 수가 없었다. 그런데 table transfer(수술 중 전과)라니… 난리가 난 거지 뭐.

그때부터 부랴부랴 자기네 스텝에게 전화를 하는데 스텝은 난리를 치지…

Pus(농) 외에는 특별한 문제가 없는 듯했다. 결국 그 시간에 산부인과 스텝이 와서 수술을 했다고 했다. 환자 역시 큰 문제는 없었다고 했다.

그런데 생각해보면 Rocky-Davis incision(우하복부에 약 4cm 정도 절개)으로 pelvis(골반) 내의 pus(농)를 다 닦아내야 했을 테니 수술하기는 더럽게 힘들었을 듯.

말이 난 김에. 이 3년차 형은 자신의 의학적 판단이 한번 정해지면 끝까지 밀어붙이는 경향이 있었는데(물론 그 정확도는 매우 높았다. 그러니 지금 교수님이 된 것이겠지만) 타과의 주장에도 이러한 사람이라 환자나 보호자가 말을 안 들을 경우 오죽하랴.

#3

하루는 응급실에서 낮에 콜이 왔는데 70대 후반의 할머니가 RUQ pain(우상복부 통증)과 fever(열)로 내원했다. 약간의 jaundice(황달) 소견과 38도의 열, 우상복부의 tenderness(압통). CBD(common bile duct: 총수담관) stone(결석)으로 인한 acute cholangitis(급성 담관염)이 의심되었다. CT를 찍어보니 역시나…

stone(결석)은 꽤 컸다. 3년차 형에게 notify(보고).

내려와서 보더니만 보호자들에게 설명했다.

"총수담관이라는 담즙이 나오는 길에 돌이 있어서 그것 때문에 상행감염이 생겨 총수담관염이 발생하신 겁니다. 이 연세의 환자분들은 이 병이 매우 위험해서 금방 패혈증에 빠질 수도 있어요. 일단 중환자실로 입원하시고 항생제를 쓰다가 상태가 호전되시면 내시경으로 돌을 빼내야 되는데, 돌이 상당히 커서 내시경으로 안 될 가능성이 더 높아요. 그러면 수술로 빼내야 합니다."

아들 둘, 딸 하나, 며느리 둘. 시큰둥한 표정으로 듣고 있더니,

"뭔 병원은 환자가 오기만 하면 입원이래…"

"맨날 무서운 얘기로 환자, 보호자 겁이나 주고 검사만 잔뜩 하고…"

"돈 벌려고 그러는 거지 뭐."

이해를 못한다.

"입원 안 하시고 치료 바로 시작 안 하면 할머니 돌아가실 수도 있어요."

3년차가 분노를 참으며 조곤조곤 말했다.

"겁주는 거요? 참 이 병원 안 되겠네."

"아유, 됐어, 됐어. 그냥 집으로 가요."

보호자들이 말을 듣지 않았다.

"정 그러시다면 여기 오신 보호자 분 모두 치료를 안 하고 돌아갔을 때 이후 환자에게 문제가 생겨도 병원에게 책임이 없다는 서류(보통 DAMA(Discharge Against Medical Advice)라고 한다)에 서명하고 가세요."

보호자들은 기분 나빠 했지만 결국 다섯 명 모두에게 서명을 받아냈다. 뭐 그렇게까지 해야 하나 싶기도 했지만 3년차는 기어이 다 받아내더라.

밤 한 시경. 그 환자가 다시 응급실로 내원했다. vital(활력 징후)이 흔들리며 41도의 열을 동반해서…

Sepsis(패혈증).

CPR을 했고 ICU로 입원했지만 결국 사망했다. 보호자가 말했다.

"저희가 어머니를 죽였네요."

그러나 3년차의 눈에는 일말의 동정심도 없어 보였다.

맞다. 우리 외과는 돈이 없다. 가장 큰 이유가 저수가에 있다. 그러나 이런 얘기 해봤자 소용이 없는 게 기본적으로 국민이 가지는 사고 자체가 다르거든...

다른 나라의 경우, 특히나 선진국일수록 합리적 생각이 전반적인 common sense(상식)를 이루고 있기 때문에(미국의 경우 외과 의사의 연봉은 랭킹 상위 5위 안에 든다.)

"힘든 일을 하는 의사일수록 많은 대가를 받는 것이 당연하다"
라고 생각하지만 우리나라의 경우 이런 생각이 환자 위주로 맞추어져 있어서
"그렇게 큰 병을 앓고 있으면 안 그래도 힘들 텐데 돈까지 많이 내도록 하는 것은 안 되지..."
라는 감성적 접근의 생각이 저변에 깔려 있는 듯하다.
그렇게 형성된 저수가는 온전히 외과 의사에게 짐 지워진다.

"이렇게 환자가 힘들어하는데 의사라는 새끼가 돈을 바라면 되겠어? 이 정도만 먹고 떨어져엇!"

그러니 누가 힘들고 돈 못 버는 외과를 하려고 하겠느냐 말이다.

그럼에도 불구하고 매년 꾸역꾸역 외과에 지원하는 의사들이 있다(물론 T.O.에는 한참 못 미치기는 하다.). 사실 그 시기의 의사들에게는 살인

적인 저수가가 피부에 와 닿지를 않는다. 그래서 막연하게...

'앞으로는 좋아지겠지.'
'외과는 바닥을 쳤으니 이제는 올라갈 일만 남았어.'
'교수로 남으면 되지.'
'남다른 아이템으로 살아남을 수 있을 거야.'
'외과 의사가 적으니 그만큼 희소성이 있지 않을까?'
라는 생각으로 외과를 지원한다.

그럼 한번 생각해보자. 왜 이런 리스크를 안고서도 외과를 지원할까? 그럼에도 불구하고 외과 의사로서의 자부심을 놓칠 수 없기 때문이다. 제 몸 타들어갈 것 알면서도 뛰어드는 불나방. 결국엔 신체와 정신 모두 피폐해질 것을 알면서도 끊을 수 없는 마약중독 환자. '못 먹어도 고'라는 도박중독자. 굶어 죽어도 기마에(きまえ)...

"요즘 젊은 것들은..."

이라며 이러쿵저러쿵 얘기해도 그 젊은 것들 중에서도 외과를 선택하는 사람이 있다.

이런 정신과 환자들이 외과 의사의 길로 들어서기 때문에 아직도 무너지지 않고 버티고 있는 게 우리나라의 현실이다. 어떻게든 어떻게든 돌아가니까 모른 척하거나 "다음에, 다음에..." 하면서 넘어가고 있지. 결국 한 국가의 국민 건강이 소수의 미친(?) 의사들에 의해 연명되고 있는 것이랄까?

돈은 없지만 가오는 남아 있는 외과 의사라서 속마음에만 있는 소리, 밖으로 꺼내보지 못하던 소리 한번 하고 끝내련다.

"니네들은 새끼들아, 우리 아니면 다 뒈졌어!"

의대 가겠다구? 너 미쳤니?

나라 꼬라지가 이 모양인데 이런 글이나 쓰고 있는 게 한심하기는 하다만 내가 할 수 있는 게 이런 거밖에 없으니 어쩔 수 없다.

주위의 선, 후배 동료 의사분들을 보다 보면

'저 사람이 왜 의사를 했을까?'

할 정도로 의료 이외의 다른 분야에 박식하거나 재주를 가진 분이 꽤 많다. 요리, 수학/공학, 음악, 인문과학, 역사, 전쟁사, 경제, 글쓰기 등 분야도 다양하여 의사보다는 그 방면으로 나갔더라면 더 대성하지 않았을까 생각되기도 한다.

기본적으로 머리 좋은 사람들이라 여러 방면에서 지식을 습득하는 데 있어 그렇지 못한 사람들에 비해 더 빠르게, 깊게 익히기도 하겠지만 그보다 더 큰 이유는 그런 분야에 대한 본인의 관심과 열정이 남다르기 때문 아닌가 싶다.

그런 유전자를 가지고 있음을 출생 시부터 미리 알 수 있는 방법이 존재한다면 국가가 처음부터 분류하여 각각의 분야에 종사하도록 배치하여 더 나은 미래를 국가적으로 담보할 수 있지 않을까 하는 전체주의적 헛생각을 해 보기도 한다.

그런 재능이 있는 분들이 내 주위에 있다는 것에 감사하기도 하지만, 한편으로는 이것이 얼마나 국가적으로 손해인지 아깝기도 하다. 그에 더해 한국의 의료 정책이라는 이 말도 안 되는 제도에 갇혀 개고생을 하고 있는 것이 안쓰럽기도 하다(주제에, 누가 누굴 걱정해 주는 건지 원…).

가끔 고등학생들이 진료를 받으러 오면 내가 꼭 하는 꼰대 질문.

"공부 잘 하니?"

그렇지 못한 애들이야 내 질문이 진저리치게 싫겠지만 가끔 제법 성적이 되는 고딩들의 경우 본인이나 같이 온 부모들은 으쓱해 하기도 한다.

#1
M/18 (18세 남자 환자)

anal discomfort(항문 불편감)으로 내원. anoscopy(항문경) 검사 상 mild Grade I int. hemorrhoid(경중의 1도 치핵) 이외에 특이 소견 없음.

"치질기가 약간 있기는 한데 뭐 수술할 정도는 아니구요. 그냥 좌욕만 좀 해도 많이 좋아질 거예요."
"치질은 왜 생긴 거예요?"

엄마가 묻는다.

"대개 이렇게 어린 친구들한테는 잘 생기지 않는 질병인데 주로 오래 앉아 있다거나, 변비가 있다거나, 스트레스를 받고 피곤하다거나, 술을 많이 마신다거나, 변비 등으로 인해 화장실 변기 위에 오래 앉아 있거나 하면 생기기도 해요."
"술은 안 먹는데 나머지는 다 걸리네요."
"몇 학년?"

아이에게 물었다.

"고3이요."

말끔하게 생기고 용모도 단정해 보인다. 생긴 거나 풍기는 인상으로는 범생이 스타일.

"어느 학교?"

"OO고등학교요."

근처의 일반계 고등학교다.

"공부 잘 해?"

아이는 머쓱하게 웃는데 엄마가 금방 끼어든다.

"전교 1등이에요."

말하는 표정에서 폭발하는 듯한 자부심이 느껴진다.

"우와, 그래? 공부 잘 하는구나."
"에이, 아니에요."

아니라고는 하지만 이 녀석 또한 표정은 밝다.

"그래, 무슨 과에 갈 생각이야? 이과니, 문과니?"

또 엄마가 끼어든다.

"의대 가려구요."

"의대요?"

"예."

"네가 가고 싶은 거니, 엄마가 가라고 하는 거니?"

"엄마도 그렇고 저도…"

"아, 그래? 의사가 되고 싶어서?"

"예."

"왜? 왜 의사가 되고 싶은데?"

"돈 많이 벌잖아요."

"응? 의사가 돈을 많이 번대?"

"예, 그럼요. 많이 벌잖아요."

엄마가 또 끼어들었다. 엄마는 쳐다보지 않고 아이에게 물었다.

"무슨 과 의사를 하고 싶은데?"

"신경외과요."

"왜?"

"멋있잖아요. 사람 뇌를 수술해서 살린다는 게…"

"그래? 사람을 살리는 의사를 하고 싶은 거구나?"

"예."

"신경외과를 하더라도 뇌수술하는 의사가 되면 많이 힘들 텐데…"

"그런 건 참아야죠."

또 엄마.

"웬만해선 참을 수 없는 진료 과목인데... 몸이 너무 힘들어요."

"교수하면 되죠."

"아, 교수요."

"예, 교수하면 그렇게 안 힘들잖아요."

"신경외과 교수가 많이 안 힘들어요?"

"그럼요. 교순데..."

"아닐 텐데..."

뭐 저리도 확고한 의지를 가진 아이와 엄마에게 무슨 말을 하겠나 싶었다.

"그거 생각보다 쉽지 않아요."

"견뎌내야죠, 너 견딜 수 있지?"

엄마가 아이를 쳐다보며 다잡는 듯했다. 아이는 그저 실실 웃을 뿐. 표정들만 보면 이미 의대에 들어간 것 같아 보인다.

"가고 싶은 대학은?"

"연대요."

또 엄마.

"음, 그래요. 공부를 많이 잘 하는가 보구나. 연세대라니…"
옅은 미소가 아이의 얼굴에 퍼졌다. 아이에게 다시 물었다.

"제일 좋아하는 과목이 뭐야?"
"수학이요, 얘는 수학이 그렇게 재미있대요."

또 엄마. 뭔 대변인이냐?

"수학은 의학에서는 별 쓸모없는데?"
"어머, 왜요? 수학이 제일 중요하죠. 이관데…"
"의대는 수학 별로 안 해요. 해봤자 통계 정도죠. 의대 공부는 그냥 무작정 외우는 거예요. 근데 그게 쉽지 않아요, 외울 공부 양이 어마어마하거든요. 수학 잘 하는 애들이 논리적인 것은 도움이 되겠지만 수학 자체는 별로 도움이 안 돼요."
"……"
"넌 수학 잘하면 수학과나 물리학 쪽에는 관심 없니? 공대나…"
"그런 쪽이 재미있기는 한데 그런 데는 취직도 잘 안 되고 돈도 잘 못 벌고…"
"아닌데, 그런 쪽이 오히려 의사보단 나은데. 외국으로 나가기도 쉽고…"
"에이, 그래도 의사가 더 낫죠."

무슨 말을 해야 현실을 이해시킬 수 있을까. 믿지 않는 것은 종특인가 보다.

"넌 내가 어때 보이니?"

"예?"

"나는 1992년에 의대 들어가서 1998년에 졸업하고 그 이후로 쭉 의사를 하고 있거든. 그런데 이렇게 개원해서 구멍가게처럼 의사 생활하고 있는데 이런 게 좋아 보이니?"

"좋죠, 원장님인데..."

"그래? 하루 종일 한 곳에만 있으면서 환자가 언제 오나 하고 목 빠지게 기다려야 하고 남의 똥구멍이나 쳐다보고, 수술하고 나서 만에 하나 잘못되면 멱살 잡히고 돈 물어주고 수술한 것도 제대로 나라에서 받지도 못하는데 이런 게 좋아 보여?"

"그래도 의사잖아요."

무슨 말인지를 잘 못 알아듣는 것 같았다.

"의대 가고 싶어 하는 애한테 좋은 소리 좀 해주시지, 왜 자꾸..."

엄마가 씁쓸한 얼굴로 투덜댔다.

"공부 잘 하는 애들이 기초 과학 분야나 공대같이 과학 기술을 발전시켜 나라를 부자로 만들 수 있는 분야에 가야죠. 왜 기껏해야 개원가 나부랭이나 되는 의사를 해요? 그건 국가적으로 낭비죠."

"교수하면 되죠, 교수."

"아, 예, 교수. 그 교수되기가 하늘에 별 따기인데..."
"세상에 쉬운 게 어디 있겠어요, 다 노력해야 되는 거죠."
"아, 예, 노력. 노오오오력..."

말끝에 싱긋 웃었다.

"그래, 네가 그렇게 의사가 되고 싶은 마음이 확고하다면 그렇게 해야지.
열심히 해라."
"감사합니다."

아이와 엄마가 같이 진료실을 나갔다.

아, 이게 아니었구나, 내가 잘못 알고 있었구나 하고 후회를 할 때 즈음엔
이미 돌이킬 수 없는 나이가 되어 있을 텐데. 자신이 잘 하는 거, 하고 싶어
하는 거를 하지 않고

'그저 그게 좋다더라'
하는 남들의 말과 내용은 모르면서 겉보기만 좋아 보이는 일을 하는 것이
얼마나 후회스러운 일인데...
저 아이의 엄마는 이렇게 생각하고 있지 않을까?

'지는 의사하면서 꿀 빨고 있으면서 왜 남의 새끼는 하지 말라고 한대? 저

런 게 다 의사들이 기득권이라 지들만 좋으려고 하는 말이지...'

　하긴 의학적 지식을 바탕으로 하는 의사의 조언도 듣지 않는 판국에 무슨 말을 듣겠나. 대가리가 깨져 봐야 알겠지.

　한 가지 재미있는 것은 의대에 가고 싶어 하는 애들 중에 무슨 진료과를 하고 싶냐고 물었을 때 소위 말하는 '피안성이(피부과, 안과, 성형외과, 이비인후과)'를 하고 싶다는 애들은 한 명도 없다는 거다. 죄다 흉부외과, 외과, 신경외과 등이다. 아 참, 응급의학과도 간혹 있더라. 심지어 정형외과 하겠다는 애들도 한 명을 못 봤다.

　"죽어가는 사람을 살리는 의사가 진짜 의사죠."

　말만 들어보면 우리나라 의료의 미래는 무지 밝다. 아주 그냥 발에 차이는 게 surgeon(외과 의사)이겠다. 젠장할...

#2

　M/18 (18세 남자 환자)

　역시 항문 불편감으로 내원. P/E(Physical Examination:이학적 검사) 상 thrombosed hemorrhoid(혈전성 치핵)가 있으나 크기가 작아서 수술 없이 좌욕만으로도 좋아질 것 같다.

　"혈전성 치핵이 있는데 수술까지는 필요 없을 것 같구요, 그냥 좌욕만 좀 열심히 해주고 2주 정도 지나면 없어질 거예요."

"애가 기숙사에 있어서 좌욕하기가 힘든데…"

"기숙사요? 어느 학교인데 기숙사가 있어요?"

"OO고등학교요."

"아…"

우리 구에 있는 유일한 전국형 자사고다.

"와, 너 공부 잘 했나보구나? OO고라니…"

"아니에요."

아니라고는 하지만 얼굴엔 미소가 보인다.

"거기 되게 힘들다는데 공부는 잘 하니?"

"아뇨."

아이는 아니라는데 엄마가 껴든다.

"전교 10등 안에는 들어요."

그 자부심에 넘치는 표정이란…

"전교 10등? OO고에서? 우와, 너 진짜 공부 잘 하는구나?"

"아니에요."

"몇 학년?"

"고3이요."

"아, 그래? 대학은 무슨 과로 가려구?"

"그냥…"

엄마가 끼어드는 것은 개나 얘나 마찬가지다.

"수학과 쪽으로 생각하고 있어요."

"아, 그래요? 서울대요?"

"그럼 좋겠는데…"

"OO고에서 전교 10등이면 서울대 수학과는 가지 않나요?"

"학교에서는 가능할 거라는데 또 모르죠."

"너 수학 좋아하니?"

"예."

"이과 애들은 공부 잘 하면 의대 가겠다고 하는 애들이 많던데 너는 그렇지 않은가 보구나?"

"아유, 원장님, 의대는 못가요."

"어? 왜요? OO고 정도면 의대 많이 갈 텐데요?"

"아유, 10등 정도면 위험해요. 안정권은 아니에요."

"에? 안 그럴 텐데…"

'지난번 그 고3보다는 얘가 갈 수 있는 가능성이 더 높아 보이는데…'

"의대가 얼마나 높은데요. 거긴 진짜 진짜 잘하는 애들이 가는 곳이에요."

"아닐 텐데. SKY 의대 아니라도 다른 의대도 많잖아요. 그런 데는 그렇게 높지 않을 텐데…"

"아니에요, 의대는 전국에 있는 의대가 다 비슷해요. 점수 차도 거의 안 나고…"

"그래요? 뭐 어쨌든 이렇게 공부 잘 하는 애들이 기초과학 쪽으로 가는 거는 정말 바람직한 일이죠. 전 이런 애들이 의대보다는 기초과학이나 공대 쪽으로 가야 한다고 생각해요. 너도 참 생각 잘했다. 수학을 좋아하는가 보구나?"

"예."

"그래, 수학을 좋아한다니 의사보다는 수학자가 훨씬 더 재미있게 공부할 수 있겠다. 하고 싶은 걸 해야지."

"예."

아이와 엄마는 진료실을 나갔다. 내 생각으로는 첫 번째 아이보다 두 번째 아이가 더 의대에 들어갈 수 있는 성적이 된다고 본다. 그러나 나는 정말 공부를 잘 하는 학생들은 의대에 가면 안 된다고 생각한다. 그 뛰어난 두뇌를 무식하게 들입다 외우기만 하면 되는 학문에 쏟아 붓는 것은 나라의 미래에 아무런 도움이 되지 않는다. 뛰어난 두뇌는 창의적인 교육을 만나 다음 세대의 미래 먹거리를 창출하는 데 쓰여야 한다고 생각한다.

사실 우리 때만 해도 의대 입시 성적이 지금처럼 높지는 않았다. 대성

학원, 종로학원의 배치편성표 이과계 최상위에는 부동의 1위 서울대 물리학과, 그 아래 서울대 화학과, 전자공학과, 기계공학과 등의 이·공계 학과들이 포진해 있었고 서울대 의대는 2, 3위를 오르락내리락했었다.

그 이후를 다른 서울대 이과대, 공대와 치대, 약대들이 채우고 있었고 이들과 더불어 같이 랭크되는 곳이 연대 전자공학과와 의대였던 것으로 기억된다(내 기억이 그렇다고요. 삼수했으니 오죽이나 많이 봤겠어요? 뭐 아니네, 그렇네, 기분 나쁘네 이런 투덜거림은 사양합니다. 내가 나온 학교는 상위 랭크에 끼지도 못 했다구요.).

왜 지금과 달랐을까? 이공계 출신의 사회적 지위나 수입이 의사보다 더 좋았던 시대였을 수도 있고 기업의 구인이 많아 구태여 의대에 가지 않아도 취업에 문제가 없는 시기였을 수도 있다. 실제로 그 당시에는 각 대학마다 기업들의 채용 설명회가 줄줄이 열렸고 아직 졸업도 하지 않은 학생들을 선점하기 위해 각종 혜택이 많았던 기억이 있다. 그러니 취직을 걱정해서 자기 적성과 맞지 않는 의대에 구태여 갈 필요가 없었겠지. 의대 공부는 진짜 재미없거든...

그럼 요즘엔 왜 이렇게 의대, 의대 할까?

사람이라는(특히나 한국 사람이라는) 동물은 대부분 자신이 듣고 싶어하는 말만 듣고 불리하거나 인정하기 싫은 사실은 애써 외면하려 한다.

의대 공부라는 게 얼마나 피를 말리는 것인지,

전공의 수련 과정이라는 게 얼마나 말도 안 되는 중노동인지,

의대 교수가 얼마나 하늘의 별따기인지,

소위 '내외산소' 진료과의 의료 수가가 얼마나 바닥인지,

심평원이라는 게 얼마나 불합리한 기관인지,

환자나 보호자들이 얼마나 의사의 말을 안 듣는지,

국민의 의사에 대한 불신과 증오가 얼마나 깊은 것인지,

아무리 과학적/논리적으로 얘기해도 환자가 얼마나 이해하지 못/안 하는지 얘기를 해봐야 소용없다.

이미 의사가 되어 있는 사람들이 현실을 아무리 이야기해봤자,

"지는 이미 의사니까 그런 말을 하는 거지."

"돈 못 번다는 것도 다 거짓말이야. 아무리 그래도 월 몇 천은 벌겠지."

"의사가 많아지면 자기들 몫이 줄어드니까 그런 거지."

"힘들어 봤자 얼마나 힘들겠어? 그만큼 힘 안 든 직업이 어디 있어?"

말하면 뭐하랴, 당장 내 가족들부터 내 말을 믿지 않는데...

재미있는 것은 실제로 그들이나 그들의 자식들이 의대에 들어가서 공부를 하고, 수련을 받고, 취직을 하고, 개원을 하는 것을 바로 옆에서 보게 될 경우 생각이 달라진다는 거다.

내 경우, 의대 시절, 수련의 시절 어느 때도 우리 가족이 지근거리에서 나를 본 적이 없다. 그저 아들이 또는 동생이 힘들다고 하면 뭐 그런가보다

하는 거였지 실제로 본 적이 없었다. 인턴, 레지던트를 하는 동안 내가 근무하는 병원에 한 번도 온 적이 없으니... 진료를 보러 올 때를 제외하고 말이다.

"자식을 의사 시키지 말고 사위나 며느리를 의사로 들여라."

그나마 아주 조금의 현실 인식이 있는 말이라고나 할까.

#3

아주 극단적인 예를 들어볼까?

작은 딸아이가 중3인데 그냥저냥 학교에서 공부를 잘 하는 축에 든다. 내 딸아이가 혹시라도 의사가 되겠다고 한다면 나는 지금부터 학비를 대주지 않을 생각이다. 내 딸과 전교 등수를 다투는 라이벌 중에 여자 아이 두 명이 있는데 둘 다 모두 '한' 씨라고 하더라. 둘 다 장래 희망이 의사라더군...

"한○○이가 의사를 하겠대?"

"예, 그렇대요."

"아니, 왜?"

"그냥 멋있대요."

"무슨 과를 할 건지도 얘기하던?"

"자기는 흉부외과를 하고 싶대요."

"흉부외과? 헐! 흉부외과가 뭘 하는 과인지는 안대?"

"심장 수술하는 과 아니에요?"

"그렇지. 그게 얼마나 힘든 과인지 한OO이는 알고 있을까?"

"알겠죠."

"모를 것 같은데."

"암튼 걔는 흉부외과 의사가 자기 꿈이래요. 그래서 고등학교에 가서도 이과 쪽을 가고 싶어서 OO고로 가고 싶대요."

위에서 말한 그 전국형 자사고다. 상대적으로 이과가 센 곳이라고 들었다.

"산 넘어 산이겠네. 우선 공부를 잘 해서 OO고에 들어가야 되고, 거기서 또 공부를 잘해서 의대에 들어가야 되고, 의대에 들어가서 잘 버티고 올라가서 의사가 되어야 하고... 그렇게 뒷 빠지게 공부해서는 돈도 못 버는 흉부외과 의사가 되겠다고?"

"돈은 모르겠고 자기는 꼭 흉부외과 의사가 되어서 사람을 살리는 일을 하고 싶대요."

"음, 아직 어리니까."

이 말밖에 할 말이 없다.

"아직 어리니까..."

이제 와서 이런 말을 하는 게 무슨 소용이 있겠느냐만, 나는 의대를 시작할 때부터 흉부외과나 신경외과를 전공하려고 했다. 본과 3학년 때부터 시작한 스터디 그룹에서도 cardiology(심장학)를 맡아서 강의했었고, 흉부외과 교수님들과도 친밀하게 지냈고, 흉부외과와 신경외과 성적도 좋았다.

의사 국시를 보고 합격을 하여 인턴을 들어가게 될 무렵까지 이것은 변함이 없었다. 그러나 인턴을 돌면서 이런 생각이 점점 바뀌기 시작했는데 인턴 근무표에 흉부외과가 없기도 했거니와 인턴으로서 수련 병원의 흉부외과를 보면서 적잖이 실망했던 것도 큰 이유였다.

당시 수련 받던 병원의 흉부외과 교수님 두 명, 레지던트 0명. 응급실에 기흉 등 흉부외과 질환의 환자가 올 경우 교수님을 direct call(직접 호출)해야 하는 시스템. 게다가 흉부외과에서의 서울대병원, 아산병원, 세종병원의 아성은 다른 병원들로서는 넘어서기 어려운 벽이었다. Open heart surgery(개심 수술)을 하고 싶었던 인턴 나부랭이는 주로 폐 수술밖에 없었던 병원에서 흉부외과를 전공한다는 것에 회의감이 들었다.

결국 CMC(가톨릭 중앙의료원) 내에서 혈관외과는 외과가 강세라는 말을 듣고 흉부외과를 포기하고 외과 1년차가 되었다. CMC 8개 병원에서 가장 메인인 병원은 당시 강남성모병원(현 서울성모병원)이었는데 강남성모병원에서조차도 흉부외과 레지던트는 없어서,

타과에서 흉부외과로 consult(협의 진료)가 나더라도 흉부외과 교수님이 직접 consult paper(협의진료의뢰서)를 들고 환자를 보러 다녔다. 의뢰받은 환자에 대해 물어볼 것이 있을 때는 흉부외과 교수님이 직접 외과 1년차를 불러 이것저것 물어보셨고 나는 이게 황송하기도, 안쓰럽기도, 죄송

하기도 했었다. 4년간 CMC 8개 병원을 돌며 트레이닝을 받으면서도 나는 한 번도 흉부외과 레지던트를 본 적이 없었다.

그러다 보니 pneumothorax(기흉) 환자에서 CTD(흉관 삽입술) 등은 흉부외과에 협의 진료를 내지 않고 그냥 외과가 하게 되는 의도치 않은 이득(?)도 있었다(요즘은 대학병원에서 흉부외과에 의뢰하지 않고 외과가 CTD를 하면 문제가 된다는 말을 들었다. 에휴, 도대체 뭘 배우라는 건지...).

surgeon(외과 의사)이라면 누구나 동의할 것이다.
맞다. surgery(외과계)에서는 흉부외과가 짱이다.
어느 누구도 그 risk(위험도), severity(중증도), work loading(업무량)에 있어 반박하지 못 할 것이다. 게다가 환자의 그 드라마틱한 호전까지 생각한다면 최고의 의사, 진짜 의사라고 해도 과언이 아닐 것이다.
누가 보더라도 멋진 진짜 의사. 그런데 왜 그런 의사가 되려하지 않을까? 그 이유에 대해서는 내가 굳이 언급하지 않아도 심지어 의사가 아닌 사람들마저도 모르지는 않을 것이다.

흉부외과 의사는 계속 줄어간다. 가끔, 아주 가끔, 정신은 가출했고 사명감만 가득 차 있는 또라이 인턴들이 흉부외과를 지원하여 끊어질 듯, 끊어지지 않고 명맥을 유지하고 있으나 이 아슬아슬한 연명마저도 당장 끊어져도 전혀 이상할 게 없는 현실이다.

제발, 생각 좀 하고 살자.

매년 의과대학에 들어오는 학생은 3,000명이 넘는다. 다 각각의 개성을 가지고 들어오는 다양한 인재들이다. 그런데 왜 하나같이 흉부외과, 외과, 신경외과, 산부인과 등 정말 필요한 진료과 선택을 기피할까? 그 수많은 다양성을 지닌 애들이 수십 년 동안 이어져 내려오면서도 선택하는 결과는 왜 하나같이 천편일률적이냐고...

이 정도면 뭔가 시스템이 크게 잘못되어 있다고 생각하는 것이 미국산 소고기 먹고 '뇌송송구멍탁'된 바보들만 아니라면(반어법이다. 시비 걸지 마라.) 누구나 생각할 수 있는 거 아니냐고... 그럼 좀 고쳐야 될 거 아니냐고...

진짜 의사가 되겠다고 자신의 삶뿐만 아니라 가족의 삶마저 팽개치는 의사들에게 그 희생 정신에 대해 존경과 감사의 마음으로 모든 지원을 해 줘도 모자랄 판에, 여당이건 야당이건, 좌파건 우파건, 의사에 대한 적개심은 다 똑같아서 천 년 만 년이 지난다 해도 이 조선 반도 무지랭이들에게는 합리적인 개선 방향을 기대하기 힘들다.

의대에 들어오면 뭐하나? 정말 필요한 진료과들을 안 하는데...

정말 필요한 진료과를 선택하면 뭐하나? 계속 그 과를 할 수가 없는데...

의대에 가겠다고? 사람 살리는 진짜 의사가 되겠다고?

너 미쳤니?

이 산이 아닌개벼

의대에 진학했던 것도 외과를 선택했던 것도 사실 내 개인적인 아픔이 있어서였다. 그 이전에는 의대는 생각조차 하지 않았으니 그 사건만 없었다면 어쩌면 지금 나는 깜장물을 팔고 있을지도 모른다. 인생사 새옹지마라고 지금 와서 돌이켜보면 한의대가 아닌 의대를 선택한 일이 천만다행인 일이 되었지만 외과를 선택한 것도 다행일까 생각해보면 그건 쉽게 동의하지 못한다는 것도 사실이다.

멋진 의사, 진짜 의사, 드라마틱한 의사가 되고 싶어 외과를 선택했지만, 그때 그 시절 내가 믿고 따를 수 있는 친척이나 지인 중에 의사가 있었더라면 과연 내가 지금 외과 의사가 되어 있었을까 하고 생각해보기도 한다. 나를 아는 선배 중엔 내 성격상 외과가 딱이라는 분들도 있지만 사실 내 의과대학 동기 중에서는 내가 외과를 선택했다는 것에 놀라는 사람도 있었다. 뭐, 그만큼 별로 믿음직스럽지 않았다는 반증이기도 하겠지.

인턴, 레지던트를 할 때까지만 해도 외과를 선택한 것에 후회하지 않았다. 아니, 후회할 겨를이 없었다는 게 더 맞는 말일지도 모른다. 눈앞에 닥친 일들을 해결하는 것에 급급하고 살았으니까. 누구나 마찬가지겠지만 공중보건의 시절은 의사 생애에 가장 행복한 시절이고 외과가 다른 진료과보다 형편없다는 것은 어느 정도 알고 있었다. 그러나 나라에서 주는 150만 원이라는 월급은 진료 과목에 상관없이 똑같이 나오는 것이었으므로 진료과에 따른 수입의 차이를 실감하지 못했다.

공보의를 마치고 페이닥터라는 생활 전선에 뛰어들게 되어서야 비로소 내가 얼마나 가치 없는 사람인가를 뼈저리게 알게 되었다. 정형외과, 신경외과, 영상의학과 의사들에 비해서는 말할 것도 없이 내과, 신경과, 마취과보다도 못한 초봉.
병원 내의 모든 의사 중 가장 낮은, 그것도 내 바로 위의 페이닥터보다도 훨씬 못한 페이. 그런데도 5일밖에 안 되는 연차. 매일 매일 언제라도 받아야 하는 응급 콜. 처음 시작할 때 외과가 형편없을 거라는 것을 몰랐던 것은 아니었지만 이 정도일 줄이야...

10년을 페이닥터로 근무하며 병원 매출을 증가시켜 매년 페이의 인상을 받았지만 병원에서 나오게 된 2015년 마지막 페이 액수는 영상의학과 의사의 페이 초봉에도 훨씬 못 미치는 것이었다. 거의 2/3 수준이었지.

"의사가 너무 돈만 밝히는 거 아니냐?"

환청이 들린다.

외과 의사로 사는 동안 자부심과 긍지를 가지게 한 일들이 없었던 것은 아니다. 죽을 환자를 살려냈을 때의 쾌감, 환자의 보호자로부터 받는 감사, 같이 근무하는 의료진들로부터의 존경. 사실 그런 마약의 유혹 때문에 몸 망가지는지도 모르면서 외과를 했던 거지...
그러나 이제, 그런 마약마저도 없어진 개원가 외과 의사는 하루에도 몇 번씩 때려치우고 싶다는 마음밖엔 없다. 존중받지도 못하는 거지 외과 의사.

#1
50대 남자.
Hemorrhoid(치핵) 수술 후 퇴원할 때 의료 보호 환자라 꼴랑 20여만 원 나온 수술·입원 비용에도 GRGR하던 환자의 와이프. 뭐, 매번 만나는 진상들에 대한 항체야 이미 든든하게 장착이 되어 있지만 가끔씩은 정도가 지나친 경우가 있다.
보통 수술 후 닷새까지는 먹는 항생제를 쓰지만 그 이후에는 굳이 항생제를 쓰지 않아도 된다. 원칙적으로만 말한다면 의학적으로 hemorrhoid(치핵) 수술 후에는 항생제를 쓸 필요가 없다. 아니 정확히 말하면 써 봤자 소용이 없는 거다. 매일 매일 대변이 지나가는데 항생제 써본들 무슨 소용이 겠나? 그러나 혹시나 하는 마음에 닷새간 안전 장치로 쓰게 된다.

수술 후 6일째.

외래 진료실로 들어오는데 어기적거리는 모습이 통증이 심해 보였다.

'치질이 그렇게 심했으니 안 아픈 게 더 이상하지.'

소독을 마치고 환자분이 아파하시니 약을 더 처방해 드리겠다고 하면서 항생제는 더 필요 없으니 항생제는 빼고 진통소염제와 stool softener(변을 무르게 만드는 약)만 더 드리겠다고 했다. 그 날은 그냥 별 말없이 받아 가더니만 이틀 후에 와야 하는 환자가 다음 날 바로 왔다. 씩씩거리며...

"아퍼 죽겄어. 항생제 넣어서 약 좀 다시 맹글어봐. 항생제를 왜 빼가지구 이렇게 아프게 하는거여?"
"항생제는 더 이상 필요 없는데요? 그리고 통증에는 항생제가 관련 없어요. 진통소염제는 드렸구요."
"내가 우리 친척 의사에게 물어봉께 그거 상처도 다 안 나았는디 왜 항생제를 뺐냐고 글더라고. 항생제를 더 먹어야 하는 건디 안 줘가지고 이렇게 아픈 거 아녀!"
"의사요? 무슨 과 의사요? 외과 의사가 그래요? 항생제 안 넣어서 더 아픈 거라고?”

“잉, 더 먹어야 된댜.”

“외과 의사가요?”

“잉.”

“저처럼 항문 수술하는 외과 의사가 그래요?”

“그건 잘 모르고 암튼 항생제를 더 먹어야 된댜.”

“환자를 보지도 않은 의사가 다른 의사의 처방이 잘못된 거라고 말했다구요?”

“내가 생각혀도 항생제를 더 먹어야 하는 게 맞어. 긍께 항생제 넣어서 약 좀 더 처방해봐.”

“환자가 의사한테 약 뭐뭐 넣으라고 하면 의사가 약 넣어주고 막 그러는 거예요?”

“아프니께 글지, 아프니께. 안 아프게 해줘야 할 거 아녀?”

“진통소염제는 들어 있다니까요. 항생제 먹는다고 통증이 덜해지는 게 아니라구요.”

“아녀, 항생제 더 먹어야 된댜. 내 생각도 그렇고... 걍 더 넣어서 지어줘.”

“누가 그래요? 의사가 정말 그랬다구요?”

“……”

“정말 의사가 그랬어요?”

“그려.”

“친척이라구요?”

“……”

"그 선생님 전화 좀 연결해주세요. 제가 물어볼게요. 정말 의사가 그런 말을 했단 말이죠?"

"아, 그럴 것까진 없고... 아, 그냥 해 달라면 쫌 해주믄 되지."

목소리가 커지는 것이 아무래도 거짓말인 것 같았다.

"의사 맞아요? 의사들은 다른 의사의 처방을 두고 그렇게 말 안 할 텐데... 진짜 의사가 그랬어요? 항생제 없어서 더 아픈 거라고?"

"아니, 내 생각도 글타고... 항생제를 더 먹어야 되야!"

"모든 다른 환자도 항생제는 다 닷새만 먹어요. 통증은 진통소염제로 잡는 거지 항생제를 먹는 게 아니라구요."

"아녀, 항생제가 없어서 이렇게 더 아픈 거랑께!"

이젠 화를 낸다.

"누가 의사고 누가 전문가예요? 제가 전문가잖아요. 환자분이 의사보다 더 잘 알아요?"

"알았어, 알았어. 긍께 항생제 좀 더 처방해줘."

도무지 말이 통하지 않고 자기 얘기만 한다.

"에휴."

밖에서 기다리고 있는 환자도 있고 아무리 얘기해봤자 들어먹을 것 같지도 않았다. 진료실에서 환자와 의사가 다투는 목소리가 진료실 밖으로 나가는 것도 싫고...

"그렇게 자꾸 우기시니까 사흘치만 더 드리긴 하는데 아마 별 효과는 없을 겁니다. 그리고 환자분도 의사한테 이래라저래라 하시는 거 아닙니다. 이제 월요일에 오세요."

한 소리 하긴 했지만 환자에게 부당하게 무릎 꿇은 것 같아 자존심도 상하고 기분이 썩 좋지 않았다. 환자는 처방전을 가지고 병원을 나갔다.
간호사가 들어와 얘기했다.

"저 분 의사 친척 있다는 거 거짓말일 거예요. 아마 와이프가 항생제 뺐다고 난리쳐서 그거 아저씨가 다시 달라고 하는 걸 거예요. 지난번에 가져갔던 좌욕기랑 치핵 방석도 아줌마가 필요 없다고 다시 물러달라고 다 가져왔었어요. 국소 마취 연고도 다시 가져왔어요."
"에휴..."

진상 환자들 보는 게 어디 한두 번이라야 말이지. 그냥 잊어버렸다. 그러나 그것으로 끝나면 무슨 얘기가 되겠나?

토요일 오후 진료가 끝나고 딸아이를 학원에 데려다주고 북부간선도로에 막 올라타는데 모르는 전화번호로 전화가 온다.

"여보세요."

"아, 원장님이여?"

"예, 누구시죠?"

"아, 나는 저 거시기 치질 수술 받은 OOO인디..."

'에이, 썅! 전화번호는 또 어떻게 안 거야?'

"예, 그런데요?"

"변 보는데 피가 나. 엄청 나와."

"언제부터요?"

"오늘 점심부터..."

"덩어리져서 몽글몽글하게 콸콸 쏟아져요?"

"잉, 엄청 나온당께."

"몇 번이나 나왔어요?"

"두세 번 나왔어."

"지금도 나와요?"

"아니. 지금은 아니고..."

"마지막 나온 지가 얼마나 됐어요?"

"한두 시간쯤 됐지."

"그 이후론 안하구요?"

"잉."

"지금 어지러우세요?"

"아니 글친 않고…"

"수술 언제 하셨었죠?"

"지난주 금요일이제."

"그럼 8일 된 거네요?"

"잉, 글치."

치핵 수술 후 대충 7~10일이 되면 수술한 부위가 아무는 도중에 실밥이 풀리거나 꿰맨 부위가 찢어지면서 혈관이 노출되어 출혈이 발생할 수 있다. 이 경우 흘러나온 피가 직장에 고여 있다가 변의를 느껴 화장실에 가게 되면 한꺼번에 쏟아져 나오게 되는데 심할 경우 1분 남짓 만에 계속 쏟아내는 경우도 있다. 대개의 출혈은 혈압이 약간 떨어지면서 저절로 멈추는데 그렇지 않을 경우 출혈 부위를 찾아 다시 봉합해줘야 하는 경우도 있다. 환자의 입장에서 본다면 깜짝 놀랄 일이기는 하나 외과 의사의 입장에서는 심심치 않게 볼 수 있는 소위 '병가의 상사'이다.

중요한 것은 계속적인 출혈이 있느냐, 이후에라도 다시 재출혈이 되느냐인데 이것을 확인하기 위해 하루 정도 입원하여 관찰하기도 한다.

환자에게 위의 사항을 설명했다.

"대개는 저절로 출혈이 멈추니까 크게 걱정하실 거는 아닌데요, 그러다가 갑자기 재출혈이 되는 경우도 있으니까 근처 가까운 병원급에 가서서 진료를 보시는 게 좋아요. 댁이 어디시죠?"

"여그가 수색 지나서 고양시지."

"가장 가까운 병원이 어디예요?"

"OO병원이 젤 가깝지."

"그렇게 큰 병원으로 안 가서도 2차급 병원에 가서도 돼요. 가까운데 2차급 병원 없어요?"

"여그 가까운 데에 병원 없어."

"그럼 OO병원이라도 가보세요. 토요일 밤이라 외래 진료는 안 할 테고 천상 응급실로 가셔야겠네요. 지금 출혈이 계속되는 것이 아니니까 아마 하루, 이틀 정도 입원해서 보자고 할 거예요. 그 사이에 출혈이 더 없으면 1~2일 후에 퇴원하시게 될 거고요."

"이거 뭐 수술이 잘못된 거 아녀?"

'에효, 그 소리 왜 안 하나 했다.'

환자의 딸기코, facial telangiectasia(안면부 모세혈관 확장증)의 morphology(생김새)와 부인에게 항상 쿠사리를 먹는 전력으로 보아 chronic alcoholics(만성 알콜중독자)가 강력하게 의심되어 술 먹지 않았느냐고 물어보고 싶었으나 설령 먹은 게 사실이라 하더라도 먹었다고 사실대로 얘기할 리가 만무하니 묻지 않았다.

"수술이 잘못되어서 피가 나는 거면 수술 끝나자마자나 늦어도 수술 다음

날 피가 나야지 일주일도 넘어서 피가 나는 경우가 있겠어요? 치질 수술한 환자에서 흔하게 나타나는 일이니까 제 말씀대로 병원에 가셨다가 괜찮아서 퇴원하시면 월요일에 저희 병원으로 다시 오세요."

"……"

전화를 끊었다. 일요일이 지나도록 별다른 전화는 없었다.

월요일 오전. 다시 그 번호로 전화가 온다.

"여보세요."

"잉, 난디."

'난디?'

"예, 좀 어떠세요? 그 이후로 피가 또 났어요?"

"아니…"

"지금 어디세요?"

"OO병원에 입원해 있지."

"담당 선생님은 뭐래요?"

"더는 피가 안 나니께 오늘 퇴원하라고 하는디…"

"예, 그렇죠? 대부분 저절로 멈춰요."

"근디 이거 어떡혀?"

"뭘요?"

"여그 입원비 말이여."

"예?"

"여그 입원비는 원장님이 대야 하는 거 아녀?"

'그럼 그렇지. 절대로 예상을 빗나가지 않는구만.'

"제가 왜요?"

"아, 원장님 때문에 피가 났응께 원장님이 병원비를 내야 하는 거 아녀?"

"제가 피를 낸 거라구요?"

"원장님이 수술을 잘못 혔응께 피가 난 거 아녀."

"수술이 잘못되어서 그런 게 아니라고 말씀드렸잖아요. 수술 전에 수술 동의서 받을 때도 출혈이 있을 수 있다고 설명 드렸었구요. 퇴원하실 때도 피가 많이 날 경우 병원에 빨리 가셔야 한다고 설명도 드렸었구요. 기억 안 나세요?"

"아니, 그래도 수술을 안 혔으면 이렇게 피도 안 났을 거 아녀?"

"제가 환자분 억지로 데려다가 수술했어요? 환자분이 수술해달라고 해서 해드린 거 아녜요."

"그래도 원인 제공을 원장님이 한 것잉께 원장님이 이 병원비를 내야지."

'헐! 원인 제공?'

"푸하하하..."

하도 어이가 없어서 그냥 웃어버렸다.

"원인 제공이요? 환자분 치질이 생긴 게 저 때문이에요?"

"아니, 치질은 아니라도 수술을 원장님이 혔응게 원장님이 원인 제공을 한 거지."

무슨 말을 더 섞어서 하겠나?

"말도 안 되는 소리 마시구요, 퇴원 잘 하세요."

"그래서 지금 못 해주겠단 말이여?"

"예, 못 해드립니다."

"내가 피도 엄청 흘렸당게?"

"그런데요?"

"피도 수억 흘리고 병원비도 많이 나왔는디 원인 제공헌 사람이 보상도 안하겠다는 것이여?"

"예, 그렇겐 못하겠습니다."

"피도 많이 흘렸당게? 내가? 이거 아까워서 워쪄?"

"지금 저보고 피 흘린 거 물어내라고 하시는 거예요?"

"글잖으먼? 내 아까운 피 다 흘렸잖여. 이거 보상해야 하는 거 아녀?"

피를 보상해? '허삼관 매혈기' 찍느냐고 물어보고 싶지만 그게 무슨 말인지 알아들을 것 같지도 않다.

"예, 의사 잘못도 아닌데 그런 거 보상하는 의사 없습니다."

"못 혀?"

"예, 못합니다."

"그려? 일단 알았어. 어디 두고 보자고잉?"

"예, 예."

전화를 끊었다. 전화를 끊은 이후 별 다른 행동을 보이진 않았다. 물론 외래 내원도 하지 않는다. 앞으로 뭐 어쩔 가능성? 없다고 본다. 그럴 정도의 집요함을 가진 사람이 인생을 보호 환자로 살아갈 리가 없으니...

매번 이런 진상 환자들만 오는 것은 아니다. 그러나 예의 바르고 말이 통하는 환자 열 명이 주는 보람보다 단 한 명의 진상 환자 때문에 느끼게 되는 자괴감이 훨씬 크다. 외과 의사로서 아무리 사명감을 가져봤자 세상이 외과 의사를 존중하지 않는데 무슨 소용인가 싶기도 하고 같은 외과 의사라도 큰 건물 안에 속해 있는 의사에게는 찍소리도 못하면서 작은 구멍가게에 있는 의사에게는 말도 안 되는 억지를 쓰고 만만하게 보면서 함부로 하려드는 비겁함에 환자에게 가지는 연민마저 사라지게 만든다.

'겨우 이 꼴 보자고 외과를 선택했던가?'

'진짜 의사는 개뿔. 그냥 돈이나 쫓는 의사가 될 걸. 무슨 오지랖으로 외과를 선택한 건지. 너무 어렸었어, 너무나...'

대구에 코로나가 창궐하여 의료진들이 부족할 때 당장 뛰어가지 못하는

처지를 안타까워 하며 의사로서의 사명감에 동동거리다가도 이런 환자들을 볼 때마다

'사명감은 개뿔, 적당히 사기치고 돈이나 벌자'

라는 정 반대의 생각을 하기도 한다. 아직까지도 하나로 정리되지 못한 양가감정 때문에 마치 두 개의 인격이 존재하는 사람처럼 혼란스럽다. 시니컬한 동료 의사의 비아냥을 들으면서

'그래, 내가 뭐라고...'
라고 자조하기도 하고 개원을 때려치우고 다시 큰 병원으로 들어가서 외과 의사답게 살아볼까 생각하기도 하지만, 그럼에도 불구하고 한 가지 확실한 것은 절대 후배들에게 이 길을 가라고 하지 않을 것이라는 점이다.

어디선가 누군가가 그러더군.
산을 오를 때 산 정상만 바라보면 힘들어서 올라가지 못한다고... 자기 발걸음 바로 앞만 내려다보고 한 발 한 발 올라가다 보면 드디어 정상에 도달하게 된다고...

그래.
정상을 보지 않고 자기 발걸음 바로 앞만 내려다보며 그 힘겨운 발걸음 하나하나를 묵묵히 견뎌내고 아프고 지친 다리를 격려해가며 이를 악물고

마침내, 비로소, 드디어, 결국엔, 정상에 올라

"이 산이 아닌개벼"

할 가능성은 없을까?

산을 오르는데 그 목표하는 산이 꼭 칸첸중가 정도 되어야만 하는 것은
아니지 않나?

눈보라와 절벽을 뚫고 힘겹게 올라가서 잠깐의 희열을 맛본 후 내려오다
가 조난당해 영원히 산에 살게 되는 삶이라는 게 멋있고 폼 나는 영화는 될
수 있을지언정 그 사람에게 과연 행복한 것일까...

봄꽃 만발한 연두색 뒷산에 가벼운 차림으로 올라 소리 한 번 지르고 내
려와 막걸리 한 잔에 파전 한 접시를 먹는 즐거움이 비록 누구도 신경 쓰지
않고 심지어 본인에게도 금방 잊혀질 범부의 삶이라고 해도 그 본인은 행
복한 삶이 아닐까...

'내외산소' 등 필수과목 의료진이 부족하여 공공 의대를 설립하고 의대
정원을 늘리는 정책을 추진한다고 한다.

그래, 니네 마음대로 다해. 그 이후에 일어날 일이 뻔하다고 아무리 얘기
해봤자 도무지 들을 생각을 하지 않으니 그래, 니네 마음대로 다 해.

의대생들아, 인턴들아, 그리고 아직은 완전히 늦지 않은 외과 레지던트
들아,

산에 오르기 전에 산 정상을 먼저 보렴. 그 산이 과연 힘겹게 오를만한 가치가 있는 산인지, 오르다가 또는 내려오다가 내가 죽을 산인지, 먼저 생각하고 산을 정하렴.

힘들게 힘들게 산에 다 오른 다음에

"이 산이 아닌개벼..."

할 수는 없는 노릇 아니겠니.

새겨들어라.

나처럼 얼음에 갇혀 영원히 묻히지 않으려면...

15

중 아니라도 망건이 동나

내가 트레이닝을 받은 CMC(가톨릭 중앙의료원)는 8개 병원이 모인 연합
체라 레지던트 트레이닝을 8개 병원을 돌아다니며 받았다. 그런데 몇 달
만에 병원을 옮겨 다니니(가장 짧은 기간은 3개월) 그 병원에 적응할 때쯤
되면 다른 병원으로 옮겨서 다시 새잽이가 되기 일쑤였다.

그때마다 적응하는 게 쉽지는 않았지만 한 가지 수술을 여러 교수님이 하
시는 걸 볼 수 있었다는 것은 나름의 장점이기도 했다. 각각의 서로 다른
개성의 수술 술기들을 다양하게 볼 수 있으니 그 장점들만을 뽑아 내 것으
로 만들 수 있었다.

또 다른 장점으로는 재수 없게 거지같은 시니어를 만난다고 하더라도 몇
달만 버티면 시니어가 가든, 내가 가든 다른 병원으로 옮기게 되니 한 병원
에서 주구장창 있으면서 3년 내내 거지같은 시니어에게 홀라당 타는 것보

다는 낫다는 것이었다.

단점? 이루 다 말할 수 없다.

그 8개 병원 중에서도 가장 악명 높았던 병원은 강남성모병원으로, 우리는 강남성모병원을

'동북아시아에서 가장 힘든 병원'이라고 했었다.

스텝, 일과량, 의료 기사, 협진 체계, 스케줄 잡기 등...

세상 이렇게 지랄 같은 병원이 어디 있을까 싶었다. 하나같이 협조도 안 되고, 까칠하기는 이루 말할 수 없으며, 도대체가 되지 않을 스케줄을 까라면 까라는 식으로 엥겨버리니 부탁하고 머리 조아리는 일이 할 일의 대부분인 1년차로서는 정말 지옥 같은 6개월이었다.

허구헌 날 CT실, 초음파실, EchoCG(심장초음파)실, Angio(혈관조영술)실, 마취과 의국, 응급실, 수술실, 병동, 중환자실을 발바닥에 굳은살이 박혀 곰 발바닥이 되도록 돌아다녀도 시간이 모자라는데 가끔은 외래에서 교수님이 부르실 때가 있었다. 원래 대개의 경우 1년차가 외과 외래에 갈 일은 없다. 그럼 어떤 때, 무슨 일로 부르냐면 교수님이 하기 싫은 일을 맡길 때다.

#1

강남성모병원으로 옮긴 지 한 달이 채 안 된 어느 날.

삐삑, 삐삑, 삐삑...

하루에도 100번 넘게 울려대는 삐삐에 외래 전화 내선 번호가 찍혔다.

"에이, 씨!"

그래도 잽싸게 전화.

"예, 외과 1년차 엄윤입니다."
"응, 그래 엄 선생, 외래 좀 내려와서 finger enema(수지 관장) 좀 해라."
"예."

바빠 죽겠지만 어쩌랴, 내려 가야지. 계단을 날듯이 뛰어 내려가 경보 선수보다 빠른 걸음으로 사람들로 빠글빠글한 1층 로비를 지나는데...

"저기요."

50대 정도로 보이는 남자가 나를 불러 세웠다.

"예?"
"여기 피검사는 어디서 해요?"

어느 과 환자인지는 모르지만 외래 진료 후 혈액검사를 받으라는 말을 들었나보다. 여전히 다리는 바쁜 걸음을 계속하면서 얼굴만 돌려 대답했다.

"아, 잘 모르겠는데요."

입원 환자에 대한 업무가 대부분인 1년차라 응급실에 갈 때를 제외하고는 1층 병원 로비에 내려갈 일도 거의 없으니 그때까지 외래 혈액 검사실의 위치를 몰랐던 거다.

"아, 잠깐, 이봐."
내 팔을 잡고 멈춰 세웠다.

"예?"

몸은 앞으로 나가는데 팔은 잡히니 약간 우스꽝스러운 포즈가 되었다가섰다.

"피검사를 어디서 하는지 모른다고?"
"예."
"당신 여기 병원 의사 맞아?"

'당신?'
말이 짧다.

"그런데요."

"그런데 여기 외래 피검사하는 데를 몰라?"

나이는 좀 있어 뵈는 중년이지만 말끔하게 차려입은 행색으로 보아 좀 사는 사람 같아 보이기는 했다(강남성모병원이 위치가 위치이니 만큼, 뭐 그 동네 방귀깨나 뀐다는 사람들이 많이 오는 병원이긴 하지…).

"예, 모르는데요."

실제로 모르니 모른다고 할 수밖에…

"하, 참. 몰라?"

가뜩이나 바빠 죽겠는데 불러 세운 것도, 어린 사람이라고 초장에 반말하는 것도 기분이 나빴다. 왜 그런 걸 묻느냐는 표정으로 대꾸했다.
"예, 그런데요."

약간의 '썩소'와 함께 다른 한 손으로 내 가운 앞자락을 잡아 펼치더니

"당신 이름 뭐야? 무슨 과야? 아, 엄윤? 당신 외과야? 그래, 검사실을 모른단 말이지? 알았어. 당신 이름이랑 얼굴 내가 기억해둘 거야."

하곤 가버렸다.

'뭐, 그러거나 말거나.'

다시 외래로 뛰어가서 80대 할머니의 볏짚 뭉치 같은 응가를 손가락으로 파냈다. 그냥 뭐 그런 일이 있었나 보다 했다.
일주일 쯤 후, 아침에 교수님들과 회진을 돌고 의국으로 돌아왔더니 의국 비서가 부른다.

"엄 선생님, 여기..."

무슨 종이 한 장을 주면서

"교육수련부에서 소명서 좀 써 달라고 하시는데요"
라고 한다.

받아보니
'O월 OO일 본원 로비에서 있었던 환자의 불만 사항에 대한 소명서를 제출하여 주십시오'

라는 통보와 함께 환자의 인터넷 불만 접수 내용이 있었다.
환자의 표현 하나 하나를 다 기억하지는 못하지만 가장 인상 깊었던 내용.

"... 이런 돼먹지 못하고 자격이 없는 사람이 의사를 한다는 것은 의사

윤리적으로 크게 문제이고, 의학의 발전에 해악을 끼치게 될 것이므로, 병원은 이 의사를 파면하고 의사면허를 박탈해야 할 것입니다."

의국 비서도 난감한 표정이다.

"나, 참, 별... 검사실이 어딘지 몰랐다는 게 의사면허 박탈 사유야?"

화가 나기도 하고 황당하기도 했다.

"수련교육부에서 소명서를 작성해서 보내달라고 하던데요."

"예, 알았어요. 써드릴게요."

역시 한 문장, 한 문장을 다 기억하지는 못하지만 대충 이렇게 썼다.
"가톨릭 중앙의료원의 외과 레지던트로 병원별 이동 수련 과정에서 본 병원에 배치되어 온 지 얼마 되지 않은 상황에서 본 병원의 외래 검사실이 어딘지 신속히 인지하지 못한 불찰은 인정한다.
그러나 외과 1년차의 업무특성상 입원 환자에 대한 케어가 주된 일이어서 외래 진료의 과정 및 각 부서의 위치를 단시간 내에 파악하기는 실제로 쉽지 않다.
이상적으로는 환자에게 모든 의사가 친절하면 좋겠으나 과중한 업무에 비해 절대적으로 모자라는 인원으로 많은 환자의 생명을 살려야 하는 외과의 입장에서 위급하고 위중한 환자들을 치료하는 데만 집중해도 모자라는 시간과 인력인데, 이런 생명과 직접적 관련도 없는 일에서까지 환자의 이따위 불만 사항 때문에 의사의 면허가 박탈되거나 파면이 되어야 한다면 하루하루 질병과 사투를 벌이며 환자를 살리기 위해 애쓰는 외과 교수님들까지 어깨띠를 두르고 병원 로비에서 친절한 안내를 하라는 말인가? 외과 의사의 소중한 가치를 모르면서 환자가 바라는 의사의 친절이라는 것이 그런 것이라면 나는 기꺼이 외과 수련을 그만두겠다."

교육수련부의 공식적 공문이라서 당시 외과 과장님이신 김OO 교수님도 알고 계셨던 사안.
내 소명서를 읽으시고는 말씀하셨다.

"잘 썼네. 윤이 너는 잘못한 거 하나도 없어. 지금 외과 의사보고 뭘 하라고 하는 거야? 이딴 거나 쓰게 할 정도로 외과가 그렇게 헐렁한 줄 알아? 잘 했어, 넌 아무 잘못 없으니까 신경 쓰지 말고 열심히 해. 미친놈들, 레지던트 T.O.나 늘려주면서 이런 얘길 하든지."

소명서가 제출된 이후에는 수련교육부로부터 어떠한 얘기도 나오지 않았다.
그 환자도 참 웃기지 않나? 외래 검사실을 몰랐다고, 자기에게 친절하지 않았다고 돼먹지 못하고, 자격이 없고, 비윤리적이고, 의학 발전에 해악을 끼칠 사람이라고? 면허 박탈? 파면? 개뿔...

대학병원이라고 해서 진상 환자나 보호자가 없는 것은 아니지만 대개는 병원 건물 자체의 웅장한 위용과 대학병원 교수라는 사회적 지위 앞에 환자나 보호자들은 주눅이 들게 마련이다. 암이나 암이 아니더라도 큰 병으로 대학병원에서 수술을 받은 사람들 중에 가끔 내 병원으로 와서 자신의 병에 대한 질문을 하는 경우가 있다.

역시 대개의 경우 환자나 보호자들이 의학에 대해 전문적인 지식이 있는 것이 아니기 때문에 그들이 와서 하는 이야기를 들어보면 당최 무슨 말을 하는 건지 알아들을 수 없는 경우가 많다. 그럴 경우 처음에 무슨 증상으로 병원에 갔는지부터 시작하여 하나하나의 과정을 마치 탐정 수사하듯이 풀어가면서 퍼즐을 맞춰 가는데 나는 이게 재미있을 때도 있다.

그럼에도 불구하고 내가 못마땅한 것은
'왜 수술 받은 병원에서 담당 의사에게 궁금한 것을 물어보지 않고 여기 와서 물어보는 건지...'이다.
매번 그 이유를 물어볼 때마다 나오는 대답은 다 똑같다.

"거긴 환자가 너무 많아서, 의사가 바쁘니까 뭘 물어볼 수가 없어."
"뭘 물어봐도 의사가 제대로 대답을 안 해줘."

의사는, 특히 surgeon(외과 의사)에게는 자신이 진료, 또는 치료하지 않은 환자에 대해 이러쿵저러쿵 말을 하는 것이 금기시되어 있다. 만의 하나라도 주치의와 다른 말을 하게 될 경우 이것을 트집 잡아 봉변을 당하는 경우가 많기 때문이다.

나 역시 환자에게 수술한 주치의에게 물어보라고 하는 경우가 많으나 어쩔 수 없이 언급을 하게 되는 경우가 있는데 이는 대개 환자나 보호자가 그 주치의에 대한 불평불만(대개는 쌍욕을 동반)을 늘어놓을 때의 일이다. 자기를 치료해주는 의사에 대한 험담을 하고 욕을 하는 사람들은 철저하게 응징을 해 줘야 한다는 것이 내 오래된 생각이다.

그런데 좀 이상하지 않나? 이런 불만이 있을 경우 다른 병원에 가서 어쩌구 저쩌구 욕하지 말고 정 그렇게 마음에 안 들면 다른 대학병원으로 가면 되잖아? 왜 그 불친절하고 대답도 잘 해주지 않는 병원에 꾸역꾸역 가느냐 말이다. 딴 데서는 욕을 그렇게 해대면서 정작 그 병원에서는 찍소리도 못하고 벌벌 기느냐 말이다.

내가 이유를 말해볼까?

대학병원, 특히나 Big5(서울대병원, 신촌세브란스, 아산병원, 삼성의료원, 서울성모병원)라고 불리는 전국구 대형병원에는 환자가 넘쳐난다. 굳이 없는 시간 쪼개가며 친절하게 설명하지 않아도 진료, 치료를 받겠다고 줄을 선 환자가 많다는 거지...

의료 수가는 더럽게 낮은데 병원 경영진에서는 돈 벌라고 난리를 치고 목표량의 수입을 채우지 못하면 모가지를 날려버리니 박리다매로 환자를 볼 수밖에 없고 자세히 설명할 시간에 환자를 한 명이라도 더 봐야 하는 거지...

사실 Big5를 제외하고 다른 서울 소재 대학병원들은 내원 환자의 감소로 인해 병원의 존립을 걱정해야 하는 경우도 흔하다. 뭐, 지방은 말할 것도 없지. 특히나 서울에 가까운 지방이거나 KTX가 닿는 지방 도시들은 더 그렇겠지. 암튼 환자는 큰 병원으로만 몰리고 병원의 빈익빈 부익부는 심화되어 간다.

대학병원들도 저 지경이니 중소 병원들은 어떨까? 맹장염이나 담석증조차도 큰 병원으로 가겠다고 하는 환자들이 넘쳐나는 세상이다. 그나마 맹장염 정도의 병으로 대학병원에 가면 홀대받고 하염없이 기다리거나, 심할 경우 다른 2차급 중소 병원으로 재전원된다는 것을 알고 있는 사람이 많으니 울며 겨자먹기로 중소 병원에서 수술을 받는다. 중소 병원 외과의 경우 이런 환자들을 긁어모아 근근이 연명한다.

아무런 생각 없이 그저

"나는 내 월급만 받으면 되지, 뭘 그리 힘들게…"

라는 생각을 가진 외과 페이닥터들은 결국 '팽' 당해서 중소 병원에서 나올 수밖에 없는데, 그렇게 나오면 뭐 사정이 나아지냐 하면 그것도 아니라서 페이닥터 때보다 더 환자가 없다.

간판에, 홈페이지에, 병원 내부 게시물에 버젓이 '항문 질환 전문'이라고 쓰여 있어도 다시 물어보는 질문.

"여기서도 수술이 가능해요?"

이런 씨! 주저리주저리 설명을 해봤자 진료의뢰서로 귀결되는 경우가 허다하다.

자, 이쯤에서 이 글의 제목에 대한 얘기를 해보자.

망건 : 성인 남성이 갓을 쓰기 위해 상투를 틀 때 머리털을 위로 걷어 올리기 위해 이마에 두르는 띠.

망건은 기본적으로 머리카락이 있어야 필요한 물건이다. 즉, 중에게는 필요 없는 물건이다. 그러므로 '중 아니라도 망건이 동난'다 망건이 필요 없는 중이 구태여 망건을 사주지 않아도 망건은 잘 팔린다는 얘기다.

즉, 자격도 안 되는 놈이 사(와)주지 않는다고 해도 그걸 필요로 하는 사람은 많으니 아쉬울 게 없다는 말이다.

이런 속담을 아는 사람이 참 드물던데…

내가 어렸을 적, 우리 어머니가 나에게 잘 쓰시던 말이었다.

"뭐 이따위 병원이 다 있어?"

"딴 데 가, 딴 데. 병원이 뭐 여기밖에 없어?"

의사를 하면서 귀에 못이 박이게 들어온 말인데 이게 내가 속한 병원의 규모에 따라 대응하는 마음이 달라진다. 대학병원, 특히 CMC 같은 Big5

병원들에는 진상 환자들이 구태여 그 병원을 이용해주지 않더라도 그 병원에서 진료 받고 싶어 하는 환자가 많지만 병원 규모가 작아질수록 그마저도 아쉬운 게 된다. 목마른 놈이 우물 판다고 아쉬운 쪽이 저자세가 되게 마련이지.

대학병원이야 병원 직원이 불친절하다고 해서 내원하는 환자의 수가 줄어드는 것은 아니지만 개원가에서는 그 지역 사회에서의 소문이 매우 중요하기 때문에 진상 환자들에게도 저자세일 수밖에 없다.

말도 안 되고 전혀 논리적이지도 않은 핑계를 대는 환자,

한방을 맹신하는 환자,

의사를 보험사기 공범으로 만들고 싶어 하는 환자,

의사는 다 부자들이니 공짜로 해 줄 수도 있지 않느냐는 환자,

왜 다른 병원보다 수면 내시경비가 비싸냐는 환자(사실 이 경우에 있어서는 정작 다른 병원의 수면 내시경비가 얼마인지도 모르면서 흥정을 위해 무조건 내지르는 경우가 많다.),

삭감 때문에 1주일 이상 처방이 불가하며 처방할 경우 병원이 그 약값을 물어줘야 한다고 말을 하는데도 그에 아랑곳없이 처방해달라고 하는 환자,

(난 이런 환자가 제일 극혐이다. "의사 네가 손해를 보든 말든 내 이득은 챙겨야겠다" 라는 거 아닌가 말이다. 어찌나 뻔뻔한지.)

똑같은 수술을 하고 똑같은 약을 줘도 본인 부담금을 포함한 총진료비가 건강보험 환자에 비해 60% 정도밖에 안되는데도, 돈 때문에 환자를 외면해서는 안 된다는 사명감에 손해를 감수하고 치료를 했는데 자기는 보호

환자인데 왜 그렇게 비싸냐며 따지는 환자…

명치끝에서부터 울컥 부아가 치밀어 올라서

"꺼져엇! 중 아니라도 망건이 동나!"
라고 소리치고 싶을 때가 한 두 번이 아니다.

의사들이라는 게 수련 과정부터 극강의 인내심을 길러오는 사람들이지만 그렇다고 성인군자는 아니라고…

불친절했다는 이유로 파면에 의사면허 박탈까지 요구하는 그딴 진상들의 민원을 들어주지 않아서 그 진상이 다시는 강남성모병원을 찾지 않는다고 하더라도 강남성모병원은 환자로 넘쳐난다. 그러나 개원가의 입장에서는 끓어오르는 분노를 삭이면서 얼굴에 가면을 쓰고 환자를 봐야 한다. 속은 시커멓게 다 타버렸겠지…

#2
50대 여자 환자가 hemorrhoid(치핵) 수술을 위해 preop. check(수술 전 검사)를 하고 갔다가 10여 분쯤이나 지났을까… 다시 왔다.
처음엔 접수 쪽에서 간호사와 얘기하는 것 같더니 점점 언성이 커지길래 진료실로 들어오라고 했다.
"sampling(채혈)한 곳에 멍이 좀 들었어요."

간호사가 먼저 들어와 미안해하는 눈빛으로 살짝 속삭였다.

"여기가 이렇게 부었어요, 이거 뭐 잘못된 거 아니에요?"

의자에 엉덩이를 붙이기도 전에 환자가 쏘아붙였다. sampling site (antecubital area:전완부)에서 500원짜리 동전 크기보다 조금 크게 sub-cutaneous hematoma(피하지방층 혈종:쉽게 말해 '멍'든 거)가 생겼다.

"아! 아! 아앗!"
살짝 누르는데도 할리우드 액션이 오지다.
"피검사한 곳에서 피하 출혈이 좀 생겼네요."
"예? 그게 뭐예요? 심각한 거예요?"

눈이 동그랗게 커지며 물어온다.

"멍이요, 멍. 멍든 거라구요."
"예전에 다른 병원에서도 피검사했었는데 그때는 이런 거 안 생겼어요. 이거 뭐 잘못된 거 맞죠?"
"잘못될 게 뭐 있어요. 환자분이 평소에 혈액 응고 장애 질병을 앓고 있었던 것도 아닌데. 그냥 채혈한 혈관에서 피가 좀 샌 거죠. 피검사하다 보면 흔하게 있을 수 있는 일이에요."
"……"

"많이 아프시면 약을 좀 처방해 드릴까요?"

"아니 원장님이 말씀을 그렇게 하시면 안 되죠."

"예?"

"아니 그렇잖아요. 병원에서 잘못해서 이렇게 만들어 놓은 건데 그냥 달랑 약이나 지어주겠다니요."

"……"

하아, 이건 또 뭐냐.

"많이 아프시다고 하시니까 그럼 진통제를 지어드릴까 한 거구요."

"아픈 것도 문제지만 이거도 없어져야 할 거 아니에요?"

"멍든 것은 시간 지나면 다 흡수되어서 없어져요. 댁에서 냉찜질 좀 해주시면 더 빨리 좋아지실 거구요."

"그걸 여기서 해 주셔야지 왜 집에 가서 하라고 하세요?"

"뭘요? 냉찜질이요?"

"예, 그렇잖아요. 여기서 이렇게 만들어 놨으니 여기서 냉찜질할 거를 해 주셔야지."

"아, 예."

진료실 밖에 서 있던 간호사에게 말했다.

"여기 아이스팩 좀 만들어 드리세요."

"예."

환자가 나가서 아이스팩을 받아들고는

"이건 너무 차갑잖아요."

한다. 비닐팩에 얼음을 담아서 줬더니 이번엔 너무 차갑다고 불평하는 것이다.

"수건으로 싸서 드리세요."

결국 투덜거리면서 받아들고 갔다. 돌아가는 환자의 뒤꼭지를 보면서 드는 생각.

'수술 날짜에 안 오겠구만.'

"sampling(채혈)하다가 멍도 좀 들 수 있는 거지 뭘 그런 거 갖고 난리야? 그러게 피검사 후에 5분간 꼭 누르고 있었어야 될 거 아니에요?"

대학병원이나 2차급 종합병원에 있었을 때는 아마 이렇게 말했겠지만 개원가에서는 그러기가 어렵다.

모두 알다시피 같은 항목이라 하더라도 대학병원이나 2차급 병원의 진료/치료/수술/검사비는 1차급 개원가보다 비싸다. 그러나 대학병원과 종합병원에서는 한 번도 비용에 대한 '흥정'을 들어본 적이 없다. 뭐 환자가 원무과에 가서 그런 소릴 할지는 모르겠지만...

#3

　막내 간호사가 걸려 온 전화에 응대를 하고 있는데 좀처럼 전화를 끊지 못하고 있었다.

　"아, 아버님, 그건 저희가 마음대로 할 수 있는 것은 아니구요. 예, 예. 그렇죠. 그게 병원에서 뭐 얼마 깎아드리고 안 깎아주고 그럴 수 있는 게 아니구요. 예, 예. 탈장은 보험 적용이 되는 병이잖아요. 그래서 수술비를 저희가 정하는 게 아니고 나라에서...

　예, 예. 그래서 나라에서 정하는 거라 저희 맘대로 적게 받거나 많이 받는 게 아니구요. 예, 예, 그렇죠. 헤헤...

　이게 보험이 안 되는 성형외과나 피부과나 그런 데서는 병원에서 원장님들이 좀 깎아주시기도 하고 그러는데요. 예, 예. 저희는 외과라... 예, 예.

　하, 예. 아, 아버님, 예. 아, 아버님, 예, 그러시면 병원에 한 번 오셔서 원장님하고 상의를... 예, 예, 그렇죠. 상의를 한 번 해보세요. 예, 그러세요. 예, 아무 때나 편하실 때 오세요. 예, 예."

　전화를 가까스로 끊더니만 이마를 싸쥐고 긴 한숨을 내뱉는다.

　"하아..."

　"왜? 뭔데?"

　"아니, 무슨 진료도 보기 전에..."

"뭔데? 뭣 때문에 그래?"

"탈장 환잔데요. OO내과에서 우리 병원으로 가보라고 했나 봐요. 근데 아직 진료도 안 본 상태에서 수술비를 깎아달라고..."

"엥? 왜?"

"OO내과에서 소개한 환자니까 수술비를 좀 깎아 줄 수 있는 것 아니냐고..."

"나 원, 별..."

"비보험 질환도 아니고 DRG(포괄수가제)에 묶여 있어서 맘대로 할 수 있는 게 아니라고 말을 하는데도 계속..."

"뭐 어디서 의뢰받으면 돈 깎아줘야 하는 거야? 나 참."

"자기가 VIP인 거 아니냐고, 소개받은 환자니까...."

"VIP래? 자기가?"

"예."

"에휴, 그래서 어쩌겠대?"

"암튼 그런 건 원장님과 상의하시라고 하고 일단 진료 받으러 오시라고 했어요."

"응, 알았어요."

OO내과 원장은 내가 페이닥터 시절 같이 근무하던 내과 의사다. 아마도 수술 잘 한다고 verbal massage(립 서비스)는 기가 막히게 쳐줬겠지만 수술비를 깎아줄 거라는 것까지 말할 사람은 아닌데 그는 워낙 환자에게 친절하다보니 환자는 자기가 뭐 대단한 VIP가 된 것 같은 기분을 느꼈을지도 모르지.

어쨌든 진짜로 올지 안 올지도 모르는 환자가 무슨 수술비 흥정이냐고...

근데 결국 다음 날 오긴 오더라.

54세 남자.

짧지만 한껏 젤을 발라 세운 머리. 로션은 한 통을 다 쳐 발랐는지 얼굴이 번들번들하고, 사슬 모양의 금목걸이에 젖꼭지가 도드라지는 파랑색 쫄티는 평소 역기 좀 들었겠구나 생각할 정도의 근육을 보여준다.

역시 바지는 슬림핏의 8부 정도. 맨발에 스니커즈. 옆구리에 끼고 온 작은 손가방...

견적 나온다.

"탈장이래요?"

"글더라고."

"어디 한번 볼게요. 일어나서 서 보세요. 바지 좀 내려주시고 보여주세요."

우측 scrotum(음낭)까지 불룩한 게 굉장히 크다.

"이게 들락날락했어요?"

"예전에는 그랬는디 요즘은 그냥 계속 나와 있더라고."

"언제부터 이런 증상이 있었는데요?"

"솔찮이 되았지."

'아, 씨! 반말...'

"솔찮이 얼마나요?"

"한 20년?"

"에구, 그렇게 오랫동안 왜 치료를 안 받으셨어요?"

"아프도 않고 아무시랑도 안항께."

"불편하지 않으셨어요?"

"벨로..."

"그런데 왜 이번엔 병원에 가셨어요?"

"지난 주에 배가 너무 아파가꼬 XX병원 응급실로 가서 하루 입원했었는디 거그서 CT 찍어봉께 탈창이라고 하더만..."

내가 10년간 페이닥터로 근무했던 병원이다.

"탈장이요."

"잉, 탈장."

"XX병원에서는 수술해야 한다고 안 하던가요?"

"했제."

"그런데 왜 거기서 수술 안 받으셨어요?"

"아따, 거그 으사가 수억 불친절 허드랑께. 그래서 하루 만에 나와부렀지."

"OO내과에는 왜 가셨어요? 이것 때문에 가신 거예요? 내관데?"

"OO내과는 원래 혈압약 타먹던 곳이라 글로 갔제."

"그랬더니 거기서 이리로 가래요?"

"잉, 여그 원장님이 수술을 잘 헌다고 일루 가라커드만."

"예."

　mannual reduction(도수정복)이 되지 않는 환자의 상태와 그간의 병력
으로 봐서 이 환자의 탈장은 이미 incaceration(감돈:탈장낭에 장이나 대
망이 끼인 상태) 되었을 가능성이 높다. hernial sac(탈장낭)도 매우 커
서 수술할 때 high ligation(고위 결찰)하기도 쉽지 않아 보인다. 어쩌면
omentum(대망)이 hernial sac(탈장낭) 안에 붙어 있을 가능성도 배제할
수 없다. 수술 시간이 길어질 가능성 99%...

'골치 아프게 생겼네.'

"탈장이면 다 같은 탈장이지 뭐가 달라?"

　라고 생각하시는 분들도 있겠다. 딱 잘라 말하는데, 아니다.
　이렇게 오랫동안 방치된 탈장의 경우 주위 조직과의 유착이 심하고
preperitoneal fat tissue(후복막 지방 조직)가 탈장낭까지 같이 내려오기
때문에 수술 시에 너무 당겨서 바투 잡을 경우 늘어진 방광이 딸려 나와 자
칫하면 방광의 일부까지 절제될 위험성도 있다.
　그럼 어떻게 되느냐구? X되는 거지 뭐...
　주위 조직과의 박리, 감돈되어 붙어버린 omentum(대망)의 박리 및 복강
내 환원, 심할 경우 omentum(대망)의 절제까지 해야 할 가능성이 있는 데

다 입구가 넓은 hernial sac(탈장낭)의 결찰은 Kelly(수술용 겸자)로 한 번에 잡을 수가 없어서 purse-string(복주머니 끈처럼 생긴 결찰)식의 high ligation(고위 결찰)이 필요할 수도 있다. 당연히 수술 시간은 길어진다.

여기서 돈 얘기해서 미안한데, 난 항문 질환 수술할 때는 내가 직접 척추 마취를 하는데 탈장 수술을 할 때는 따로 마취과 전문의를 불러서 마취를 한다. 대부분의 다른 개원의는 탈장 수술 때도 외과 의사가 직접 척추 마취를 하지만 나는 마취과 전문의를 부른다.

왜 그러냐면 탈장 수술은 항문 수술과 달리 무균 수술 개념이 더 엄격한 수술이라 완전히 무균 상태에서 수술해야 하므로 수술포와 수술 가운까지 완벽하게 갖추고 수술해야 한다. 그래서 혹시라도 수술 중에 환자의 상태 변화가 있을 경우 환자에 대한 즉각적인 처치가 필요할 때 contamination(오염)의 위험성이 있어 이를 방지하고자 마취과 의사를 부른다.

마취과 전문의를 초빙할 경우 대개 최초 한 시간은 23만 원, 매 15분 경과될 때마다 2만 원씩 가산되는데(무슨 주차요금 같지?) 수술 시간이 길어지면 길어질수록 나에겐 손해가 된다. 물론 '마취과 전문의 초빙료'라는 청구 항목이 있지. 그런데 그게 12만 원이다. 현실에 비해 60% 이하의 의료 수가.

탈장 환자 한 명 수술하고, 1박2일 입원시키고, 수액, 항생제 투약하고, 먹는 약 주고 퇴원시키는 데에 환자가 내는 본인 부담금이 총 36만 원 정도인데 수술이 길어져 두 시간 동안 수술할 경우 마취과 의사에게 줘야 하는 돈만 28만 원.

다시 한 번 미안하다, 돈 얘기해서...

근데 이게 현실이라고... 사명감만으로 수술할 수 있는 게 아니라고...

그런데 환자가 한 술 더 뜬다.

"뭐 수술비는 원장님이 알아서 잘 혀주시겠제?"

"수술비를 어떻게요?"

"아, 그건 원장님이 잘 알아서..."

"수술비는 나라에서 딱 정해놓은 거예요. 저희가 얼마를 더 받거나 덜 받거나 할 수 있는 게 아니구요. 더 받아도 문제지만 덜 받아도 환자 유인 행위라고 해서 법에 걸려요."

"에이, 그려도 소개받고 왔는디..."

"......"

"내 맹키로 소개받고 오믄 좀 더 잘 해주셔야 되는 거 아녀?"

"아니, 수술비가 엄청 많이 나오는 것도 아닌데 그걸 거기서 더 깎으시려구요?"

"수술비가 얼만디?"

'하, 지금 얼만지도 모르면서 무작정 깎아달라고 하는 거야?'

"수술비가 얼만지도 모르면서 깎아달라고 하시는 거예요?"

"뭐 얼마든..."

"40만 원 좀 안되게 나올 거예요."

"아, 그려? 거그서 좀 얼마 더 안 되남?"

"불법이라니까요."

"에이, 빡빡허게 허시네."

단호하게 말하니 결국 포기하는 것 같았다.

수술 전 검사를 하러 환자는 진료실을 나갔고 나도 냉커피 한 잔을 말아서 밖으로 나갔다.

기분이 상했다. 병원 옆 건물 주차장에서 담배 한 모금을 내뿜었다.

'휴우...'

주차장이 좁기도 하거니와 허구헌 날 주차된 차들로 자리가 없는 건물 주차장은 숨어서 담배 한 대 피우기엔 최적의 장소다.

'씨, 그까짓 거 얼마나 된다고 거기서 더...'

시장통에서 콩나물 집어주며 100원을 더 깎네 마네 하면서 실랑이하는 아줌마들이랑 뭐가 다른가? 겨우 이딴 대접이나 받으려고 그 개고생을 하고 살았나... 늘상 있는 자괴감이지만 그날은 더 했다.

어깨는 축 처져서 땅바닥을 보며 연기를 내쉬고 있는데 수술 전 검사가 끝난 환자가 주차장으로 내려왔다. 평소 진료를 볼 때 항상 마스크를 쓰고 환자를 보기 때문에 밖에서 마스크를 쓰지 않은 나를 보더라도 환자들은 저 사람이 이 병원 원장이구나 하고 알아차리지 못한다. 더구나 차에 가려 잘 보이지도 않을 테니. 환자는 나를 못 본 듯 했다.

혼자 온 게 아니었더만...

하얀색 플레어 롱 원피스에 선글라스, 챙이 넓은 모자를 쓰고 온, 한껏 멋을 낸 부인으로 보이는 중년의 여자와 같이 차로 오고 있었다. 약간의 티격태격하는 소리가 들린다. 아마도 진료비를 깎아달라고 했던 것에 대한 얘긴가 보다.

"아, 뭘 꼭 그렇게 자꾸 깎아달라고 그래?"

"아, 이 사람아, 다만 얼마라도 깎으면 좋제."

"어차피 실손 있는데 왜... 없어 보이게...."

"실손이 있어도 글제, 이 사람아, 깎고 나서 실손은 제대로 받으면 우리가 이익 아녀."

"아, 그거 얼마나 된다고, 창피하게..."

"어허, 그랑게 아녀. 아끼면 좋제."

하아...

그럼 지금 깎아달라고 하는 게 그런 이유인 거야? 할 말이 없다.

환자가 올라타는 차는 BMW 520d. 기분이 더 더럽다.

내가 지금 뭘 하고 있는 거지? 저런 사람들이 가볍게 흥정할 수 있다고 생각할 만큼 가치 없는 일을 하고 있는 건가. 필터 끝까지 다 타버린 담배가 날 더 처량하게 만드는 것 같았다.

다시 병원으로 올라와서 진료실로 향하는데 간호사가 씩씩대고 있다.

"왜? 뭔데?"

"아뇨, 아까 그 환자요."

"응, 왜?"

"수술 전 검사비를 왜 따로 받냐고..."

"엥? 왜?"

"수술비 40만 원에 다 들어 있는 거 아니냐고..."

"......"

초진 진료비에 수술 전 검사비까지 다 해봐야 3만 원이 채 안 된다. 그런 수술 전 검사비가 수술·입원비에 다 포함되어야 하는 거 아니냐, 왜 한 가지 질환에 대해 돈을 따로따로 받느냐 했다고 하더라.

"C8!"

더 할 말이 없었다. 성질 같아선 하지 말라고 하고 싶다.

"가! 꺼져! 너 같은 거 수술 안 해줘. 어디서 돼먹지 못하게 흥정질이야? 여기가 시장바닥 노점판이야? 너 같은 거 수술 안 해도 나한테 수술 받을 환자는 넘치고 넘쳐! 중 아니라도 망건이 동나. 꺼져! 양아치 같은 놈!"

이렇게 해 퍼부으면 얼마나 좋을까...

하지만 안 그래도 수술 환자들이 다 큰 병원으로 가는 우리나라 현실에서 이번 정부의 정책이 큰 병원의 문턱을 낮춰 환자들이 더 큰 병원으로 집중되도록 하는 마당에 내가 찬밥 더운밥 가릴 처지인가 말이다. 방안 퉁소처럼 말 한 마디 못하고 속으로만 분을 삭인다.

"그렇게 왜 외과를 선택해서..."

어머니 말을 들었어야 했다.
그래, 현실은 내가 바로 그 중인가보다.

쿠싱(Cushing)의 나라

공중보건의 시절. 나는 지방 군 소재의 보건의료원에서 외과 과장으로 있었다. 말이 외과 과장이지 내과, 소아과, 산부인과, 치과를 제외한 모든 진료 과목은 다 내 차지였다. 정형외과, 피부과, 신경외과, 흉부외과, 비뇨기과 등 각종 환자들은 다 내 몫이었는데 그중 가장 많은 것이 정형외과 환자였다. 시골인 데다 노인이 많으니 어쩌면 당연한 일이었는지도 모른다.

공중보건의는 법적으로 보건복지부 별정직 5급 공무원으로 분류되어 신분상으로는 공무원이었는데 그러다 보니 모든 면에 있어서 소위 '공무원 사회'의 일하는 방식을 따라야만 했었다.

심지어 진료마저도

"지금까지 그렇게 해왔어요."

라는 말에 거의 묵시적으로 따라야 한다는 강제의 의무 같은 것이었는데...

#1

70대의 할머니. 퇴행성 관절염으로 무릎이 아파서 내내 약을 타먹고 있었다고 했다.

'어이구.'

어디가 아프냐고 물어볼 필요도 없이, 그간 무슨 약을 먹었는지 차트를 볼 필요도 없이, 한 눈에 알아볼 수 있는 그간의 처방.

"할머니, 얼마나 오랫동안 진통제를 드신 거예요?"
"엄청 오래됐지, 한 20년 됐나?"
"무릎이 그렇게 아프시면 수술을 받든지 하셔야지 왜 약만 계속 드셨어요?"
"아, 늙은이가 돈이 어딨슈? 그냥 약 먹으면 좋아지고 좋아지고 하니께 계속 약만 먹은 거쥬."
"어이구, 그러니까 몸이 이렇게 됐죠."
"……"

Moon face(달덩이 같은 얼굴)

Red face d/t telangiectasia(모세혈관 확장증에 의한 안면 홍조)

Trunkal obesity(몸통 비만)

Skin thinning(피부가 얇아짐)

Buffalo hump(어깨에 살이 찜)

Extremity weakness(사지가 가늘어지고 약해짐)

전형적인 Iatrogenic Cushing Syndrome(의원성 쿠싱증후군)이다.

(쿠싱증후군에 대한 설명은 각자 찾아보시기 바란다. 그 많은 설명을 여기서 언제 다 하겠나?)

암튼 간단히 말하면 오랫동안 스테로이드 약물을 복용하여 발생한 부작용이라고 생각하면 된다. 스테로이드는 가장 강력한 염증 억제제의 하나로 소위 '뿅'이라고 불릴 만큼 환자에게는 확연한 증상 완화를 가져온다. 뭐 효과야 어마어마하다. 염증도 줄고, 식욕도 좋아지고, 기분도 좋아지고, 단기간 사용할 경우 근력도 좋아진다. 대부분의 한약(소위 보약)에 다량으로 함유되어 있는 성분이다.

(보약 먹으면 입맛도 돌고, 몸에 힘도 나는 것 같고, 기분도 좋아지잖아? 그게 다 스테로이드 성분 때문에 그런 거라고... 뭘 좀 알고 먹으라고... 에휴!)

이 스테로이드 성분의 약제들은 가격도 매우 저렴해서 우선 먹기엔 곶감이 달다고 효과도 좋고 값도 싸니 의사들은 쉽게 이 약의 장기 처방이라는 유혹에 빠지고 환자는 증상이 확연히 좋아지니 그 의사를 명의라고 생각한다.

주로 퇴행성 관절염에 직빵으로 듣는데 이 스테로이드 제제를 오랫동안 투여할 경우 심각한 부작용을 낳는다. 외형에 있어서만 부작용이 나타나는 것이 아니라 단백질이 분해되어 근육이 소실되고, 당뇨병, 고혈압이 발생하고, 만성 피로가 생기고, 골다공증이 발생하며 멍이 잘 들게 된다. 한번 그 효과를 맛본 환자들은 계속 그 처방을 해주기를 바라는데 3년 임기를 마치고 떠난 공중보건의의 후임으로 온 다른 공중보건의에게 이 약의 처방을 강요한다.

"할머니, 이 약 오래 드시면 안 되는 약이에요."

"아유, 한두 해 먹은 것도 아니고 내내 먹었는데 왜 안 해주려고 하는규? 저번 선상님은 달라는 대로 다 줬는디 왜 이 선상님은 이런댜. 그냥 좀 줘유."

"이 약을 너무 오래 드셔서 쿠싱증후군까지 생기셨잖아요. 이런 약 더 드시면 안돼요. 다른 약으로 지어 드릴 테니까 그걸로 드셔보세요."

"다른 약은 써도 안 들어유. 괜히 속만 쓰리고..."

"안돼요, 이 약은 더 쓸 수 없어요."

"아, 왜 안 된다는규, 쫌 줘유."

"안돼요, 할머니. 지금이라도 이 약을 끊어야지 더 쓰면 큰일 나요. 그리고 무릎 아프신 거는 정형외과 가서서 진료를 좀 보셔야 돼요. 약만 이렇게 계속 쓸 수는 없어요."

"아, 그럼 됐슈, 여기서 약 안 타 먹을규. 뭐 병원이 여그 밖에 없남?"

화를 내며 나가버렸다. 이전의 공중보건의도 그 전의 공중보건의의 처방을 계속 따라했을 것이다. 그 이전의 공중보건의도 마찬가지겠지...

사실 심한 퇴행성 관절염에서 인공 관절 등의 수술 이외에는 별다른 뾰족한 수가 없는 상태에서 효과가 좋고 값이 싸서 환자들에게 우선 처방하기 쉬운(그래서 어쩌면 '명의'라고 칭송받을지도 모르는) 스테로이드 제제의 유혹을 쉽게 떨쳐버리지는 못했을 것이다.

그러나 의사가 그러면 안 되는 것 아닌가 말이다. 당장 욕을 먹더라도 환자에게 이로운 치료를 해야 하는 것 아닌가 말이다. 환자의 안위에는 관심 없이 당장의 편함에 안주하는 의사는 퇴출되어야 마땅할 것이다.

비단 이런 일이 의학의 영역에만 존재하는 것일까? 코로나 사태로 인해 망가진 경제의 회생을 위해 막대한 규모의 돈 퍼주기 정책을 추진한다고 한다. 사실, 경제가 코로나 사태로 인해 더 나빠진 면은 분명 있겠지만 그 이전부터 이 정권의 듣도 보도 못한 멍청한 정책으로 인해 경제는 이미 망가져 있었다.

이 멍청한 돌팔이 의사는 그렇게 이미 망가져 있는 무릎에 스테로이드(정부지원금)를 쓰겠다고 한다. 이제 환자(국가)에게 나타날 부작용은 불을 보듯 뻔하다.

1. 이성을 찾고 다른 국가를 상대해야 하는 얼굴은 미련스러운 둥그런 달(Moon)이 되어 타 국가 정상으로 하여금 혐오감을 주게 될 것이고: Moon

face(달덩이 같은 얼굴)

2. 각종 심각한 병(경제 위기)의 근원이 되는 몸통(경제 주체)은 고도 비만에 빠져들어 수술(구조 개혁)이 필요한 경우에도 수술을 어렵게 만들 것이며: Trunkal obesity(몸통 비만)

3. 외상(환율 전쟁)이나 병균(적대적 외국 자본)으로부터 몸을 보호해야 하는 피부(경영권 방어 능력)는 얇아지고: Skin thinning(피부가 얇아짐)

4. 실력도 없으면서 괜히 후까시나 잡는 양아치가 되어 국제 사회로부터 배척당할 것이며: Buffalo hump(어깨에 살이 찜)

5. 일을 해야 하는 팔과 다리(기업)는 가늘어지고: Extremity weakness(사지가 가늘어지고 약해짐)

6. 무릎뿐만 아니라 다른 만성 질환(국민 의식 수준 저하)을 유발할 것이며: 고혈압, 당뇨병

7. 국민은 일할 의욕이 사라져 뒹굴거리고만 싶을 것이고: chronic fatigue(만성 피로)

8. 몸을 버티는 다른 뼈대(국방, 안보, 의료제도 등)에도 심각한 문제가 생길 것이다.: Osteoporosis(골다공증)

당장의 환호와 지지율 상승, 총선 승리를 위해 나라야 나중에 쿠싱증후군에 빠지건 말건 상관없다는 듯이 스테로이드를 남발한다. 이미 이 권력은 자기들이 정권을 잡은 동안 그들의 자식, 손자까지 먹고 살 만큼의 부를 비축해 놓았을 것이다. 나라의 앞날, 후손의 먹을거리 등은 관심이 없으며 논외의 대상이다. 그들의 후손들은 다 잘 먹고 잘 살 테니까...

이런 의사에게 환자는 계속 자기 몸을 맡길 텐가? 환자는 계속 믿고 따를 수 있겠는가?

자, 이제 당신은 어떤 선택을 할 것인가?

태양의 후회

페이닥터 시절. 언제였는지 연도가 정확하게 기억나지 않는다. 그저 꽤 오래된 이야기라는 것뿐.

#1

응급실로부터 걸려온 전화.

50대 후반의 여자 환자.

mechanical ileus(기계적 장 폐색)이었다. pain(통증)도 심하고 abdomen E/S(복부 엑스레이) 상에서도 확연히 나타나는 ileus(장 마비). WBC(백혈구) 상승 소견과 fever(열).

strangulation(교액)이 의심되어 바로 explolaparotomy(시험적 개복술)을 시행했다. 다행히 bowel necrosis(장 괴사) 소견은 없었고 adhesiolysis

(유착 박리술)만 시행하고 수술을 끝냈다.

ileus(장 마비)를 풀어주기 위한 수술 자체가 또 adhesion(유착)을 일으킬 수 있는 요소로 작용한다. 그런데 이게 딱히 어떤 환자에게 adhesion(유착)이 심하게 발생하게 될지를 예측할 방법이 없다. 그저 사람에 따라 유착이 심해지기도 하고 별로 없기도 한다. 불행히도 이 환자의 경우는 전자였다.

이후 환자는 여러 번 ileus(장 마비)가 발생했다. 그때마다 입원하여 conservative Tx.(보존적 치료)를 하였다. 때론 L-tube(비위관)를 삽입하기도 하고, 때론 L-tube(비위관) 없이도 잘 풀어지기도 했다. 근근이 수술 없이 잘 버텨가다가 다시 한 번 또 기다려도 풀리지 않는 ileus(장 마비)가 발생했다. 다시 수술을 할 수밖에 없는 상황. 아마도 외과 의사들이라면 다 동의하리라. ileus(장 마비) 수술을 얼마나 하기 싫은지…

수술 후 발생하는 bowel adhesion(장 유착)은 장과 장, 장과 복벽 모두에서 다발성으로 발생하는데 장과 복벽 사이에서 발생하는 유착은 이전 절개창 바로 아래의 복막과 유착되는 경우가 많다. 그래서 개복을 하고 들어가면서 복막과 장의 구분이 어려워서 장에 손상을 일으키기가 쉽다. 매우 조심해서 집중해야 하는 과정이고 그럼에도 불구하고 손상은 종종 일어난다. 수술자인 외과 의사 입장에서는 어느 부위가 유착되어 있는지 미리 예측하지 못하고 수술을 해야 하므로 매우 스트레스를 받는 수술이다.

아니나 다를까. 수술의 처음부터 만만치 않은 상황이었다. 더구나 비쩍 말라서 복벽이 너무나도 얇은 환자. 도대체 구분이 되지 않는다. Ko-cher(수술용 겸자의 일종) 두 개로 fascia(근막)를 잡아 들어 올려 조심조심 dissection(박리)을 해서 bowel(장)을 peritoneum(복막)으로부터 떼어내는 데에만 한 시간 이상이 걸렸다. 겨우겨우 장의 손상 없이 수술을 마쳤다.

한 환자의, 한 가지 문제로 인한 두 번의 수술. 다른 외과 의사들의 생각은 어떨지 모르겠지만 나로서는 매우 자존심 상하는 일이었다. 그러나 그것으로만 끝났으면 얼마나 좋았을까...

두 번의 수술에도 환자는 다시 주기적인 ileus(장 마비)가 발생했다. 때로는 small bowel ileus(소장 마비)로, 때로는 whole colon fecal impaction(전 대장 변 폐색)으로 병원에 내원했다. 때로는 금식과 con-servative Tx.(보존적 치료)로, 때로는 colyte(하제)를 조금씩 먹어서 대장을 비우는 방식으로 치료했다.

"나 보고 싶어서 또 왔구나?"

친해진 환자에게 농담식으로 말했지만, 의사로서 환자를 영구적으로 호전시키지 못했다는 자책감은 남았다. 상급 병원에서의 치료법을 기대하여 대학병원으로 전원했던 적도 있었으나 별다른 치료 없이 호전되어 퇴원했고 이런 걸로 대학병원까지 올 필요 없다는 담당 교수님의 말에 환자는 다시 돌아왔다. 다행히도 매번 환자는 호전되어 퇴원하였고 그냥 그렇게 단골(?)이 되어가는 듯했다. 페이닥터를 계속 했더라면 내가 계속 환자를 봤을 테니 역시 내 잘못이라고 하는 게 맞을까? 결국 일은 터졌다.

환자의 친 남동생이 있었다. 복통으로 고생하는 누나가 안쓰러워서 자주 같이 병원에 내원했었고 나와도 안면이 여러 번 있었다. 핸드폰 번호를 받은 건 물론이지...나보다 연배가 높은데도 예의 바른 태도와 조심스러운 질문. 나도 최대한 설명에 설명을 더 해줬었다.

10년 동안 근무했던 병원을 떠나 나는 2015년 여름 개원을 하게 되었다. 개원 후 얼마 안 되어 9월 경, 환자가 찾아왔다. 복통이 심한 것은 아니었고 오랫동안 변을 못 봤다고 내원. 약을 처방해줬다. 이후 별다른 소식이 없었고 내원도 하지 않았다. 그저 그렇게 괜찮은가보다 생각했다.

어느 날 걸려온 전화.

"여보세요."
"안녕하세요, 박사님(난 박사 아니다.). 저 OOO인데요."
"어? 아! 아, 예예. 안녕하세요? 어쩐 일로..."
"지금 누나가 배가 많이 아파서요. 너무 심하게 아파서 어떻게 해야 할지 모르겠어서 이렇게 전화를 드렸습니다."
"언제부터요?"
"조금 됐나 봐요. 연락받고 와보니 많이 심하네요."

전화상으로만 들어보니 mechanical ileus(기계적 장 폐색)가 의심됐다.

우리 병원으로 온들 결국 내가 해 줄 수 있는 것에는 한계가 있었다. CT도 필요하거니와 심할 경우 emergency Op.(응급 수술)을 해야 할 수도 있으니…

외과 의사는 판단이 빨라야 한다. 환자를 위해서도, 자신을 위해서도…

"빨리 ○○병원 응급실로 가세요. 거기가 제일 가까우니…"

내가 페이닥터를 했던 병원으로 가라고 했다.

'잘 알아서 하겠지.'

내가 봤었던 환자이지만 그 병원에는 다른 외과 의사도 있으니 잘 대처하리라 생각했다. 그리곤 잊고 있는데 밤늦게 걸려오는 전화.

"박사님, 여기 ○○병원에 왔는데 응급 수술을 해야 하는데 상태가 너무 심해서 여기서는 할 수가 없다고 큰 병원으로 가라고 하는데 어떡하죠?"

"예? 거기서 수술을 못 한대요? 왜요?"

"상태가 너무 심하대요. 그래서 안 된대요."

"외과 의사가 봤어요?"

"예, 외과 선생님이 못한대요, 여기서는…"

'아니, 얼마나 심하길래…'

한편으로는 이해가 안 되는 것은 아니었다.

'그래, 그 환자라면 감당하기 힘들 거야.'

"그럼 어서 다른 병원으로라도 가서야죠."
"예, 그래서 여기 응급실에서 병원을 알아봐주는 중인데 XXXX도 안된다고 하고, OOOO도 안된다고 하고, 받아주겠다는 병원이 없어요."
"아…"
"어떡해요? 박사님?"
"제가 뭘 할 수 있는 게 없네요, 죄송합니다. 우선은 거기서 알아봐 주는 게 가장 빠르고 확실한 거니까 거기 응급실 말을 들으시는 게 가장 최선이에요."
"아, 그렇군요, 별 수 없네요. 알겠습니다. 박사님 쉬시는 데 죄송합니다."
"아니에요, 언제라도 전화하세요. 환자분 어느 병원으로 옮기시게 되면 저한테도 연락 좀 주세요."
"예, 예. 감사합니다."

그렇게 전화를 끊었고 연락은 다음 날 오전에 왔다.
"여보세요."

맥이 풀린 듯한, 울먹거리는 듯한 목소리.
"박사님…"

"아, 예. 어떻게 되셨어요?"

"어젯밤에 수술했구요. 지금 중환자실에 있습니다."

"어느 병원인가요?"

"명지병원이요."

"아, 그 덕양구에 있는 거요?"

"예."

(왜 다른 병원들은 실명을 거론하지 않으면서 명지병원은 실명을 거론하는지에 대해 궁금한가? 이유는 나중에 알게 될 것이다.)

"그래 어떻대요? 환자분은요?"

"하아, 여기 병원에 올 당시에 패혈증이 와서요. 응급 수술을 했는데 수술하신 박사님이 아무래도 힘들 것 같다고 하시네요."

"예? 패혈증이요? 그렇게나 심했대요?"

"예, 장이 대부분 다 썩어서 소장을 65㎝만 남겨놓고 다 잘랐다고 하네요."

"아…"

"인공 항문도 빼고 했는데, 여기 박사님 말씀은 이렇게 되면 패혈증 때문에 당장 사망하지 않더라도 남아 있는 장이 길이가 너무 짧아서 음식물에서 영양분을 흡수할 수가 없어서라도 사망할 가능성이 높다고 하네요."

'아, short bowel syndrome(단장증후군).'

주)

short bowel syndrome(단장증후군)

건강한 성인의 소장 길이는 평균적으로 6m 정도이나 단장증후군은 일반적으로 장이 2m 이하만 남아 있어서 충분한 영양분을 흡수하지 못할 때 발생한다. 성인에서 단장증후군을 일으키는 가장 흔한 원인은 장 절제술이다. 단장증후군을 완치하는 근본적인 치료는 아직 없으며, 장을 절제한 후 단장증후군을 앓고 있는 경우 영양요법을 잘 지켜야 하고, 총장관 영양에 의한 합병증으로 인해 만성 간 질환이 합병증으로 발생할 수 있다.

(출처:다음 질병백과)

외과에 들어와서 지금까지 20년 동안 나도 단 두 번 봤던 진단명.

한 환자는 수술 후 얼마 되지 않아 패혈증으로 사망했고 다른 한 환자는 다른 병원에서 수술 받은 사람으로 외래에서만 한번 보고 내가 감당할 수 없어 전원했었다.

그런데 65cm라니...

"아, 65cm요?"

"예, 나머지 장은 이미 다 썩었대요."

"지금 환자분 상태는요?"

"지금 중환자실에 있어서 저희가 옆에 붙어 있을 수는 없는데 인공호흡기도 달고 있고 의식도 없어요. 주치의 말로는 현 상태로도 패혈증이 와서 상태가 너무 나쁘다고, 자기들도 최선을 다 하겠지만 보호자들도 준비를 좀 하는 게 좋겠다고 하네요."

"아…"

"박사님, 이게 이렇게 갑자기 나빠질 수가 있나요?"

간단하게 말하면, mechanical ileus(기계적 장 폐색)에 의해 장이 팽창되면, 팽창된 장벽으로 혈액을 공급하는 작은 혈관들이 장력을 받아 눌리게 되고 혈액의 산소가 장 세포들에 공급되지 않으면 장 조직에 괴사가 진행된다. 이때 장내 세균들이 쉽게 장벽 점막으로 침투하여 blood stream(혈류)으로 들어가면 bacteremia(균혈증)가 발생하고, 혈액 내에서 세균이 증식하여 혈액 성분을 파괴하여 혈액이 제 기능을 못하는 sepsis(패혈증)가 오게 된다.

뇌의 경우 저산소증을 견딜 수 있는 시간은 5분 미만이지만 장의 경우 보통 여섯 시간 정도를 살릴 수 있는 골든타임이라고 한다.

동생에게 설명했다.

"그런데 환자를 보고 수술하신 선생님은 지금 담당하신 분이니 그 선생님 말씀이 전적으로 옳은 겁니다. 그 선생님 말씀을 들으시구요. 아직 뭐 결정된 것은 아니니 너무 일찍 포기하지는 마시구요. 제가 뭘 도와드릴 게 없어서 죄송합니다."

"아닙니다. 박사님이 이렇게 설명해주시는 것만으로도 감사합니다."

"힘 내십시오."

환자의 동생을 위로하는 말을 하긴 했지만, White Lies(하얀 거짓말)…

간유리 바늘 구멍으로 들어오는 햇살만큼의 희망도 없어 보였다. 그렇게 환자 동생과의 통화도 끝이었으며 그 환자에 대한 나의 애착도 그것으로 끝이었다.

"쌘님, 쌘님이 나 처음 봤잖아, 내 몸에 칼도 대고. 그니까 쌘님이 다 책임 져야지. 어쩔 거야, 진짜. 아유, 내가 지겨워. 담에 또 올게요. 잘 있어."

나에게 했던 환자의 말소리가 귀에 생생했다.

레지던트 1년차 때 환자를 잃고 질질 짜던 나에게 꾸중하시던 교수님들과 시니어들 때문이 아니더라도 외과 의사를 오랫동안 하게 되면 어느 정도 환자의 죽음에 대해 무뎌진다.

망각. 외과 의사를 계속하게 하기 위한 신의 장난 같기도 하고 배려 같기도 한...

나 역시 그랬다. 잊히고 무뎌졌다.

개원을 하고 나면 자연히 위험한 환자를 피하게 된다. 돈을 잘 벌지도 못하고 맨 파워도 시설도 되지 않는 외과의원은 외과 전문의 트레이닝의 십분의 일도 써먹지 못한다(탈장이나 치질마저도 큰 병원에 가겠다는 환자가 넘쳐나는 한국에서 위암, 대장암, 갑상선암, 유방암, 췌장암, 간암, 담낭암, 담도암 수술에 신장 이식, 간 이식, 대동맥 수술 등을 트레이닝받는 것, 로봇수술 술기를 배우는 것이 대학병원에 남을 극소수의 인원을 제외하고는 무슨 의미가 있는 건지...).

우리나라 외과 의사만큼 과유불급이 있을까?

 호기롭던 외과 의사의 꿈도, 타인의 감탄을 자아내던 빠른 손놀림과 깔끔한 수술 실력도 더 이상은 중증의 환자를 보지 않는 외과 의사에게는 한낱 신기루일 뿐.
 그렇게 그렇게 모두 잊혀가고 그저 입에 풀칠하는 것만이 남았다.

 그렇게 4년째 지나가던 어느 날.
 맨날 환자가 없으니 개원 당시 뭘 몰라서 쓸데없이 넓게만 만들어 놓은 환자 대기실은 더욱 썰렁하기만 하다. 대기실을 지나 병원 구석에 있는 화장실을 들락날락하는 것도 환자나 직원들 보기에 뻘쭘한 일이다. 그렇게 생리 현상을 해결하고 화장실에서 나오는데 텅 빈 대기실에 덩그러니 앉아 있는 환자가 있었다. 언뜻 보고는 '신환인가?' 했는데...

 "어? 어? 어? 어엇?"
 "쌤님, 안녕하셨어요?"
 "어, 어, 어. 어어..."
 "아이, 왜 그래. 큭큭, 놀랐어?"
 "아, 아, 아아. 살아, 살아 있었어."
 "나 죽은 줄 알았지? 하하..."

 쭈글쭈글해진 얼굴이지만 확실했다. 환자 앞으로 걸어가는 2~3초의 시간 동안 울컥 솟구쳐 오르며 가슴을 뻐근하게 만드는 무언가가 있었다.

"아아아, 아아, 살아 있었어. 살아 있었어."

　환자의 두 손을 잡고 억지로 침을 삼키며 나오려는 눈물을 참았다. 뭐라고 표현해야 할까, 이 감정을…

　놀라움, 미안함, 고마움, 신에 대한 경외심. 뭐라 말할 수 없는 복잡한 감정과 온몸의 피가 아래로 쏠려 빠져 나가버리는 듯한 느낌. 다리가 후들거린다.

　푸석푸석해진 머리카락, 쭈글쭈글한 피부, 영양소를 흡수하지 못하는 환자의 얼굴은 그럼에도 불구하고 환하게 웃는다.

"고마워요, 고마워요, 살아 있어줘서… 정말 고마워요."

연거푸 주절대는 내 모습이 나 자신에게도 생경했다. 자꾸 목으로 밀치고 올라오는 무엇을 참으려 꺽꺽거리며 환자의 손을 잡고 진료실로 들어왔다.

"휴우…"

　감정을 추스르고 얘기를 듣기 시작했다. 처음 복통이 시작되고 ○○병원으로 가게 된 시간도, 이후에 ○○○○, ××××병원에서 난색을 표명하고 명지병원으로 옮기게 된 시간도 일 분 일 초가 아까운 시간들이었다. 명지병원에서의 수술이 결정될 당시 이미 환자의 상태는 돌이킬 수 없는 상태에까지 이른 듯 보였다. 수술이 끝나고도 환자의 생사 여부는 불확실했을 것이다. 수술 후 환자는 2개월간 명지병원에 입원했었다 한다.

그날의 상황을 머릿속으로 그려본다. 명지병원의 담당 외과 선생님은 아마도 응급실의 콜을 받고 나왔을 것이다.

그 한밤중에, 그 어마어마한 유착을 가진, 그 general condition(전신 상태)이 심하게 나쁜 환자에게, 그 큰 수술을 하면서, 얼마나 고생했을지는 구태여 담당 선생님께 듣지 않아도 알 수 있을 것 같았다. 더구나 sepsis(패혈증)에 빠져 있어 수술 중 여러 번의 혈압 저하도 왔을 테니 그토록 오래 걸리는 수술을 옆에서 서포트 해야 하는 마취과 선생님의 고생도 눈에 선했다. Table death(수술 중 사망)했다고 한들 하나도 이상할 것 없는 환자.

수술을 마치고 중환자실에서도 심장, 신장, 폐, 간 어느 하나 제대로 기능하는 기관이 없었으리라. 혈압은 떨어져 dopamine(도파민:혈압 상승제의 일종)을 달고, 폐부종으로 blood saturation(혈액 산소포화도)도 저하되어 ventilator mode(인공호흡기 모드)도 여러 번 바꿔야 했을 것이며, 망가진 신장 기능을 유지하기 위해 조심조심 수액과 약물을 썼겠지. urine bag(소변 주머니)으로 한 방울 한 방울 떨어지는 소변이 얼마나 소중했을까...

갑자기 떨어지는 혈압에 담당의는 수도 없이 달려와야 했을 것이고, 낮이

고 밤이고 상관없이, 병원이고 집이고 상관없이, 깨어 있건 잠을 자건 상관
없이, 무수히 많은 콜을 받고 무수히 많은 고민과 결정을 해야 했을 것이다.

그때그때 나타나는 합병증들을 극복하기 위해 얼마나 많은 과의 많은 의
사가 달려들었을까... 간호사들의 고생은 또 오죽했을까... 생각만 해도 몸
서리쳐지는 그 일들을 다 겪어내고 결국 한 생명을 살려내신 명지병원 선
생님들과 의료진 여러분께 무한한 존경과 감사의 말씀을 올린다.

정말 수고하셨습니다. 감사합니다.

그 모든 과정을 겪은 사람치고는 환자의 상태는 매우 좋아 보였다.

"나 죽을 뻔했어."

"알아요. 저도 그때 동생분께 전화 받았을 때 '돌아가시겠구나' 생각했어
요. 그 정도에서 살아났다는 게 기적이에요. 명지병원 선생님들이 정말 대
단하신 거예요."

"장이 65cm밖에 안 남았어요."

"예, 그래서 영양분을 음식으로 흡수할 수가 없을 거예요. 그래서 지금은
어떻게 치료받고 있어요?"

"명지병원에서 두 달 동안 입원했다가 퇴원한 이후에 ○○○○병원에서 가
정 간호 프로그램에 도움을 받아서 지금까지 치료했지."

"계속 수액 맞고 영양제 맞고 그래야 하는 거라. 가슴 쪽에 chemoport
(케모포트) 넣지 않았어요?"

"응, 맞아. 그거 넣었어."

오랫동안 반복적으로 수액 치료를 해야 하는 환자의 경우 보통의 환자들처럼 peripheral vein(말초 혈관)에 수액을 놓다보면 혈관이 다 망가져서 쓸 수가 없게 된다. 그래서 오랫동안 수액을 맞거나 항암 치료 등을 받아야 하는 환자들의 경우 가슴 부위의 피하지방층에 인공 port(포트)를 넣어 외부로부터 쉽게 바늘만 꽂아서 수액을 공급할 수 있도록 하는 장치를 삽입하는데 대개 이걸 chemoport(케모포트)라 부른다.

"근데, 쌘님, 내가 있잖어. 부탁할 게 있어서 왔어."

"예, 말씀하세요."

"수술하고 입원해서 명지병원에서 계속 영양제와 수액을 맞다가 퇴원했는데 내가 평생 남은 기간 이걸 맞아야 한대."

"예, 맞아요. 먹는 거로는 영양분 흡수를 할 수 없으니..."

"근데 OOOO에서 가정 간호를 통해서 지금까지 몇 년을 계속 치료받았는데, 이게 너무 오래되다 보니까 OOOO병원에서도 삭감이 많이 된다고 담당 선생님이 위에서부터 압력을 많이 받나봐."

'그렇겠지.'

"그래서 쌤이 혹시나 그 수액 처방을 해줄 수 있나 해서..."

"아, 그래요. 제가 해드릴게요. 무슨 수액을 쓰나요?"

"아, 정말? 쌤이 해줄 수 있어?"

"그 죽을 고비를 넘기고 이렇게 살아 돌아왔는데 그까짓 것 못 해드리겠어요? 걱정마세요. 제가 해드릴게요."

"아, 고마워, 쌘님."

"OOO씨는 불사조예요. 거기서 살아 돌아왔으니 불사조죠, phoenix, phoenix..."

"아, 진짜? 하하."

'무엇인들 못 해주랴. 까짓 수액이 대수냐.'

그러나 그게 그렇게 호락호락한 것이 아니라는 것을 알게 되기까진 그리 오래 걸리지 않았다.

나도 바보는 아니다. 하루에 3ℓ의 수액을 매일, 그것도 평생 맞아야 하는 환자에게 처방하고도 무사할까?

삭감...

호환, 마마보다도 무섭다는 그것.

외과는 대부분의 수술이 DRG(포괄수가제)에 묶여 있어서 개원해서 지금까지 이래저래 삭감을 당해봤지만 대개 금액도 크지 않아 '에이, 더럽다 더러워. 먹고 떨어져라' 하는 식으로 대응해왔다. 그러나 이번 건은 다르다. 대규모 삭감이 걱정되었다. 무턱대고 청구했다가 나중에 폭탄을 맞느니 아예 처음 시작하기 전에 문의하는 것이 낫다고 생각했다.

'삑 삑 삑... 1644-2000'

듣기도 짜증나는 어떤 여자의 기계음 목소리.

"국민 모두가 건강한 나라. 건강보험 심사평가원이 함께 합니다. 고객센터 상담사 연결은 0번, 요양기관 청구 및 심사 결과 조회는 1번, 의료 장비 바코드라벨 부착 확인은 2번, 다시 듣기는 별표를 눌러주십시오."

'삑... 0번'

"안녕하십니까? 상담사 OOO입니다. 무엇을 도와드릴까요?"

"아, 수고하십니다. 문의드릴 게 있어서 전화했는데요. 저는 서울 OO구에 있는 OOOO외과 원장이구요. 환자에게 처방한 청구 관련해서 문의 좀 드리려구요. 저희 환자 중에 short bowel syndrome(단장증후군) 환자가 있는데..."

환자의 상황에 대해서 쭉 설명했다. 한참을 듣고 나더니 말한다.

"저, 선생님. 그건 제가 뭐라 답변할 수 있는 것이 아니어서 심사부로 연결해 드릴 테니 그쪽으로 문의하세요."

"아, 예."

'이런 씨, 그럼 처음부터 연결해 주든지.'

짧은 대기음 후...

"예, 심사부 OOO입니다."

"아, 수고하십니다. 문의드릴 게 있어서 전화했는데요. 저는 서울 OO구에 있는 OOOO외과 원장이구요, 환자에게 처방한 청구 관련해서 문의 좀 드리려구요, 저희 환자 중에 short bowel syndrome(단장증후군) 환자가 있는데..."

리바이벌... 얘들은 듣기는 잘 들어준다.

"아, 저, 선생님. 저희 심사 원칙에 수액제에 대한 기준은 따로 마련되어 있지 않구요."
"아, 그래요? 그럼 계속 처방해도 삭감당하거나 그러지는 않겠네요?"
"아, 그런데 수액 치료가 총 180일을 넘어가게 되면 저희가 따로 자문의께 심사를 넣거든요."
"예?"
"180일을 넘어가는 수액 치료의 경우 저희가 자문의께 따로 자문을 받아서 삭감 여부를 결정하는데요."
"180일이요? 그럼 그거 넘어가면 삭감이라는 건가요?"
"아니, 꼭 그런 건 아니지만 수액 치료를 180일 넘게 하는 경우가 없으니 저희도 자문의께 자문을 구해봐야 하는 거니까."
"이 환자는 short bowel syndrome(단장증후군) 환자인데요."
"환자의 진단명 코드가 중요한 것은 아니구요. 수액 치료를 그렇게 오랫동안 하면..."
"예? short bowel syndrome(단장증후군) 환자에게 수액 치료는 필수고

곧 생명인데요?"

"그래도 180일을 넘기면 저희가…"

"아니, 뭐 그런… 지금 전화 받으시는 분 혹시 간호사 출신 아니신가요?"

"맞습니다."

"그럼 아시겠네요, short bowel syndrome(단장증후군)이 어떤 상태인지… 이 환자는 소장 65cm만 남았어요. 대장도 다 잘라내서 없고 인공 항문을 차고 있다구요. 소장 길이가 2m이하면 영양분 흡수가 안돼서 생기는 게 short bowel syndrome(단장증후군)인데 이 환자는 65cm라구요, 65cm…"

"아, 그건 알겠는데요, 저희 규정상…"

"아, 그럼 180일 넘어가서 삭감되면 이 환자 수액 치료 못하는 거예요? 그럼 이 환자 죽어요."

"하지 말라는 게 아니죠. 그건 전문가이신 선생님의 의학적 판단 하에 하시면 되는 거구요."

"180일 넘으면 삭감될 수 있다면서요?"

"그건 규정이 그래서…"

"그럼 180일 이후부터는 의사가 손해를 보면서 환자에게 처방해야 되는 거네요? 삭감될 테니?"

"그건 선생님의 의학적 판단에 따라…"

"아니, 의학적 판단은 매일 3ℓ씩 수액 치료를 해야 하는 거라니까요."

"그럼 그렇게 하시면 되죠."

"삭감한다면서요?"

"그건 저희 규정이…"

"그럼 의사는 처방할 때마다 손해인데요? 의사가 의사 돈으로 환자를 치료하게 되는 거잖아요?"

"그래도 규정상…"

"아, 진짜, 이 환자 거의 죽을 환자였어요. 패혈증까지 갔었고 수술 후에도 2개월 동안이나 입원했었구요. 이렇게 죽을 환자를 의사들이 갖은 고생을 해서 겨우겨우 살려놨는데 그럼 그깟 수액 때문에 이 환자를 죽여요?"

"아니, 그렇게 말씀하시면 안 되죠. 누가 죽이래요? 그건 의사의 전문적인 판단에 따라 하시면 되는 거죠."

"아니, 180일 넘으면 삭감당할 거라면서요?"

"꼭 삭감되는 것은 아니고 저희도 자문의 선생님께 자문을 구해서…"

"그 자문의가 어떤 선생님이세요?"

"내과 선생님이요."

"누구신데요? 성함은요?"

"그건 저희 규정상 가르쳐 드릴 수가 없구요."

"그 선생님이 short bowel syndrome(단장증후군)을 본 적이 없는 선생님이면요?"

"그건 저희는 모르고 자문의 선생님께서 환자의 상황을 판단하시고…"

"그 자문의 선생님이 이 환자를 보신다구요?"

"아니, 그건 서류로 하죠. 선생님께서 해명 자료를 주시면 저희가 자문의 선생님께 문의해서…"

"아니, 환자를 직접 보지도 않은 사람이 환자를 직접 보고 치료하는 의사의 처방에 대해 옳다, 그르다 말을 한다구요?"

"그건 저희 규정상..."

"이보세요. 이게 환자라구요, 환자. 사람이란 말이에요, 사람. 서류가 아니라구요. 이 환자한테는 평생 이 수액 치료가 생명줄이에요. 이거 못하면 죽는다구요. 이 환자 죽이자는 소리예요?"

"아니, 그런 건 선생님의 의학적 판단에 따라..."

고장난 녹음기마냥 계속 같은 얘기. 얘네들은 딱 이런 거에 특화된 전문 교육을 받은 사람들 같다. 결국 이렇게 하라는 말인 거지...

'환자 수액 치료는 의사 네 돈으로 해, 청구하지 말고... 네가 손해 보는 것은 내 알 바 아니고, 의사라면 환자를 위해 그 정도는 해줘야 하는 것 아니야? 치료해주고 손해 보든지, 치료 안 해주고 욕 먹든지 그건 니가 알아서 해. 청구하면 삭감이다. 알지?'

성질 같아선 욕을 한 바가지 해 주고 싶었다. 그러나 철저히 을(乙)일 수밖에 없는 일개 개원의가 국가 기관에게 밉보여서 좋을 게 뭐가 있을까? 욕이라도 했다가 찍혀서 실사라도 나오면 난 그대로 망하는 거니까.

심평원 실사? 잘못한 게 없으면 되지 않냐구? 모르는 소리 마라.

잘못한 게 나올 때까지 병원에 눌러 앉아서 은근히 진료를 방해하고, 파고 파고 팠는데도 나오는 게 없으면 앞으로 몇 년 실사 안 나올 테니 잘못한 게 있고 그 금액이 어느 정도 되도록 맞추자고 원장을 협박한다.

자기들도 실사를 나오면 뭔가 성과를 가지고 들어가야 한다고 쇼부를 치자고 한다. 억울한 마음에 그렇게 못한다고 하면 괘씸죄에 걸려 매년 실사를 나오고 시달리다 못한 의사는 두 손, 두 발 다 들게 되는 것이다. 차라리 없는 죄를 인정하고 몇 백 또는 몇 천을 게워 내놓으면 다만 몇 년간 얻어 터지지 않을 테니 울며 겨자먹기로 쇼부 보는 거지.

아, 물론 나는 아직 실사를 당한 적이 없었다. 나 같은 돈 못 버는 외과 나부랭이 털어봤자 나올 게 없다는 것은 저들이 더 잘 알고 있는 데다가 실제로 청구액도 바닥을 기고 있으니 나 같은 놈은 눈에 띄지도 않겠지. 이걸 다행이라고 해야 하는 건지는 잘 모르겠다.

더 이상의 심평원 직원과의 언쟁은 무의미했다. 그저 그들은 조용히 삭감할 것이고 소명 자료 보내봤자 삶은 호박에 이빨도 안 들어갈 소리다.

"에휴. 예, 뭐, 알겠습니다. 규정이 그렇다니 별 수 없네요. 환자를 죽이는 수밖에요."

"……"

배채기로 맘에도 없는 소리를 했으나 대답이 없다. 그러지 않을 거라는 것을 저들은 더 잘 알고 있을 테니...

결국 심평원에는 해결 방안은 없었다. 세 가지 방법이 있다. 환자를 위해 손해를 무릅쓰고 내 돈 들어서 치료하든지, 다른 병원으로 폭탄 돌리기를 하든지, 환자에게 짐 지우든지...

그런데 환자에게 짐 지우는 것은 원래 불법이다. 걸리면 벌금으로 문제되는 액수의 최소 다섯 배를 추징당한다. 그런데다 환자가 차상위 계층. 오랫동안의 병치레로 본인이 하던 직업을 놓을 수밖에 없었다. 금전적으로도 여유가 없다.

어찌해야 할까. 고민의 고민을 거듭하는 동안 어느 날 문자 하나가 날아왔다.

'엄 박사님 감사합니다. 누나 일에 애써주시니 송구할 따름입니다. 자주 연락드리지 못해 죄송하구요. 부디 누나가 착한 박사님 만나 용기 있게 삶을 이겨냈으면 합니다. 누나는 제가 주님 영접토록 전도해드렸습니다. 천국 가시는 그날까지 주님께서 지켜주실 것을 믿습니다. 박사님 가족과 사업장에도 주님 늘 함께 하시길 간절히 기도드립니다. 아멘. OOO 동생 OO 드림'

환자 동생의 문자였다.

'하아...'

사면초가, 외통수. 아무리 생각해도 방법이 없다. 별별 생각을 다 해봤다.

'내가 6개월 동안 처방하고 나서, 다른 병원에 부탁해서 6개월 하고, 또

다른 병원에 부탁해서 6개월?'

심평원은 바보가 아니다. 제까닥 잡아내서 삭감 폭탄을 던지겠지. 그러고는 과잉 진료했다며 다른 병원 원장에게 패널티를 줄 것이다. 그럼 내가 그 원장님을 무슨 낯으로 보나? 나야 이 환자의 주치의로 오랫동안 보아왔으나 그 원장은 무슨 죄인가?

'환자에게 솔직히 말하고 전액 본인 부담시킬까?'

환자는 넉넉한 형편이 아니다. 뻔히 사정 다 알면서 매정하게 그럴 수 없지 않으냐 말이다. 그리고 이런 방법 역시 불법이다. 보험 적용이 되는 수액을, 즉 급여 항목을 전액 본인 부담시키는 것은 임의 비급여가 되어 불법이다. 적발될 경우 행정처분 및 다섯 배의 과태료를 물게 된다.

'다른 큰 병원으로 보낼까?'

결국 폭탄 돌리기밖에 더 되나? 게다가 이미 대학병원인 OOOO병원에서도 3년 넘게 해오다가 감당이 안 되어 나가떨어진 것 아닌가? 이 환자가 그래도 나를 믿고 찾아왔는데 어떻게 다시 다른 병원으로 가라고 하나?

'그냥 청구 안 하고 내가 옴팡 다 뒤집어쓸까?'
언제까지? 내가 계속 손해를 보면서도 지금처럼 환자를 바라보는 시선을 유지할 수 있을까?

'걍 청구할 때까지 하고 나중에 소명 자료 제출할까?'

운이 좋아서 소명 자료 제출로 한 번 더 6개월을 허락받았다고 치자. 심평원에서 언제까지 이걸 인정해줄까? 이미 OOOO병원도 더 이상은 안 된다는 심평원의 경고를 들어서 그런 것 아니겠는가?

'난 모르겠으니 알아서 하시라고 쌩 깔까?'

환자 죽이자고? 나는 의사다. 더 무슨 말이 필요한가?
결론이 나질 않았다. 고민에 고민, 갈등에 갈등을 한다고 시간은 기다려주질 않았다. 환자에 대한 수액 치료는 이미 시작했고 아직 한 번도 청구하지 않으니 이후 어떤 결과로 이어질지 알 수 없다.

학창 시절. 이 책, 저 책. 펜, 자, 지우개, 각도기, 메모지...
공부를 해야 하는데 정신이 없다.
여러 가지로 어질러진 책상을 정리하는 나만의 방법이 있었다.
몽땅 다 방바닥에 떨어뜨린 후 그 중 가장 중요한 한 가지부터 책상 위로 올려놓는 것.
그것부터 하나씩 해결해 간다. 복잡한 머리를 다 지우고 하나만 생각했다.
'지금 가장 중요한건 뭐지?'

환자의 생명. 이보다 더 중요한 게 어디 있겠나?

"우리는 길을 찾을 것이다. 늘 그래왔듯이..."

어느 영화의 대사처럼 마주쳐가며 하나하나씩 해결해 가자. 어쩌면 그 정도의 손해를 상쇄할 만큼의 다른 반대급부가 생길지도 모르는 것 아닌가? 잊지 말자. 나는 의사다.

고어텍스 인조 혈관, 리피오돌 문제뿐만 아니라 어마어마하게 많은 부조리와 말도 안 되는 규제들이 산적해 있는 게 우리나라 의료의 현실이다. 병마와 싸우는 일선 의료계의 현장에서 아무리 호소하고 경고해도 정부나 국민이나 그에 대한 태도는 마찬가지다.

기본적으로 의사를 믿지 않는 세대와 '가진(실제로는 그렇게 보일 뿐인) 자'라는 낙인이 수많은 부조리와 오판을 통해 결국 자기들의 목줄을 졸라오게 되는 데도 그저 의사의 말이라는 이유 때문에 들으려 하지 않는다.

그러면서도 자기 자식들은 의대에 보내고 싶어 하는 모순덩어리들이 가득한 것이 우리나라의 현실 아닌가?

힘이 없는 내가 좋든 싫든 어쩔 수 없이 의지할 수밖에 없는 존재.
태양.

아이라면 부모가 태양이 될 것이고 국민이라면 정부가 태양이겠지. 그

태양의 행동, 행위 하나하나에 내맡겨질 수밖에 없는 개체들에게 태양의 잘못된 판단 하나가 얼마나 심각한 결과를 초래하게 되는지 태양은 알까?

부모라면 모든 행동이 전적으로 자식을 위하는 방향으로 합목적적으로 움직이게 되는 것이니 그대로 따르기만 하면 되겠지만 정부는 어떤 집단, 혹은 세력이 그들만의 사상, 이념, 또는 이상향을 추구하기 위해 정책 결정을 할 경우 자칫 국민에게 크나큰 어려움을 안겨줄 수도 있다. 물론 그들도 전지전능은 아니므로 모든 정책이 다 옳을 수는 없다.

그러나 적어도 잘 모르는 분야에 있어서는 전문가들의 의견을 경청하고 그들의 얘기를 정책에 반영해야 국민에게 도움이 되는 정부가 될 수 있을 것이다. 진정으로 국민을 위한 정부라면 자신들 세력의 아집을 버리고 곳곳에서 들려오는 위험 신호에 귀 기울여야 하지 않겠나?

참으로 슬픈 일은 의료계에 대한 불신과 탄압, 규제와 의료계를 불신하도록 조장하는, 국민을 상대로 한 선동은 어느 쪽이 권력을 잡든지 상관없이 일관되다는 것이다. 외과, 흉부외과, 산부인과 등 3D 진료과의 몰락에 대해서도 그렇게 오랜 세월 경고했지만 오히려 더 나빠지기만 한다.

"폭력이 무서우면 어떻게 의사를 하나?"

라는 별, 미친 개소리를 하는 사람이 실체도 없는 환자 단체 대표랍시고 깝죽대는 현실에도,

가슴에 칼을 맞으면서도 환자를 치료하는 것을 천직이라 생각하는 의사들이 죽어가는 현실에도,

한 명의 환자를 살리기 위해 불합리한 규정과 싸우는 것이 의사다.

정당한 치료에 고맙다는 말은커녕 삭감 폭탄을 터뜨리고 의사를 파렴치한으로 몰아가며 환자와의 사이를 이간질하는 것이 언제까지나 가능할 것이라고 보는가? 분명 후회할 날이 올 것이다. 그러나 그때가 되면 후회한들 소용없다. 이미 돌이킬 수 없는 상태에 빠져들어 다시 회복하려 해도 수십 년이 필요하게 되는 상황이 그리 멀지 않았다.

경고도 이젠 지친다.

당해봐야 정신을 차리는 민족이니 끔찍하게, 뼈저리게, 호되게 당해라.

철저히 망가진 후에 다시 하나하나 세워가길 바란다.

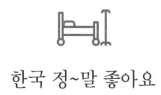

한국 정~말 좋아요

최근 perianal abscess(항문 농양)로 I&D(절개 및 배농술)를 시행한 35세 미국인 환자가 있었다. 그 또래의 우리나라 환자들에 비해 엄살이 좀 심했지만 진료와 치료의 과정을 거치면서 내가 느낀 바가 하나 있었다.

POD #2 OPD F/U(수술 후 이틀째 외래 방문).
한국말을 잘 한다.

"머리가 아파요."
"아, 그러시구나. 에구, 제가 수술 전에 permission(수술동의서)받을 때 말씀드렸죠? spinal block(척추 마취)의 complication(합병증)으로 나타날 수 있다구요. 그게 생기셨네요."

"예, 지난번에 들었어요. headache(두통)가 얼마나 갈까요?"

"길면 1주일까지도 갈 수 있는데, 누우면 좋아지고 서면 발생하니까 되도록 누워계시고 물, 이온 음료, 쥬스 등 물 종류를 많이 드세요."

"예, 그렇더라구요. 그럴게요. 약을 먹는 것은 효과가 없더라구요."

"예, 맞아요, 두통약은 아무런 도움이 안 됩니다."

일반적으로 두통이 척추 마취 후에 모두에게서 나타나는 것은 아니지만 유독 젊은 사람에게서는 잘 나타난다. 아마도 epidural space(경막외공간)의 negative pressure(음압) 때문이 아닐까 하는데...

참 웃기는 게 아무리 수술 전에 spinal block(척추 마취)의 complication(합병증)에 대해서 설명을 해줘도 대부분의 우리나라 환자들의 반응은 일단 화부터 내는 것이다.

"아, 씨. 이렇게 아플 줄 알았으면 수술 안 했을 거 아녜욧!"

"이렇게까지 아프다고는 얘기 안 했잖아욧!"

(그걸 의사가 정량화해서 말해줄 수 있는 방법이 있나?)

"뭐 잘못된 거 아녜욧? 뒷목까지 뻐근한데 이거 만약 잘못되면 책임지셔야 해욧!"

수술 전 설명이 아무런 소용이 없다.

그러나 이 미국인 환자는 자신이 수술 전에 다 설명을 들었고 이후에 두

통이 발생했지만 의사가 빨리 호전되는 방법과 앞으로의 경과에 대해 설명을 해 주었으니 안심을 하고 의사의 말을 믿는 것이다. 아무런 불평이 없다.

우리나라에 13년째 와 있는 미국 신문기자이다. 한국어는 유창하다.

"여담입니다만, 외국인분들을 치료하면 좋은 점이 두 가지가 있어요. 하나는 원어 그대로 말해도 알아듣는다는 것이고, 다른 하나는 참 합리적이라는 거예요."

"으흥, 그런가요? 저도 좀 그렇게 느껴요. 한국 사람들은 좀 말이 잘 안 통할 때가 있어요. 설명을 듣지 않고 약간 억지를 쓰는 거 같아요."

"한국에서의 수술은 처음이신가요?"

"예."

"어때요? 겪어보니?"

"일단 너~무 싸요. 그리고 전문의가 무척 많아서 만나기가 쉽고, 작은 병원이 많아서 치료받기 쉬워요. 미국에는 이런 클리닉에 입원실 없고 수술실도 없어요. 한국은 medical health care system(의료시스템)이 정~말 좋아요. 미국보다 훨씬 좋아요. 만족해요."

"에구, 감사합니다. 만족하신다니 다행입니다."

만족? 두통이 있는데도 만족한다.

우리나라의 의사들은 언제쯤 합리적인 환자를 만나볼 수 있을까?

그런 날이 오기는 할는지...

19

해줄 게 없어

1994년이던가. 본격적인 대학병원 이야기나 의사 관련 메디컬 드라마는 이때 선보인 이재룡, 신은경, 전광렬 주연의 '종합병원'이라는 MBC 드라마가 원조였다. 사람들이 거의 처음 접하는 본격 메디컬 드라마는 시청률이 대박을 찍었고 이후 우후죽순 격으로 많은 메디컬 드라마가 만들어졌다.

생각나는 것만 나열해 봐도,
'종합병원', '의가형제', '해바라기', '하얀거탑', '외과 의사 봉달희', '뉴하트', '닥터스', '흉부외과', '브레인', '낭만닥터 김사부', '굿닥터', '골든타임' 등등. 참 많은 메디컬 드라마가 있었다.

이 메디컬 드라마들에는 공통된 특징이 있는데 메디컬 드라마에서 다루고 있는 진료 과목의 대부분은 외과계(Surgery)라는 것이다. 종합병원/하얀거탑/낭만닥터 김사부/외과 의사 봉달희(외과), 의가형제/뉴하트/흉부외과(흉부외과), 브레인/해바라기(신경외과). 심지어 메디컬 드라마가 아닌 '태양의 후예'마저도 여주인공은 외과 의사다.

왜 메디컬 드라마는 주로 외과(계) 의사를 모티브로 할까? 그 이유를 모르는 사람이 있을까? 당연히 '자극적'이기 때문이다. 생명이 경각에 달린 환자들을 살려내기 위해 고군분투하는 의사들. 시청자들은 많은 어려움을 다 극복하고 결국엔 한 사람의 생명을 살려내는 의사들을 보면서 희열을 느끼고 멋있다고, 저런 게 진짜 의사라고 생각할 것이다.

신원이 확보되지 않고 보호자가 도착하지 않아 수술동의서를 받지 못해서, 돈이 없어 수술비를 낼 수 없어서, 심지어 대규모 삭감이 우려되어 원무과 및 병원 운영진이 반대해서 응급 수술을 할 수 없는 상황에서도 카리스마 만땅인 외과 의사가 자신이 모든 것을 책임지겠다며 환자를 수술하는 상황을 보며 환호한다. 거기에 더해 수술하다가 의도치 않게 혈관을 터뜨려 수술자들의 얼굴에 피가 튀는 장면까지 나오고 그럼에도 불구하고 환자를 살려내는 외과 의사.

"의사라면 저래야지."

자연스럽게 나오는 드라마 평. 대개의 경우 실력 없고 성격 지랄맞은 이

기심에 가득 찬 의사 하나가 설정되어 주인공과 극명하게 대비되는 적폐 의사로 등장한다. 주인공 외과 의사의 능력은 그야말로 almighty(전지전능). 못하는 수술이 없고 수술을 하면 survival rate(생존 확률) 100%. 심지어 다른 실력 없는 surgeon(외과 의사)의 수술을 뺏어서 드라마틱하게 살려내기도 한다. 이것만 해도 아주 자극적인데 거기에 더해 달달한 러브 라인까지 더해주면 드라마를 보는 맛이 더 개꿀잼이겠지.

현실에서도 의사들이 다 이럴 거라고 생각하는가? 전직 종합병원에서 근무했던 외과 의사로서, 현직 구멍가게(?) 열어 진짜 구멍만 들여다보고 있는 외과 의사로서 이런 드라마를 보면서 느끼는 내 솔직한 심정은 Bull shit(젠장)!이다.

도대체가 말도 안 되는 설정들이다. 물론 응급 수술도 있고 개중에는 생명이 경각에 달한 환자들도 있다. 그러나 이런 드라마틱한 경우들은 진짜 가뭄에 콩 나듯 어쩌다 한 번 있는 경우이지 매일 매일이 다 이렇다면 어떤 의사가 버텨내겠나? 대부분 외과 의사의 수술은 미리 예정되고 준비된 수술이다. Preop. check(수술 전 검사)하고, 내과, 마취과 등에 consult(협의 진료) 내고, 각종 검사 다 해서 수술해도 안전하겠다는 전제 하에 수술실로 들어간다.

얼굴에 피가 튀는 수술? 그래. 물론 없는 것은 아니다. 그러나 그렇게 흔히 볼 수 있는 광경은 아니라고. 대부분의 수술에 있어서 예기치 않은 출혈 상황은 존재하지 않는다. 혈관을 자르기 전에 이미 다 결찰이 되어 수술 시야는 거의 깨끗한 상태에서 수술을 하게 된다.

"정신 똑바로 차렷!"
"너 나갓!"

드라마에서는 이런 외과 의사도 많지만, 수술 중 소리 지르는 의사? 사실 별로 없어. 대개는 별말 없이 사부작사부작 수술이 끝나거나, 손은 수술을 하고 있고 머리는 딴 생각을 하거나, 심지어

"오늘 저녁에 뭘 먹을까?"
"너 어제 개콘 봤냐?"

하는 얘기로 이야기꽃(?)을 피우기도 한다.

의사가 아닌 사람들이야 어떻게 그런 상황에서 그럴 수 있느냐고 탄식하겠지만 수술이 매일매일 반복되는 일상인 외과 의사들에게 드라마 같은 상황만 있다면 그거 스트레스 받아서 어디 살겠냐?

내 개인적인 평가임을 전제로 가장 실제와 유사하다고 생각하는 드라마는 당연 '하얀거탑'이다. 물론 여기도 역시 천재 외과 의사가 나오기는 하지만 정의감에 불타 오로지 환자만을 생각하는 그런 이상적인 외과 의사가 아니다. 처음 의학도의 길로 들어설 때는 오직 환자를 위한 순수한 마

음이었으나, 자신의 미천한 출신 성분으로 인한 열등감에 더 높은 자리로 올라가기 위해 발버둥치는 외과 의사가 그려진다. 주인공이라고 그저 멋있게만, 의롭게만(?) 그려대는 우리나라의 메디컬 드라마와는 달리, 야망에 차서 옳지 못한 짓을 저지르는 의사이다.

물론 이 드라마는 사실적이기는 하지만 의사인 나로서도 보기는 불편했다. 치부가 드러나는 느낌이랄까. 결말은 주인공이 cholangiocarcinoma(담관암)에 걸려 죽어가면서도 자신의 시신을 기증하는 훈훈한(?) 마무리로 끝맺어졌다.

일본의 동명 의학 드라마를 베이스로 하고 김명민이라는 연기파 배우를 주인공으로 하여 만들어진 이 드라마에서 보이는 의사들끼리의 암투와 알력은 우리나라의 대학병원에서 실제로도 흔하다. 의사들이 점잖고 이성적일 것만 같은가? 아니다. 거기도 사람 사는 곳이고 의사도 사람이다. almighty(전지전능)란 존재하지도 않고 존재할 수도 없다. 그저 남보다 좀더 공부를 잘해서 의대에 갔을 뿐이지 의사가 되기 위한 DNA나 인성을 가지고 태어난 것이 아니라구... 못하는 거? 쌔고 쌨다.

페이닥터 시절을 돌이켜 봤을 때 가장 마음 아팠던 환자가 하나 있다.

#1
50대 후반의 여자 환자.
Stomach ca. with carcinomatosis peritonei(위암의 복막 파종).

대학병원에서 진단 후 수술 받을 당시 이미 stage IV(4기) 환자. 수술 후 1년 넘게 생존해오고 있었다. 가족은 남편과 미혼의 20대 아들 하나. 항암제 치료까지 시행하였으나 채 한 사이클을 마치지 못하고 후유증이 심하여 치료 중단된 환자였다. 대학병원에서는 더 할 수 있는 게 없으니 작은 병원급 의료기관으로 전원하도록 권유받고 내원한 환자였다. 내원 당시부터 환자는 cachexia(악액질) 상태…

주)

cachexia(악액질)

칼로리를 보충해도 영양학적으로 비가역적인 체질량의 소실이 이루어지는 전신적인 영양 부족 상태를 말하며, 영양소의 이용이나 대사가 제대로 이루어지지 않는 '영양 불균형 상태'. 원인은 대개 결핵이나 당뇨 같은 만성 질환이나 암 같은 악성 소모성 질환.

암으로 인한 악액질인 경우, 정상적으로 대사되던 탄수화물, 단백질, 지방의 대사나 이용이 전혀 다른 방향으로 이루어지게 되어 환자가 정상적인 식사를 한다고 할지라도 이를 몸에서 이용하는 것이 아니라 대부분 종양에 빼앗기게 되어 점차적으로 몸의 상태가 소모적인 진행을 거치게 되는 것이다.

가장 흔하게 나타나는 것은 입맛의 변화이다. 즉, 입맛이 과거와 완전히 변하거나 아예 입맛 자체가 없고 따라서 식욕을 전혀 느끼지 못하게 된다. 체중 감소 또한 악액질의 대표적인 임상 증상으로, 설사 환자가 입맛이나 식욕이 정상이라 하더라도 체중이 감소한다면 우선은 악액질 상태로 접어들었다는 것을 인식해야 한다. 악액질로 인하여 여러 가지 증상이 동반되는데, 신경학적 증상, 영양 장애, 전신 상태 저하, 운동장애, 감각 장애 등 다양한 증상들이 수반된다.(출처:다음백과)

이런 환자의 치료(?)는 크게 두 가지로 나뉜다. 먹지를 못하니 영양 불균형 교정을 위한 TPN(Total Parenteral Nutrition:비경구 영양)과 pain control(통증 조절)인데 이것은 환자의 질병을 치료하기 위한 curative treatment(완치적 치료)가 아니라 살아 있는 동안 life quality(삶의 질)를 높여주기 위한 palliative treatment(완화 요법)이다. 즉, 환자의 생존율에는 영향을 끼치지 못한다.

죽을 때만 기다리는 환자. 아무것도 해줄 수 없는 의사인데도 환자는 늘 공손했다.

여름휴가를 가게 되어 회진 시 환자와 보호자에게 말했다.

"제가 4박5일 간 휴가를 가게 되어서요. 제가 없더라도 환자분께 들어가는 약은 어김없이 다 들어가도록 처방을 해 놨어요. 혹시 무슨 일이 있더라도 저 말고 다른 외과 의사가 봐 드릴 수 있도록 조치해 놨으니 너무 걱정 마시구요."

환자는 뼈만 앙상한 손으로 내 손을 잡고 말했다.

"아유, 과장님. 저 때문에 고생도 많으신데... 제가 넉넉치가 않아서... 과장님 휴가 가신다는데... 식사 한번 하시라고 인사도 못 드리고... 죄송하네요."

가쁜 숨을 쉬면서 어렵게 어렵게 말을 하는데 살이 없어 쭈글쭈글해진 얼굴로 그래도 웃으며 배웅하느라 드러낸 잇몸은 안쓰러울 정도로 바짝 말라 있었다.

"아이구, 그런 소리 마시구요. 무슨... 언제라도 아프시면 간호사에게 말씀하세요. 아픈 거 참지 마시구요. 그리고 보호자분, 뭐라도 좋으니까 환자분이 드실 수 있다는 게 있으면 드시게 해주세요. 글구 자주 물로 입을 축여주시구요."
"예, 선생님, 휴가 잘 다녀오세요."

그렇게 휴가를 떠났었다. 사실 휴가 떠난 의사에게 전화해서 오더를 받는 것은 예의가 아니긴 하지만 나는 내 환자에 관한 noti(notify:보고)는 항상 내가 듣기를 원했다. 해외로 가면서도 로밍을 다 해갔었다. 휴가 기간 내내 나에게 따로 noti(보고)는 오지 않았다.

병원으로 복귀한 날. 아침 회진. 여러 번 언급했지만 의사가 환자의 병을 진단한다는 것은 아무것도 묻지 않아도 환자를 처음 본 순간부터 시작된다. 환자의 얼굴 표정이 다르다. Carcinomatosis peritonei(복막 파종) 환자가 표정이 좋아봐야 얼마나 좋겠느냐마는 휴가를 떠나기 전 환자의 표정과는 확연히 달랐다.

"어? 이 환자분 왜 이래?"

회진을 따라온 간호사에게 물었다.

"이틀 전부터 통증이 좀 심해지셨어요."

환자의 표정뿐만 아니라 작은 신음 소리까지… 약하게 끙끙댄다.

"환자분, 배 좀 만져볼게요."

이학적 검사상 tenderness(압통)와 rebound tenderness(반발통)가 있고 약한 muscle guarding(근육 강직)도 보인다. 원체 cachexia(악액질)가 심해 얇은 책 한 권의 두께마저도 없이 얇은 복벽이라 muscle guarding(근육 강직)을 놓칠 수도 있을 정도. 이학적 검사만으로는 surgical abdomen(수술이 필요한 복부).

"fever(열) 없어요?"
"마일드하게 있어요. 37.7, 37.8 그래요."
"언제부터?"
"과장님, 이 환자분 fever(열)는 약하지만 항상 있었어요."
"아니, 그거 말고. 그건 cancer fever(암에 의한 미열)고. 그건 37.5를 넘어갔던 적이 없잖아. 지금 이렇게 아프고 나서부터 fever(열)가 더 오른 것 아냐?"
"약간요."

암 말기가 되어 전신에 암 세포가 퍼지면 미약하게 환자의 체온이 상승하는데 이걸 cancer fever(암에 의한 미열)라고 한다. 간혹 말기 암 환자에게서 나는 열이 cancer fever(암에 의한 미열)라고만 생각하고 간과하다가 다른 원인에 의한 체온 상승을 감별하지 못하기도 한다.

"CBC(혈액검사의 일종) 좀 해 보구요. abdomen E/S(복부 단순 촬영)하고 chest PA(흉부 단순 촬영) 좀 찍어요."
"예."

혈액검사 결과 WBC(백혈구 수)가 상승해 있었으나 chest PA(흉부 단순 촬영)에 free air(유리공기 음영)는 보이지 않았고, abdomen E/S(복부 단순 촬영)에서는 군데군데 ileus(장 마비) 소견이 보이나 그리 심해 보이지는 않았다. 평소에도 복강 내 장 유착으로 인해 가끔 ileus(장 마비)가 나타났다가 사라지곤 했었다.

환자의 증상과는 맞지 않은 X-ray 소견. 백혈구 수치 상승을 설명할 수 없다. 그냥 그러려니 하고 넘어갈 일이 아니다. 병동으로 다시 올라가서 간호사에게 말했다.

"abdomen CT(복부 CT) 찍어요."

다시 환자의 병실로 가서 보호자에게 CT 촬영에 대해 설명하는데 보호자와 환자 모두 싫어하는 눈빛.

"CT 꼭 찍어야 돼요?"

"예, 지금 배 상태가 좀 안 좋아 보여서요."

"어떤데요?"

"만져봐서는 복막염일 수도 있겠다는 생각이 들어요."

"복막염은 굉장히 많이 아픈 거 아니에요? 그렇게까지 아파하는 것 같지는 않은데..."

"다른 환자들에게서는 그렇지만 환자분은 복강 내 유착이 심해서 염증이 배 전체로 퍼지지 않아 보통 다른 환자들에서 나타나는 패턴의 소견이 나타나지 않을 수 있어요."

"예."

아니나 다를까. 하도 배가 작고 말라서 CT로도 확연하게 보기가 힘들었지만 군데군데 보이는 free air(유리공기 음영). 정상적으로는 복강 내 공기가 존재하면 안 된다. 의사가 아닌 대부분의 일반인은 이것을 잘 이해하지 못하는데 그 이유는 장 내의 공간과 복강이라는 공간을 구별하지 못하는 데서 오는 이해 부족이다.

입에서부터 항문까지는 5~6m 정도의 파이프라고 생각하면 되는데 이 안에는 정상적으로 공기가 존재하지만 복강(abdominal cavity)이라는 공간은 장의 바깥쪽과 복벽 사이의 공간으로 정상적으로는 공기가 존재하지 않는다. 그러므로 복강 내 공기(free air)가 보인다는 것은 소화관의 어딘가가 터졌다는 뜻이 된다.

"하아..."

난감했다. 소장의 어딘가 터졌다는 것은 확실하다. 그러면 당연히 수술을 해야 한다.

그러나...

수술 방에서 보게 될 상황은 구태여 배를 열지 않아도 충분히 예상이 가능하다. 이전 수술로 인한 bowel adhesion(장 유착)에 더해 carcinomatosis peritonei(암의 복막 파종)로 인한 유착이 매우 심할 것이다. 어찌어찌 천공 또는 파열된 장의 부위를 찾아 절제를 한다고 해도 이후 장을 이어 붙이는 과정에서 한 땀 한 땀마다 장은 죽죽 찢어질 것이고, 다행히 잘 이어 붙인다 하더라도 문합 부위가 아물지 않고 다시 파열될 가능성이 높다.

환자의 몸무게는 40kg이 되지 않았고 albumin(알부민) 수치는 2.0도 되지 않았다. 게다가 간 기능마저 떨어져 PT/aPTT(혈액 응고 능력을 보는 검사의 일종)도 늘어지는 상태. 수술을 잘 마친다 하더라도 출혈이 멈추지 않을 수 있었다(이 글을 보시는 surgeon(외과 의사)들이라면 충분히 이해하시리라. 의사가 아닌 분들에게 설명을 하고는 싶으나 그러려면 매우매우 긴 이야기를 해야 한다. 그건 좀 내가 너무 힘들다. 죄송...).

이제 나는 비겁한 의사가 되어야 했다.

"얼마...요?"
여장부 같은 마취과장의 첫 반응이다.

"헤모/헤마(헤모글로빈/헤마토크릿 Hb/Hct:혈색소 수치) OO/OO이구요, albumin(알부민)이 OO이구요, PT/aPTT가…"

"과장니이이임!"

"……"

"과장님 저한테 뭐 서운한 거 있으세요? 저한테 왜 그러세요오!"

"죄송합니다."

"이런 환자를 수술하시겠다구요? 정말요?"

"아니, 저도 답답해서… 빤뻬리(panperi:panperitonitis 복막염)라 하는 게 맞기는 한데…"

"과장니이이임!"

"……"

"어쩌시려구 그래요? 안 되는 거 아시잖아요."

"그… 렇… 겠죠? 아무래도 무… 리… 겠죠?"

"그럼요, 당연하죠. 과장님, 대학병원인들 이 환자 수술하겠어요?"

"……"

"수술이 잘 된다고 해도 이 환자 general condition(전신 상태)이면 ICU(중환자실)에서 못 나와요. 그냥 cancer(암) 때문에 돌아가실 때까지 계속 있게 될 거예요. 알부민이랑 FFP(Fresh Frozen Plasma:신선 동결 혈장)도 때려 부어야 되는데 그런들 정상 수치로 올라가지도 않을 거고 삭감은 삭감대로 다 때려 맞을 거고…"

"……"

"아시잖아요. PT/aPTT나 albumin(알부민) 문제뿐만 아니라 이 분 수술하고 나면 pulmonary edema(폐부종)에 빠질 가능성도 높고, CHF(congestive heart failure:심부전) 와서 ventilator(인공호흡기)도 못 뗄거라구요. creatinine(크레아티닌:신장 기능 수치의 일종)이 얼마라구요?"

"OO이요."

"과장니이이이임!"

"……"

"안 하실 거죠? 그렇죠?"

"……"

"안돼요, 전 못해요. 과장니이이임, 이런 컨디션이면 table die(수술 중 사망)한다구요. 안돼요, 안돼. 전 못 들은 걸로 할래요."

"……"

보호자에게 CT를 보여주며 수술이 필요한 상태이나 환자의 상태를 보았을 때 수술 중, 후의 사망 가능성이 매우 높음을 설명했다. 사실 나는 이런 상황을 매우 싫어한다. 결국 비전문가인 환자나 보호자에게 결정을 떠넘기는 일이 아닌가? 외과 의사로서 자괴감이 들었다.

"수술을 하실 지 안 하실 지를 결정해주셔야 합니다."

내 입으로 말하면서도 비겁하다고 느꼈다.

"상의를 좀 해 볼게요."

환자의 남편과 아들이 환자에게로 돌아갔다. 솔직한 심정으로 안 하겠다고 말해주길 바랐다. 보호자에게 한 설명도 중립적이지 못했다. 비겁하게도...

결국 수술을 안 하기로 보호자가 결정한 뒤 환자는 중환자실로 옮겨졌고, 항생제를 투여하며 버텼으나 일주일 후 사망했다. 사망선고를 하고 돌아서면서도 남편과 아들의 눈을 마주치지 못했다.

이후 지금까지도 간간이 생각난다. 그리고 그때마다 어디선가 들려오는 목소리...

"넌 정말 그때 최선을 다했니?"

얼마 전 지인으로부터 조언을 구하는 전화를 받았다. 94세 친척의 말기 위암 천공으로 인한 복막염 상황. 이 전화를 받고 나서 예전에 내가 겪었던 일들이 다시 떠올라 착잡했다. 이번에도 나는 그 지인에게 수술을 권하지 않았다.

'아직도 나는 비겁하구나.'

의사가 못 하는 일? 쌔고 쌨다.

"내 어영부영하다가 결국 이 꼴 될 줄 알았지."
어느 묘비에 쓰여 있다는 유명한 말이다.

내 비록 이 짝 나서 남의 똥구멍만 들여다보고 있다만 내 의국 동기들 중 대학병원에 남은 녀석들은 이미 정교수가 되었다. 그중 어떤 녀석은 외과 과장이기도 하다. 대학병원의 교수와 개원가 나부랭이가 만날 일은 자주 없지만, 그래도 가끔 동기 모임이나 학회에서 만나면 현재 의국에서 일어나는 이런 저런 얘기를 듣기도 한다.

CMC(가톨릭 중앙의료원)에서 MIS 심포지움(최소 침습 수술 심포지움)에 연자로 발표하게 된 일이 있었다. 뭐 개원가 나부랭이가 대학병원 심포지움에서 학술적인 얘기를 할 거는 아니라서 장차 강호에 던져질 의국 후배들에게 페이닥터의 마음가짐(?)에 대해 얘기를 하게 되었다. 내가 참 말주변이 없는 데다 무대 공포증이 있어놔서 무슨 발표를 하라면 벌벌 떨기는 하는데 그 큰 강당에 드문드문 채워진 자리는 그나마 별로 없던 기대감마저 사라지게 했다.

하긴, 내 얘기 들어서 뭐가 도움이 되겠냐.

레지던트 트레이닝 중이거나 펠로우 과정에 있는 의국 후배들이 모두 다 대학병원에 교수로 남을 수는 없는 것이라서 그들이 장차 강호에 나와 페이닥터를 하게 되었을 때에 약간이나마 도움이 될 수 있을까 하여 내 경험을 바탕으로 했던 얘기.
뭐 무리는 아니다만 듣고 있는 전공의나 펠로우들의 표정은
'어이구, 지겨워. 잠이나 잤으면 좋겠네. 뭐 이런 일요일까지 불려 나와서

이렇게 시덥지 않은 개원가 얘기나 듣고 있는 건지. 쪽수 채우라고 해서 억지로 불려나오기는 했지만 저 인간이 말하고 있는 게 나랑 무슨 상관이람?'

하는 것 같았다.

점심시간에 의국 동기 선후배들과의 얘기는 자연스럽게 전공의와 펠로우들의 뒷담화. 뭐 좋은 소리 안 나온다. 전공의 특별법 이후 바뀐 외과 의사 트레이닝 과정은 참으로 한심했다.

"요즘 레지던트들은 상전이야, 상전."

올해부터 뽑은 외과 전공의의 트레이닝 기간은 3년으로 줄어서 지금의 2년차들과 같이 전문의 시험을 보게 될 거라고 했다.

"요즘 애들 수술은 좀 하냐?"

"수술은 무슨 개뿔... 수술방에 들어오지도 않는다."

"수술방에 안 들어오면 뭐해?"

"뭐하긴, 밖에서 병동 환자 보지."

"그럼 수술은 SA(surgical assistant:수술 보조 전문 간호사)나 펠로우들하고만 하는 거야?"

"그렇지."

"그럼 레지던트한테 수술을 어떻게 가르쳐?"

"못 가르치지."

"그럼 어쩌려구? 걔네들 전문의 따고 나서 나오면 수술을 어떻게 해?"

"못하지. 야, 걔네들 할 줄 아는 게 없어."

"그럼?"

"다 전문의 따고 펠로우로 다시 들어오겠지."

"요즘 펠로우는 몇 년 하냐?"

"대개는 다 3년이야. 근데 말이 펠로우지, 그냥 레지던트 4년차, 5년차, 6년차 되는 거야."

"트레이닝 기간 줄었어도 결국은 줄은 게 아니네?"

"맞어. 오히려 우리 때보다 더 늘은 거지."

"야, 니네가 교수인데 니네가 레지던트들을 잘 가르쳐야지, 그렇게 SA만 데리고 수술을 하니 애들이 뭘 배울 수가 있겠냐?"

"나 참. 얌마, 뭘 들어와야 가르쳐주든지 말든지 하지. 수술방 자체에 들어오질 않는데 어떻게 가르쳐?"

"왜 안 들어와?"

"몰라. 그냥 병동 일이 바쁘니까 안 들어오나 보지."

"병동 일이야 우리 때는 뭐 없었냐? 오히려 지금처럼 OCS(Open Communicating System:병원 전산 소통 시스템)나 PACS가 있으면 일이 편하지, 우리는 다 챠트에 수기로 오더 내고 다녔고 필름 다 찾아 걸어대느라 일이 많았지. 글구 일이 많아서 못 들어오면 낮에 수술 들어오고 밤에 병동 일하면 되잖아."

"요즘은 전공의법 때문에 저녁 여섯 시 넘어가면 병원 밖으로 내보내야 돼. 안 그럼 병원이랑 교수가 고발당해."

동기, 선배들이 한탄을 쏟아낸다.

"야, 요즘 애들 어떤 지 아냐? 우리 때랑 같이 생각하면 큰 오산이야. 내가 저번에 수술이 늦게 잡혀서 레지던트보고 좀 들어와서 준비하라고 했거든?"

"응."

"근데 페인팅하고 드랩핑(drapping:환자 위에 수술포를 덮는 과정)하다 말고 자기 퇴근시간 됐다고 수고하시라고 하면서 그냥 나가버리더라."

"헐, 그래서?"

"그래서는 뭐 그래서야. 내가 혼자 준비하고 수술했지."

"그럼 걔네들은 수술을 배울 생각이 없는 거야?"

"펠로우 들어와서 배우려고 하겠지."

"펠로우는 subspecial(소분과)별로 다 나뉘어 있는 거 아냐?"

"그렇지."

"그럼 breast/thyroid(유방/갑상선) part 펠로우는 Lapa GB(복강경 하 담낭절제술) 같은 거 못 해볼 거 아냐."

"야, 그것만 못하는 줄 아냐? 3, 4년차가 아예 배도 못 열고 못 닫아. 외과 의사가... 참..."

"펠로우 하게 되면 그중에 몇 명이나 교수로 남을 수 있냐?"

"거의 못 남지. 잘 해야 한두 명? 그것도 운이 좋아서 마침 그 해에 T.O.가 나야 되는 얘기지."

"그럼 펠로우 마치면 다 나와야 하는 거 아냐?"

"그렇지."

"그럼 나와서 취직을 어떻게 해? 할 줄 아는 수술이 없는데? 나와서 취직하면 가장 많이 수술해야 하는 게 appe(맹장염), hemo(치질), hernia(탈장)인데 뭘 할 줄 알아야 취직을 할 거 아냐?"

"appe(맹장염)는 간혹 하지. 다 복강경으로…"

"2차급 병원에서 다 복강경 기계를 두고 있는 것도 아니고 있다고 해도 대학병원의 quality(질)와는 천지 차인데… hemo(치질)는?"

"그건 전혀 없지. 대학병원에서 hemo(치질) 수술 없는 거는 예전이나 지금이나 마찬가지야."

"그럼 애들은 어디 가서 그걸 배워?"

"그러니까 또 다른 병원에 다른 거 배우러 펠로우로 또 들어가. 송도병원이나 대항병원이나 그런 데로… 월급도 형편없이 받고… 그래도 뭐 별 수 있냐? 배우려면 그런 데 들어가야지."

어쩌다 이렇게 된 건지…

"그럼 펠로우하면 수술은 잘 해?"

"그것도 아냐."

"왜?"

"요즘 수술방 무영등 손잡이에는 카메라가 달려 있고 나중에 환자나 보호자가 영상 요구하면 다 줘야 되는데 주치의가 수술 안 하고 펠로우 가르치려고 수술 줬다가 걸리면 큰일 난다구."

"그럼 펠로우가 집도도 못 해보는 거네? 그래도 수술은 교수가 같이 하는 거잖아."

"대부분 그렇지."

"야, operator(집도의) 자리랑 assist(수술 보조자) 자리에서 보이는 Op. field(수술 시야)가 천지 차이인데 그렇게 보기만 하면 나중에 수술을 어떻게 하라고…"

"별 수 없어. 법이 그래. 괜히 가르쳐주자고 무리했다가 나중에 일 터지면 그 감당은 어떻게 하라고…"

"그럼 나중에 수술할 수 있는 의사가 점점 줄어드는 거 아냐."

"별 수 있냐? 우린들…"

"우리 때는 펠로우도 거의 안 했고 레지던트 때 교수님 수술 받아서 배웠는데. 그러니까 나와서도 다 할 줄 아는 거고…"

"옛날하고 다르다니까, 이 사람이… 그리고 요즘은 복강경 수술도 아니고 다 Robotic surgery(로봇수술)라 assist(수술 보조자)가 들어와도 할 게 거의 없어. Open surgery(개복술)는 아예 없고. 애들이 배 여는 것을 본 적이 없는 거지. 그러니 나가서 무슨 수로 배를 열겠냐?"

"참 큰일이다, 큰일…"

"레지던트들도 그래. 뭘 가르쳐주려고 해도 얼굴을 볼 일이 없으니 얘기할 기회가 없어. 회진도 SA랑 교수랑 둘만 도는 경우도 많고… 야, 말하면 뭐하냐?"

"니들이 좀 오라고 해서 잡고 가르치면 되잖아."

"하루 일과 끝나고 퇴근 시간 지나면 레지던트들은 병원 OCS에 걔네 ID

로 접속이 안돼... 전공의법 때문에... 글구 걔네들도 다 퇴근할 생각하지 병원에 남아서 뭘 배울 생각을 안 한다니까. 사람이 다 그런 거잖아, 뭘 배우려면 배우려고 하는 사람이 가르쳐 줄 사람한테 붙어서 하나라도 더 배울 생각을 해야 하는데 레지던트가 교수를 소 닭 보듯 하니 교수인들 뭘 가르쳐주고 싶겠냐? 사실 지가 안 배우려고 하는데 교수가 뭐가 아쉬워서 가르치려고 노력하겠냐?"

"그래도 교수가 가르쳐주겠다고 해야지. 대학병원이라는 게 제일 첫 번째 목표가 의료인 양성이잖아, 진료가 아니고..."

"요즘 애들은 우리 때처럼 교수님에게 가지는 뭐 그런 끈끈한 게 없어. 우리 때는 그래도 교수님 말씀이라면 다 듣고 존경하고 그랬잖아. 사제의 정 같은 거 말야. 근데 요즘 애들은 그런 게 없어. 그냥 너는 너, 나는 나야. 우리도 애들이 그러니까 뭐 그러라고 하는 거야. 우린 아쉬울 게 없거든. 오더는 SA한테 내도 되는 거고..."

"에휴..."

"야, 말하면 뭐하냐? 지난번에 수술하다가 펠로우한테 자리 바꿔서 수술 좀 해보라고 했더니 제가 왜요? 하더라. 펠로우들도 그 지경인데 레지던트는 오죽하겠냐?"

"헐! 수술을 주는데도 안 받는다고?"

"그래. 요즘 애들이 그래."

한쪽 얘기만 듣고 전부를 판단할 수도 없는 데다 레지던트나 펠로우들도 할 말이 많을 수도 있다. 그러나 한 가지 확실한 것은 어느 쪽의 잘못이 크든 간에 후학을 가르치는 외과 계통의 도제식 방법이 무너지고 있다는 사실에는 변함이 없다. 수술을 책이나 유튜브로 배울 수는 없는 노릇 아닌가 말이다. 어디서부터 잘못된 건지 어디서부터 바꿔야 하는 건지조차도 모르는 채로 의학 교육이, 더 나아가 의료가 무너져가고 있다.

외과 의사로 살면서 웬만한 수술을 다 할 줄 알아도 해줄 게 없는 환자를 만나게 된다. 그럴 때 외과 의사로서 느끼게 되는 자괴감은 신 앞에, 환자 앞에 내가 정말 아무것도 할 수 없는 미천한 존재에 불과하다는 사실을 깨닫게 해준다.

그러나 이런 경우에서도 기본 전제는 '뭘 할 줄 안다는 것'이다. 뭘 할 줄 아는데도 해 줄 게 없는 경우가 부지기수인데 그나마도 할 줄 모르면…

"해줄 게 없어요."

와

"할 줄 아는 게 없어요."

중에…

후배들아, 넌 지금 어디에 서 있니?

화성에서 온 환자, 금성에서 온 의사

　의학이라는 학문이 철저하게 과학과 통계에 근거를 둔 학문이고 의대 교육도 당연히 과학에 기반을 두고 가르치는 교육이라 의사들은 당연히 수학, 과학에 기초하여 진료와 치료를 한다. 반면, 이 민족(나는 이 '민족'이라는 단어를 참 싫어한다. 그러나 국가, 국군 등은 참 좋아하는 단어이다.)은 5천 년 역사 동안 몇몇 선각자를 제외하고는 뜬구름 잡기 식의 모호한 이념과 사상에만 골몰했던지라 지금까지도 과학적인 근거와 통계 자료보다는

"~카더라."
"~아니겠어?"
"대~충 뭐 그랴~."

이런 비과학적인 말들이 더 설득력을 가지는 것 같다. 그러니 과학에 근거하여 말하는 의사들이 그들의 눈에는 이성적이고 합리적으로 보이기보다 싸가지 없고 냉랭한 기계처럼 보일지도 모른다.

내가 초딩일 때, 수학경시대회라는 것이 있었는데 매번 차출(?)되어 나가는 것은 뭐 그러려니 했었다. 경시대회 출전 학생들을 모아놓고 방과 후 특별 수업을 하시던 선생님 중에 낼모레면 50을 바라보는, 틀딱이 되어버린, 지금도 생각나는 선생님이 계셨다. '비례식'을 가르치는 시간이었다. 분필을 하나 집어 드시고는 애들에게 물어보셨다.

"이게 기냐, 짧냐?"

아이들마다 자기 생각을 뱉어내는데 대부분의 아이의 입에서 나오는 소리는 "짧아요"였다. 웅성웅성 '무슨 그런 당연한 질문을 하시나?' 하는 표정으로 당시 고만고만했던 아이들은 산만해졌다. 아무 대답 없이 선생님은 그저 듣기만 했다.

"그건 지금 모르죠."

전학 온 지 몇 달 안 된 찰방찰방한 바가지 머리의 나는 고바우 지우개똥을 뭉쳐 만지작거리며(이거 해본 분들 있으려나? 오랫동안 만지작거리면 말랑말랑해지면서 꽤 감촉이 좋아진다. 나 변태인겨?) 별 생각 없이 내뱉었다.

"그건 왜 그렇지?"

선생님이 물었다.

"예?"
"왜 지금은 모르지?"
"그거는…"

선생님의 되치기 질문을 예상했던 것이 아니라서 잠시 머뭇거리다가 말했다.

"분필 하나는 지우개보다는 길고 연필보다는 짧으니 비교할 대상이 없는 상태에서는 분필이 길다고도 짧다고도 말할 수 없는 거 아닌가 해서요."

동급생들보다 한 살 어린, 서울서 전학 온 다마네기. 난 일곱 살에 초등학교 입학했거든. 생일이 4월이라 '빠른'도 아닌데 등교 시에 도시락 싸가는 형을 부러워하던 둘째 아들의 성화에 못 이겨 울 어머니가 학교를 속이고 입학시켰었다. 그 당시엔 행정이라는 게 허술하기 짝이 없어서 그런 게 가능한 시기였다.

"그래, 맞다. 이 분필 하나만 가지고는 긴지 짧은지를 말할 수 없는 거야. 비교 대상에 따라 길 수도 짧을 수도 있는 거지. 자, 오늘은 이것에 대해서 얘기할 거야. 비례식이라는 것에 대해서 배울 거야."

수학경시대회 성적은 어땠냐구? 결과는 정확히 생각이 안 나는데, 당시도 교육감상을 받기는 했지(아, 그래. 알어. 지금 의사들 중에 그딴 거 한 번 안 받아본 사람 없다는 거. 잘못했어, 내가... 칫!).

왜 이런 쓸데없는 얘기를 하냐구? 언제부터 아팠느냐는 질문에 "한참 됐어요"라는 대답을 한다고 주절대는 정도는 투덜 축에도 못 낀다. 환자들이 부정확하고 비과학적인 말을 하더라도 정확하고 과학적인 진단, 치료, 예후에 대한 설명을 하도록 교육받은 사람들이 의사 아닌가 말이다. 그러나 문제는 이런 과학적, 통계적인 설명 후에 일어난다.

#1

M/78(남자 78세).

defecation difficulty(배변 힘듦), stool caliber change(변이 가늘어짐) 및 defecation bleeding(배변 시 출혈)으로 내원. Colonoscopy(대장내시경) 시행 후 anal verge(항문연) 7cm 상방에서 ulcerofungating mass(융기성궤양 형태의 종괴) 소견 및 easy touch bleeding(살짝만 건드려도 출혈) 소견 보임.

Impression(의심되는 진단명) : Rectal cancer(직장암)

수면 내시경 시행으로 환자는 자고 있고 보호자(아내, 아들)에게 우선 물어보았다.

"보호자 분이시죠? 잠깐 진료실로 좀 들어오세요."

아내(할머니)와 아들을 불러 내시경 소견을 설명해주고 큰 병원에 가보
셔야겠다고 설명했다.
"그게 뭔데요?"
"우선 조직검사 결과가 나와야 확진이 되는 것이기는 하지만 임상적으로
이거는 직장암이 맞아요."
"확실한가요?"
"예, 거의 확실합니다."
"거의? 그럼 아닐 수도 있다는 거예요?"
"아, 정확한 확진은 원래 조직검사 결과가 나와야 하는 거라서 지금 확진
이라고 말씀드릴 수가 없다는 말씀입니다. 대개 이 정도면 암이 맞습니다."

할머니는 눈이 똥그래졌지만 아들은 황당하다는 표정. 뭔가 예감이 좋지
않았다.

"얼마나 사시겠어요?"
"음, 그건 지금 뭐라고 단정지어 말씀드릴 수가 없구요. 수술을 해서 병기
가 결정되어야만 예후에 대해서 말씀드릴 수가 있어요."
"그래도 대충 의사들은 알잖아요, 얼마나 사실지..."

"몰라요, 의사들도. 일단 병기가 나와 봐야…"

"병기도 몰라요?"

"예, 그건 수술 후 조직검사 결과가 나와 봐야 알아요."

"조직검사는 아까 했다면서요?"

"그건 암인지 아닌지를 알기 위한 검사고, 병기를 알려면 수술을 해서 떼어낸 조직을 가지고 다시 조직검사를 해야만 알 수 있어요."

"암이라면서요, 그런데 수술 후에 왜 조직검사를 또 해요?"

"수술 후에 떼어낸 적출물을 가지고 다시 조직검사를 해서 암이 어느 정도까지 퍼져 있는지를 알아야 병기가 나오는 거라서 수술 후에 조직검사를 다시 해야 하는 거예요."

"아니, 뭐가 이렇게 복잡해? 조직검사를 했는데 뭘 조직검사를 다시 해야 한다고 하고 의사는 환자가 얼마나 살지도 모른다고 하고… 뭐 이래?"

"환자가 얼마나 살지를 의사가 어떻게 알아요? 신이 아닌데…"

"뭐, 다 알던데. TV 보면 다 알아서 얘기 다 해 주더만."

'에효, 드라마를 너무 많이 봤군.'

"보호자분, TV 드라마에서 의사가 '암입니다. 6개월 사시겠습니다' 이러는 거는 다 뻥이에요. 어느 의사도 그렇게 말할 수 있는 의사는 없어요."

"드라마가 아니고 뭐 다큐멘터리 봐도 다 그러던데 뭘 그래요?"

"어느 다큐에서 그래요? 프로그램 이름이 뭐예요? 의사가 그래요? 몇 달 사시겠다구요?"

"이름은 정확하게는 모르는데, 암튼 그래요. 의사들이…"

"아니에요, 그렇게 말 못해요. 어떤 의사도 어느 암 환자가 정확하게 얼마나 살지를 수치상으로 얘기할 수 없는 거예요."

"뭐, 다들 그렇게 얘기하던데 뭘."

얘기가 길어져야 이해를 하려나… 에효…

진료실 밖 간호사에게 물었다.

"우리, 지금 이후에 다른 스케줄이나 환자 있어요?"

"아뇨."

"알았어요. 여기 A4용지 좀 여러 장 갖다 주세요. 클립보드에 껴서…"

길고 긴 설명을 시작하면서 한편으로는 두려워진다. 다 듣고 나서도 이해를 하려나? 또 딴 소리하지 않을까? 걍 모르겠다고 보낼 걸 잘못했나? 오만가지 생각이 머릿속에서 맴돌았지만, 결국 내 성격이 문제인 거지, 내 성격이…

환자는 세상모르고 자고 있는데 보호자들에게 기나긴 설명을 시작했다. 그림을 그리면서…

"병기를 결정하는 방법으로 TNM stage라는 방법이 있어요. 여기서 T는 tumor(튜머:암 덩어리)라고 해서 처음에 생긴 암 덩어리 자체를 나타내고, N은 node(노드:임파절)라고 해서 임파절을 말하는 거고, M은 meta-stasis(메타스테시스:원격 전이)라고 해서 타 장기 전이를 나타내는 용어에요.

각각은 침윤 정도나 전이 정도에 따라
T는 T1, T2, T3, T4로 나뉘고,
N은 N0, N1, N2, N3로 나뉘지고,
M은 M0, M1으로 나뉩니다.

우선 T를 보자면 일단 대장 벽의 현미경적 구조를 알아야 하는데요, 대장 벽을 잘라서 현미경으로 들여다보면 네 개의 층으로 나뉩니다. 맨 안쪽, 변이 지나가는 쪽으로부터 점막층, 점막하층, 근육층, 장막층 이렇게 나뉘는데, 보통 얘기하는 대장암이나 직장암은 맨 안쪽 점막층에서부터 시작해요. 수술을 해서 암이 생긴 부위를 광범위하게 적출하면 이걸 병리과로 보내요. 그럼 병리과에서는 이 적출물을 세세하게 잘라서 슬라이드를 만들어서 현미경으로 들여다보는데, 암의 침윤 정도, 즉 암이 어디까지 파고 들어갔냐에 따라

암이 점막층과 점막하층에만 국한되어 있으면 T1,
암이 근육층까지 파고 들어갔으면 T2,
암이 장막층까지 내려갔으면 T3,
장막층을 넘어섰으면 T4라고 해요.

다음으로 N을 보면 암이 주변 임파절로의 전이가 몇 개나 발견되냐에 따

라 나뉘는데

　임파절 전이가 없으면 N0,

　임파절 전이가 1~3개에 국한되면 N1,

　임파절 전이가 4개 이상이면 N2,

　중간 임파절이나 주임파절 전이가 있으면 N3로 나눠집니다.

　그럼 T에서 네 가지, N에서 네 가지로 이렇게 표를 그리면 총 열여섯 (4x4) 가지의 조합이 나와요. 여기에 M이라고 해서 타 장기의 원격 전이가 없으면 M0, 원격 전이가 있으면 M1이라고 해서 두 개의 경우가 생기는데 아까 열여섯 개의 조합에 두 개의 조합을 곱하면 총 32개의 조합이 나와요.

　이걸 조합해서 표기를 하면, 예를 들어 T2N1M0 이런 식이 되는데,

　대장암에서는 T1, T2에 N0M0일 경우 1기,

　T3, T4에 N0M0면 2기,

　T가 무엇이든 간에 N1M0면 3기 초기,

　T가 무엇이든 간에 N2나 N3에 M0면 3기 말기,

　T나 N이 무엇이든 간에 M1이면 4기…

　이렇게

어디부터 어디까지는 1기

어디부터 어디까지는 2기

어디부터 어디까지는 3기

어디부터 어디까지는 4기

이런 식으로 병기가 나눠져요."

알아듣고는 있는지 어쩌는지 아들은 눈만 껌뻑껌뻑…
계속 설명을 이어갔다.

"이렇게 병기가 나눠지고 나면 아주 오래 전부터 의사들이 수술한 이후 환자를 추적 관찰하면서 얻은 빅데이터 같은 게 있어요. 이걸 survival rate 라고 해서 생존율이라고 하는데

보통 가장 많이 쓰는 것이 5년 생존율, 10년 생존율이에요.

이게 무슨 말이냐 하면 암 환자를 수술하고 5년 동안 쭈욱 추적 관찰을 해서 5년 후에도 환자가 살아 있을 확률을 얘기하는 건데

예를 들어, 대장암 3기 말 환자들을 5년 동안 추적 관찰했더니만 5년 후에도 살아 있는 사람이 100명 중에 30명이다 이러면 5년 생존율이 30%다 이렇게 말하는 거예요.

그런데 어떤 환자가 5년 후에도 생존하는 30% 안에 들게 될지, 아니면 사망하는 70% 안에 들게 될지는 아무도 몰라요. 그러니 수술을 한 후에 조직 검사로 병기가 결정되면 의사가 환자한테 해 줄 수 있는 정확한 말은 '당신은 3기 말이니 앞으로 5년 후에도 살아 있을 확률은 30%입니다' 이렇게 말

할 수 있는 거예요. TV 드라마에서 나오는 것처럼 '암입니다. 앞으로 1년 사시겠습니다' 이러는 것은 순 다 거짓말이에요. 어떤 의사도 그렇게 말할 수가 없어요."

할머니는 아예 기대도 안 했다. 그래도 40대로 보이는 아들은 조금이나마 알아들었겠지…

"그러니까 결국 수술을 해야만 알 수 있다는 거예요?"
"예, 그렇죠."
"이거, 이거 설명하신 거 제가 복사 좀 해갈 수 있어요?"
"예, 그러세요. 근데 어디다 쓰시게요?"
"동생들한테 설명 좀 하려구요."
"아, 아…"
'뭐지? 갑자기 불안해지는 이 느낌은…'

시간은 지나가고 환자와 보호자들은 진료의뢰서와 CD 카피한 것을 들고 병원을 빠져나갔다. 그리고 이틀인가 지난 뒤.

"원장님, OOO 환자분 보호자신데요, 좀 뵙자고 하시네요."
접수에서 간호사가 말했다.

"들어오시라고 하세요. 차트 좀 보게 접수 좀 해주시구요."

전자 차트 화면에 띄워보니 그 rectal cancer(직장암) 환자다. 30대 후반? 40대 초반의 여자가 들어왔다.

"예, 들어오세요. 환자분과는 어떻게 되시죠? 무슨 일로 오셨나요?"

"제가 딸인데, 설명 좀 들으려구요."

"예? 무슨?"

"지난번에 오빠랑 엄마가 왔었는데 아버지가 직장암이라고 들었다고 하더라구요."

"예. 맞아요. 그래서 큰 병원 가보시라고 말씀드렸는데요."

"예, 가긴 갈 건데 정확히 상태가 어느 정도인지를 알고 싶어서요."

"아."

"오빠한테 들었는데 암이 아닐 수도 있다고…"

"예? 아뇨, 암 맞는데요."

"무슨 조직검사를 해야 안다고…"

"아, 조직검사는 했구요. 아직 결과는 안 나왔는데 거의 암 맞아요."

"아니, 무슨 조직검사를 또 해야 된다고…"

"아, 그거는 병기를 알기 위해서 그렇다구요."

"병기요? 그걸 아직 몰라요?"

"병기는 지금 알 수 있는 것은 아니구요, 수술을 해서 떼어내야 정확한 병기가 나오는 거죠."

"얼마나 사시겠어요?"

'아, 또…'

"휴우... 그건 뭐라고 말할 수 있는 게 아니구요. 저기, 혹시 오빠한테서 설명 못 들으셨나요? 제가 설명해 드린 거 복사도 해 가셨는데."

"예, 설명은 들었는데 통 무슨 말인지. 무슨 '티' 뭐라고 하는데 무슨 말인지를 알아들을 수가 없어서 선생님께 직접 들으려고 왔어요."

"아..."

'나 이거 다시 얘기해야 되는 거야?'

"그거 지난번에 오빠 분께 그림 그려가면서 다 설명 드렸는데요."

"예, 근데 저는 못 들어서... 오빠가 하는 말은 무슨 말인지도 모르겠고 오빠도 잘 모르더라구요."

"그렇게 긴 시간 동안 설명 드렸는데 모르시던가요?"

"잘 모르죠. 우리 같은 사람들이 의학 용어를 어떻게 알겠어요?"

"......"

"설명 좀 해 주세요."

"하아..."

한숨이 절로 나왔다.

"이게 되게 긴 얘기거든요. 보호자 분들이 한꺼번에 오셔서 들으면 좋은데 이렇게 따로따로 오셔서 각각 설명을 다 해 달라고 하시면 제가 너무 힘들어서요."

"예? 그럼 설명을 못 해 주시겠다구요?"

"아니, 뭐 그런 건 아니지만, 똑같은 얘기를 반복해야 되는 게..."

"의사라면 환자나 보호자에게 설명을 해줄 의무가 있는 것 아닌가요? 뭐 여러 명이 온 것도 아니고 달랑 두 번 설명하는 건데, 그 정도는 해 주셔야죠."

"하아... 예."

이틀 전의 얘기를 다시 또 그림을 그려가며 리바이벌.

한참의 설명 끝에,

"그럼 뭐예요, 암이라는 거 이외에는 아직 다 모른다는 거잖아요."

"예, 맞습니다."

"어떻게 그런 걸 몰라요? 의사가?"

"의사가 신이 아니잖아요. 수술 후에 조직검사 결과가 나와야지만 알 수 있는 거예요."

"그럼 우리 아빠는 5년도 못 사신다는 거예요?"

"예? 아니, 그런 말이 아니구요."

"아니긴 뭐 아니에요? 5년 생존율이 30%라는 것은 거의 다 죽는다는 말이잖아요."

"아뇨, 환자분이 3기 말이라는 소리가 아니구요. 그건 그냥 제가 예를 든 거구요."

"무슨 예를 하필 심한 사람 예를 들어요?"

"……"

이런 소리를 들으니 뭔 말을 할 수가 없었다. 30분 넘게 지나고 있었다.

"암튼 뭐 알았어요. 뭐 쫌 속 시원하게 얘기를 들어보려고 왔는데 오빠나 다를 게 없네."

혼잣말처럼 중얼거리더니 진료실을 나간다.

"하아…"

진짜 한숨밖에 안 나왔다.

"저기요, 보호자분 수납하고 가셔야죠."

간호사가 엘리베이터 앞에 선 보호자에게 말하는데,

"수납? 무슨 수납이요?"

"설명 듣고 진료를 보셨으니까 진료비 3,300원 주셔야…"

"무슨 진료를 봐요? 제가? 설명만 들은 거 아네요."

"예, 그러니까 설명을 들으셨으니까 진료비를…"

"아니 설명 하나 해 주는데 무슨 진료비를 받아요? 그건 다 그냥 서비스로 해주는 거지."

"……"

"내가 무슨 약을 처방받은 것도 아니고. 뭐 이래? 병원이…"

목소리가 점점 커져간다.

"휴… 간호사, 그냥 가시라고 하세요."

"예."

괜히 시끄러워질까봐 걱정이 되었다.

"들었죠? 무슨 수납이야. 나 참. 제대로 알려주는 것도 못하면서…"

엘리베이터에 타면서도 궁시렁대는 소리가 들린다.

'에효, 괜한 짓을 한 거 맞구나.'

후회한들 무슨 소용이 있겠나, 다 내 탓이지…

내가 정말 이해가 안 되는 것은 의사가 아무리 과학적인 근거를 들어 얘기해도 알아듣기는커녕 알아들으려고도 하지 않는데 애매모호하고 근거 없는 설명에는 고개를 끄덕인다는 것이다.

#2

F/66(66세 여자 환자)

Grade IV hemorrhoid(4도 치핵)로 내원.

걍 국화빵이다, 국화빵(치핵이 심하면 겉에서 보기에 국화빵처럼 생겨 보인다.).

"어휴, 엄청 심하시네. 언제부터 이러셨어요?"

"한~~참 됐지잉."

"이렇게 심해질 때까지 병원 안 가시고 뭐 하셨어요? 엄청 아팠을 것 같은데..."

"많이 아팠지요. 근데 병원에 안 가본 건 아니고, 오랫동안 다녔당께. 한 6개월 다녔나?"

"예? 병원에 다니셨는데 이렇게 될 때까지 수술하자고 안 하던가요?"

"약 먹고 찜질하면 된다고 하길래 여태 약 먹고 찜질했지."

"예? 찜질이요? 어느 병원에서 이 정도로 심한 치질을 약 먹고 찜질만 하면 된다고 해요? 외과에서 그래요?"

"아니, 외과는 아니고..."

"그럼요? 그럼 치질로 내과에 다니신 거예요?"

"아뇨, 내과도 아니고..."

"그럼요?"

"한의원에..."

'이런 젠장!'

"한의원이요? 치질로 한의원에 6개월을 다녔다구요?"

"예."

"하... 나 참. 그래 한의원에서는 뭐라고 하던가요?"

"그게, 뭐라더라. 화기가 아래로 쌓여서 어혈이 껴서 그런다고."

"나 참. 얼척이 없네. 그래서요? 무슨 치료를 받으셨어요?"

"약도 먹고 찜질. 거 뭐냐, 이상한 통 같은 거 위에 앉아서 쑥으로 이렇게 이렇게 하는 거 있쟎네."

"훈증이요? 훈증요법하셨어요?"

"아 맞어, 훈증. 쑥 훈증했다."

"약은요? 무슨 약을 드셨어요?"

"내가 체질상 화기가 많다고, 화기 많은 체질을 다스려야 된다고 무슨 한약을 몇 첩 먹었지."

"한약이요? 깜장물이요?"

"깜장물? 하하하. 깜장물 맞네, 깜장물."

"나 참. 웃음이 나오세요?"

"아, 뭐 그럼 울어요?"

"6개월이나 다녔는데 상태는 나아진 게 없는데 화도 안 나세요? 한약을 얼마 어치나 드셨어요?"

"글쎄, 한 120만 원어치 먹었나?"

"예에? 120만 원이요?"

"응, 뭐 체질을 다스려야 하는데 그럴라믄 단계적으로 몸을 보해야 한다 믄서. 숱해 먹었지."

"근데 하나도 나아진 게 없잖아요. 그거에 대해서는 한의사가 뭐라고 하던가요? 그렇게 120만 원이나 썼는데?"

"어데, 120만 원은 한약 값이고 훈증은 따로 받았응께."

"나 참. 암튼. 한의사가 뭐래요? 낫지 않는 것에 대해서?"

"너무 심해서 그렇댜. 화기가 너무 쎄고 자기랑도 합이 안 들어서 그렇다고…"

"예? 합이요? 무슨 합이요?"

"환자랑 의사랑 합이 안 들어서 그렇댜."

"헐, 그래서요? 아주머니는 뭐라고 하셨는데요?"

"나야 뭐 그렇다고 하니께 그런 줄로만 알지, 내가 뭐 아나?"

"아니, 한의사와 합이 안 들어서 치료가 안 된다는 말을 믿으세요?"

"내가 어찌 알어? 내가 한의사도 아니고…"

"그래서 이제는 뭐래요?"

"외과 가서 수술하랴."

"휴우…"

'단물 다 빨고 나서 더 감당 안 되니 내쳤구만.'

"아니, 처음부터 외과에 왔으면 수술하고 깔끔하게 끝났을 거 아녜요. 돈도 훨씬 아끼고…"

"아, 나야 수술하기 싫응께 그랬제."

"수술하기 좋은 사람이 어디 있어요? 방법이 수술밖에는 없으니까 어쩔 수 없이 하는 거죠."

"아니, 한약 먹고 쑥찜질하면 다 낫는다고 허니께 그랬제."

"그거 한약은 보험이 돼요? 보험 안 되잖아요. 그냥 다 쌩돈 날린 거잖아요."

"근디 그럼 어쩌겠어? 합이 안 들어서 그렇다는디."

"합이 안 들면 돈 그렇게 처먹고 병도 못 고쳐도 되는 거예요? 그런 게 어디 있어요? 그 한의원 어디예요? 이런 새끼는 고발을 하셔야 돼요!"

"아유, 그러지 말어요, 그 냥반이 얼매나 친절한디. 양반이여, 양반…"

'하, 양반 같은 소리하고 있네…'

"하아… 나 원 참 나. 친절요? 친절하면 그렇게 환자 등골 빼 먹어도 돼요?"

"아, 내가 체질이 워낙에 그랗게 글치. 내 체질이 그랗게. 체질이 그려서 합이 안 듣게 워쩌겠어? 하는 수 없제."

얼라리오? 오히려 환자가 한의사를 두둔한다.

'아, 미친…'

"그 말은 이제 그만 허고, 워째 수술 꼭 해야 하는감? 안 하고 약으로는 어떻게 안 되겠어?"

'아, 진짜…'

가끔 노교수님들이 환자를 대하시는 것을 보면 '어떻게 저렇게 말씀하실까? 저렇게 대충...' 하는 생각을 가질 때가 있었다.

학회에서는 그렇게도 과학적이신 분들이 환자나 보호자에게 부정확하고 과학적이지 못한 대답을 해 주시는 것을 보고 또 그 설명을 들은 환자나 보호자들이 고개를 끄덕이는 것을 보면서 노교수님들의 연륜에 따른 일종의 '소통'이라는 것이라고 생각했다. 내가 수련의일 때는 아무리 설명해도 수련의 따위의 말은 귓등으로도 듣지 않던 사람들에게 교수님의 말 한 마디는 난처한 수련의에게는 생명수와도 같은 해결책이었다.

근데 문제는 이런 경우 환자나 보호자는 명사, 동사, 형용사는 다 빼놓고 조사만 듣고 와서는 그 교수님의 권위를 등에 업고 개원가 의사 나부랭이와 맞짱을 뜨려고 한다는 것이다.

#3

몇 살이었는지 정확히 기억이 나지 않는 초로의 여자 환자.

배꼽 주위로 위, 아래 모두를 포함한 Incisional hernia(Ventral hernia:반흔 탈장, 혹은 복벽 탈장) 환자. 불룩하게 튀어나온 것이 꽤나 크다.

과거력 상 30여 년 전 무슨 혹을 떼어내느라 수술을 받은 뒤 나중에 mechanical ileus(기계적 장 폐색)로 수술을 했다고 한다.

"이거 이렇게 튀어나온 게 언제부터예요?"

"오래됐어요."

"얼마나 오래됐어요? 한 10년 됐어요?"

"아뇨, 그만큼은 아니고…"

"그럼 5년?"

"아니, 그것보단 더 됐고…"

'아, 씨. 그냥 그럼 몇 년이라고 말하면 되잖아. 무슨 스무고개 하나?'

"그럼 대충 7~8년?"

"그쯤 됐어요."

"그때 이후로 쭉 이렇게 사신 거예요? 따로 병원에는 안 가보시고?"

"아뇨, 갔었죠."

"어느 병원으로 갔었어요? 수술했던 병원으로 가셨었어요?"

"예, OOOO병원이요."

"그 병원에서는 뭐라고 하던가요?"

"탈장이래요."

"예, 맞아요. 수술해야 된다고는 안 하던가요?"

"뭐, 꼭 해야 할 필요는 없고 불편하면 약만 좀 먹으라고 하던데요."

"예? 약이요? 약으로 이게 치료된다고 했다구요?"

"예, 그렇대요. 그래서 그쪽 병원에 계속 다녔는데 너무 멀기도 하고, 6개월에 한 번 오라고 해서 그냥 근처 병원에서 약 타면 안 되냐고 물었더니 그렇게 해도 된다고 하더라구요."

"그 병원 교수님이 탈장인데 약으로 치료된다고 했다구요?"

"예, 그랬어요."

"어느 과 교수님인데요?"

"외과요."

"외과 교수님이 약으로 탈장이 치료된다고 했다구요?"

"예, 맞아요."

"그럴 리가 없는데…"

"아니에요, 분명 그랬어요."

"아닌데…"

"맞다니까요!"

환자가 짜증이 났는지 큰소리를 낸다.

"탈장이라는 게 복벽이 벌어져서 장이 튀어나오는 건데 그게 약으로 해결되는 게 아니거든요."

"그 교수님이 분명히 약만 먹으면 된다고 했다구요."

'그럴 리가, 혹시?'

"환자분, 이거 이렇게 튀어나오는 거 처음에 알고 나서 이 증상 때문에 병원에 가셨던 거예요, 아니면 다른 증상이 있어서 가신 거예요?"

"처음에는 이게 이런 줄 잘 몰랐어요. 처음에는 수술한 이후로 제가 변비가 심해서 병원에 갔었는데, 한참 지나서 나중에야 이게 있는 걸 안 거죠."

"아하…"

외견상 보기에도 '하늘 높은 줄은 모르고 땅 넓은 줄만 알게' 보였다. trunkal obesity(몸통 비만), moon face(달덩이 같은 얼굴), 얇은 피부, 가는 팔과 다리, 흡사 맹꽁이 같은 morphology(모양새).

"아주머니, 오랫동안 관절약 드셨어요?"
"예, 어떻게 알았어요? 제가 무릎 땜에 엄청 고생을 해서. 에휴…"

'아, 그래서 그랬구나. 그 교수님 어지간히 시달리셨겠네.'

퍼즐이 맞춰지는 듯했다.

Hernia(탈장)에는 여러 가지가 있다. 가장 흔한 게 inguinal hernia(서혜부 탈장)이고, 그 외에 생기는 부위에 따라 Femoral hernia(대퇴 탈장), Obturator hernia(폐쇄공 탈장), Ventral(Incisional) hernia(복벽(반흔) 탈장), mesenteric hernia(장간막 탈장), Umbilical hernia(배꼽 탈장), Hiatal hernia(열공 탈장), Diaphragmatic hernia(횡격막 탈장) 등등. 이 중, inguinal hernia, femoral hernia, Ventral hernia, Obturator hernia가 복벽과 관련된 탈장으로 비교적 간단하게 수술적 치료를 할 수 있다.
대개 외래로 오는 탈장 환자들이 흔히 하는 말이다.
"아프지는 않아요, 아무렇지도 않은데 그냥 들락날락만 해요."

"피곤하면 나왔다가 살살 만져주면 쏙 들어가요, 별로 불편한 건 없는데 튀어나오면 보기가 싫어서..."

결국 무슨 말이냐면

"아프지도 않은데 웬 수술? 수술하기 싫어요."

이다.

맞다. 사실 탈장의 대부분은 아프지 않다. 그러나 이게 아파지게 되는 때가 있는데 탈장 부위로 장이 튀어나와서 꼬이게 되면, incaceration(감돈)이라고 해서 튀어나온 장이 다시 복강 안으로 회복되지 않는 상태가 되고, 이게 심해지면 strangulation(교액)이라고 해서 감돈된 장으로의 혈액 공급이 안 되어 장의 necrosis(괴사)가 일어나는 상황이 발생한다. 제때 수술하지 않아서 심할 경우 strangulation(교액)된 장을 자르고 이어 붙이는 큰 수술을 하게 되기도 한다.

그러므로 이러한 심각한 상황이 오기 전에 미리미리 대비하기 위해 탈장 수술을 하게 되는데 inguinal, femoral, Obturator hernia(서혜부, 대퇴, 폐쇄공 탈장)의 경우 이런 심각한 상황이 종종 발생할 수 있으나 Ventral or Incisional hernia(복벽 또는 반흔 탈장)의 경우 이런 경우는 매우 드물다.

이 환자에 대한 조각 맞추기를 시작했다.

"아주머니(할머니라고 해야 할지, 아주머니라고 해야 할지...), 예전에 혹

떼어냈다는 수술은 어디에 생긴 혹이었어요?"

"몰라. 자궁인지, 난소인지 뭐 그랬어요."

"산부인과에서 수술했어요?"

"예."

"아주머니 자궁은 남아 있어요, 아니면 다 뗐어요?"

"다 뗐어요. 자궁 없어."

"그거 수술하신 게 30여 년 전이라는 거죠?"

"그치."

"그 이후에 장 막혀서 수술한 거는 언제죠?"

"몰라. 한 20년 됐나?"

"아주머니, 이렇게 뚱뚱해진 건 언제부터예요? 원래부터 뚱뚱했어요?"

"아니지. 내가 소싯적에는 날씬했지. 그런데 내가 우리 아들 낳고 나서 일찍부터 여기저기가 쑤시고 아파서 병원에 가서 약을 타다 먹었는데 그 다음부터 밥맛이 엄청 돌아서 막 먹다보니 이렇게 됐지."

"주로 어디가 아팠는데요?"

"무릎, 무릎. 내가 이 무릎 때문에 엄청 고생하다가 결국 양쪽 다 심 박았어."

"인공 관절 수술하셨어요?"

"응, 그래, 그거, 인공 관절. 근데 그때 수술하고 나서 내가 죽을 뻔했어. 마취도 잘 안 깨고, 꼼짝 못하고 누워 있다가 뭔 폐렴도 생겨가지고 열이 펄펄 나서 중환자실도 가고 호흡기도 달고 했었다니까. 그래서 그 이후로 는 내가 수술이라면 지긋지긋해. 에이구..."

"인공 관절 수술하신 게 언제예요?"

"한 10년 됐지."

"인공 관절 수술도 OOOO병원에서 했어요?"

"아니, 그건 XXXX병원에서 했고…"

"그럼 그 전에 무릎 아파서 약 드시던 거는 어디서 타드셨어요?"

"그건 저어~~기 시골에서 약 타먹었지. 아마 지금은 없어졌을 거야, 그 병원. 그때도 원장님이 노인네였는데. 내가 서울로 이사 오기 전이니까."

"그 약은 언제까지 드신 거예요?"

"언제까지가 아니고 그냥 계속 먹었지. 한 2~30년 먹었나?"

"그 시골 병원은 없어졌을 거라면서요?"

"아니, 거기 말고도 다른 병원에서도 타먹었지."

"다른 병원에서 준 약이 그 약인지 아주머니가 어떻게 알아요?"

"에이, 하메 내가 얼마나 먹었는데 그 약을 몰라. 하얗고 똥그랗게 생긴 작은 거. 딱 보면 알지."

"암튼 뭐 그렇고. 변비는 언제부터 생겼어요?"

"무릎 수술하고 나서부터 생겼지. 오래 고생했어."

"아주머니, OOOO병원 외과 외래로 다니시는 그 교수님은 예전에 아주머니를 수술하신 그 분이에요?"

"아니, 그 냥반은 이미 정년퇴임했고, 나 봐주는 사람은 딴 양반이지. OOO 교수라고…"

"그 교수님한테는 언제부터 진료 받았어요?"

"그것도 한 10년 되었지, 아마?"

"처음에 변비인데 왜 외과로 갔어요? 내과로 안가고?"

"내과에 왜 안가? 한참 한 1년인가 다녔지. 근데 영 효과가 없으니까 의사가 외과 문제라고 외과로 가보라고 하더라고."

'아이구 복잡해. 도대체 등장하는 의사가 몇 명인 거냐...'

"아이구 복잡해. 자, 자, 아주머니, 정리를 좀 해 보자구요."

그동안의 병력을 정리해서 지금의 상태까지 오게 된 이유를 설명할 필요가 있었다.

"아주머니가 젊었을 때, 아마도 20대였겠죠? 그때 아기를 낳고 나서 무릎이 아파지기 시작했죠?"
"그렇지."
"그래서 아마 정형외과에서는 스테로이드를 쓰기 시작했을 거예요. 그 하얗고 똥그랗고 조그만 약이요, 그죠?"
"그게 뭔 약인지는 모르고..."
"그래요, 그래. 보통 옛날에는 무릎이 아픈 환자들에게는 스테로이드를 많이 썼어요. 그게 효과는 쌈빡한데 오랫동안 쓰는 약은 아니거든요. 오랫동안 쓰면 밥맛도 좋아지고 해서 많이 먹게 되고 아주머니처럼 몸통 비만, 달덩이 같은 얼굴이 되고, 피부는 얇아지고, 팔 다리는 가늘어지는 Cushing's syndrome(쿠싱증후군)이라는 게 생겨요. 아주머니 지금 상태가 그 쿠싱증후군이에요. 이렇게 쿠싱증후군이 생기면 기력도 떨어지고 잘 피곤하고 상처 회복도 더디게 되고 그래요."

"……"

"근데 30년쯤 전에, 아마도 자궁근종이었던 것 같은데. 자궁근종으로 자궁을 전적출한 거죠. 자궁을 떼어내게 되면 원래 그 자궁이 있던 부위의 공간이 비게 되잖아요. 그래서 그쪽으로 대장이나 소장 등이 잘 들어가 박혀요. 그런데 복부 수술을 하는 모든 분에게서는 장 유착이 생기거든요. 장이 장끼리 들러붙든지 복벽하고 들러붙는 건데 이 유착만 있으면 문제가 안 되는데...

우리 몸의 입에서부터 항문까지는 5~6m 정도 되는 하나의 파이프라고 생각하시면 돼요. 이 파이프가 뱃속에서 꾸불꾸불 하게 있는데 이게 유착이 있으면 파이프 어딘가가 눌리거나 꼬여서, 쉽게 말해 파이프가 막히는 거예요. 그러면 먹은 음식이 아래로 안 내려가고 음식이 안 내려가니까 막힌 부위의 위쪽 장이 늘어나고 그래서 아프고 토하고 그러거든요.

이런 걸 장 폐색이라고 해요. 일단 장 폐색이 되면 심한 정도에 따라 다르지만 저절로 풀리는 경우가 한 70% 정도 되고 안 풀려서 수술로 풀어줘야 하는 경우가 30% 정도 되는데 아주머니의 경우는 수술을 해서 풀어준 거죠."

"그렇지, 이전에 혹 뗄 때는 흉터가 아래쪽만 있었는데 장 꼬여서 수술하고 나니까 위쪽까지 다 올라 왔더라구."

"맞아요, 유착성 장 폐색을 수술할 때는 어디가 막힌 건지를 잘 모르니까 일단 크게 열어야 돼요. 안 그러면 배 열다가 장을 뚫어버릴 수가 있거든요. 이건 제 생각인데, 아마도 그때 수술할 때도 수술이 쉽지는 않았을 거예요. 피도 많이 나고 지방층도 두꺼워서 수술하는 손이 막 미끄러지고 그랬을 거예요. 쿠싱증후군 환자들이 원래 수술하기가 쉽지 않거든요. 내장 지방도 많고 수술하는 동안 피도 질질 나서 되게 수술하기 까다로웠을 거구요. 근데 반면에 근막이랑 복벽 등은 약해져서 탄탄하지가 않았을 거고. 내장 지방이 많은 데다가 장도 땡땡 부어 있었을 테니 뱃속에 집어넣고 배를 닫는 것조차 힘들었을 거예요."

"……"

"어렵게 어렵게 배는 닫았지만 배가 많이 땡겨져서 잘 안 아물 수도 있었을 테고, 쿠싱증후군에서는 상처가 잘 안 아무니까 그럴 수도 있는데. 아주머니의 경우는 그게 아닌 게 이렇게 배꼽 쪽으로 튀어나오는 탈장이 생긴 게 수술을 하고 나서도 12년 정도가 지나서 생긴 거니까 이건 그 수술이 잘못된 거는 아니에요. 수술을 한 이후에도 무릎 때문에 계속 스테로이드를 드셨고 나이도 들다보니 복벽은 점차 약해지고 가장 힘을 많이 받는 부위의 복벽, 즉, 배꼽 부위부터 근막이 벌어진 거죠. 그리로 장이 튀어나오게 되는 거구요.

유착 박리 수술 자체도 어차피 수술이라서 뱃속에서 장이 널러덩하게 움직일 수는 없을 테니 변비가 생긴 거고 변비 때문에 아주머니는 변 볼 때 힘을 더 줬을 테니 복압이 증가해서 약해진 복벽을 더 벌어지게 한 거죠."

"응."

"10년 전에 아주머니가 양쪽 무릎에 인공 관절 수술을 하고 나서 호흡기 달고 중환자실 가셨던 거는 수술 후 생긴 폐렴 때문이었을 거예요. 양쪽 다리를 수술했으니 잘 움직이지도 못하고 침대에만 누워 있었을 테고 그러니 가래가 잘 생기고 수술 후에 생긴 무기폐가 잘 펴지지 않아서 폐렴이 왔었겠죠. 그래서 아주머니가 고생을 하신 거고 예전부터 수술을 세 번이나 했는데 마지막 수술에서 그렇게 고생을 하니까 수술에 대한 공포가 생겼을 테구요."

"아유, 나는 수술이라면 지긋지긋해."

"그런데 또 탈장이 생겼고…"

"……"

"예전에 장 유착 수술해주신 교수님은 없지만 새로 보시는 외과 교수님도 아주머니를 오랫동안 본 거잖아요. 그러니 아주머니가 수술에 대한 공포가 심하다는 정도는 알 테고…"

"……"

"근데 다른 부위의 탈장과는 다르게 이 복벽 탈장은 장이 튀어나와서 꼬여서 문제가 되는 경우는 거의 드물거든요. 탈장되어 나오는 구멍이 작으면 장이 꼬여서 문제가 될 수도 있지만 이렇게 좀 클 때는 장이 꼬일 가능성은 거의 없어요. 더군다나 아주머니는 쿠싱증후군이라서 마취와 수술의 위험성도 높은 데다가 수술 후 상처가 잘 아물 수 있을지 없을지도 확실하지가 않아요. 게다가 아주머니의 주 증상은 배가 아픈 게 아니고 변비로 고생하는 거니까 수술을 또 해서 나을지 안 나을지도 확실하지 않은 수술에 공포가 있는 환자에게, 또 외과 의사로서 하기 힘든 수술일 게 뻔한 환자에게 수술을 하자고 권하기보다는 그냥 주 호소 증상을 호전시키는 약물 치료 방법을 선택하신 거죠. 그건 오랫동안 환자를 보아 온 의사의 노하우 같은 거예요."

"아…"

"저는 아주머니를 이번에 처음 진료했고 이전의 과거력을 모르는 상태에서는 복벽 탈장만 보게 되니까 당연히 수술 이외에는 방법이 없다고 하는 거구요."

"……"

한참을 듣고 있던 환자가 슬그머니 입을 열었다.

"내가… 사실은…"

눈을 마주치지 못하고 말을 꺼낸다.

"이것 때문에 다른 병원에도 가봤어."

"아, 그래요? 어디로 가셨었는데요? 거기서는 뭐라고 해요?"

"수술해야 된다고 하더라구, 원장님처럼…"

"그렇죠? 그럴 거예요."

"근데 내가 수술은 지긋지긋해서 싫으니까."

"그래도 근본적인 치료 방법은 수술밖에는 없어요. 아주머니는 싫으시겠지만…"

다음의 말은 기어들어가는 목소리.

"ㅇㅇㅇㅇ에서도 하라고는 했었는데…"

"예? ㅇㅇㅇㅇ에서도요?"

"응, 처음에..."

"근데 왜 아까는 약으로 치료하라고 했다고 하셨어요?"

"......"

"예? 왜 그러셨냐구요?"

"그게..."

"예."

"여기 원장님은 어떻게 말하는지 들어보려고..."

'하아... 나 참.... 지금 이 아줌마 나 떠본 거임?'

"......"

더 할 말이 없는데 한 소리 덧붙인다.

"그게 그렇잖아, 의사마다 다른 치료법이 있을 수도 있고, 나는 수술은 싫으니까."

"아니, 그래도 그렇지, 그렇다고 의사를 떠봐요?"

"......"

"글구, 아주머니. 의학은 어떤 병에 대해서 치료 방법이 딱딱 정해져 있는 학문이에요. 이렇게 치료할 수도 있고 저렇게 치료할 수도 있고 의사 마음대로 치료하는 게 아니라구요. 우리가 배우는 교과서에 이건 이렇게 치료하고 저건 저렇게 치료하라고 다 나와 있어요. 그래서 어떤 의사한테 가더라도 진단에 대한 치료법은 다 같은 거예요."

"에이, 뭐 아니던데. 의사마다 다들 다르게 말하는 병원도 많아."

"어디가 그래요?"

"내가 이걸로 다른 데도 많이 다녀봤어. 저어기 OO오거리 한의원도 가보고, XX역 근처 한의원도 가보고…"

"예? 한의원이요? 탈장으로 한의원에 갔다구요?"

"꼭 탈장만으로 간 건 아닌데, 변비 때문에 가서 이거 보여주니까 침 맞으면 된다고 하는 데도 있고 한약 먹으면 된다고 하는 데도 있고…"

'아, 정말…'

"그래서요? 침 맞고 한약도 먹었어요?"

"아니, 침만. 한약은 너무 비싸서…"

"아주머니, 아주머니같이 쿠싱증후군이 있는 환자는 한약이 바로 독약이에요. 한약은 스테로이드 성분 천지라고요."

"아, 한약은 안 먹었다니까."

"아니, 그 한의사 얘길 하는 거예요. 탈장에 무슨 침이고, 무슨 한약이에요?"

"침만 맞았어, 침만."

"글구 한의사들이 서로 다르게 얘기하는 거지, 의사들이 그런 게 아니잖아요. 의사들은 다들 한결 같이 말하는 거 아니에요?"

"양의사들은 그런데..."

빠직!

"양의사가 뭐예요? 의사면 의사지! 양의사란 말이 있기나 해요? 의사라구
요, 의사!"
"......"

더 다그쳐봤자 무슨 소용이겠나?

"그래서요, 그래서 이제 어떻게 하시겠어요? 수술하실 거예요?"
"아니, 수술은 싫다니까."
"그럼 방법 없어요. 그냥 두고 사시는 거지."
"......"

내친 김에 한 마디 더 했다.

"아주머니, 그렇게 여기저기 닥터 쇼핑하고 다니지 마세요. 의사를 못 믿
을 거면 병원엔 왜 와요?"
"......"

환자는 진료실을 나갔고 시행한 검사가 없으니 오더에 입력할 것도 없어

서 그냥 '계산' 버튼만 클릭했다. '진찰료만 청구하시겠습니까?'라는 경고창에 확인을 누르니 나타나는 계산서 영수증 화면. 본인 부담금 1,000원. '엥?' 하고 다시 보니 급여 1종 환자.

'닥터 쇼핑 할 만하네.'

소통을 중시하는 시대에 전혀 소통이 되지 않는 환자들이 있다. 그들은 그 이유를 의사의 탓으로 돌릴 테고 의사 역시 환자의 탓으로 치부한다. 서로 영원히 접근하지 못하는 기차 레일과도 같은 이 둘 사이에서 난제를 해결할 방법은 하나뿐이다. 서로 기본적인 예의를 지키면 된다.

병원에 온다는 것은 일반인은 잘 모르는 의학적 조언을 전문가인 의사로부터 받기 위해 오는 것이 아닌가? 병원에 온 이상 의사의 조언과 행위에 협조해야 하고 치료 방침에 의문을 가져서는 안 된다. 철저하게 신뢰하고 처방을 따르겠다는 무언의 동의가 선행되어야 환자와 의사는 같은 목표를 바라보는 파트너로서 동행할 수 있고 공통의 목표인 환자의 건강을 획득할 수 있다.

어떤 의사도 환자의 안위를 걱정하지 않는 의사는 없다. 아무리 돈독 오른 의사라 하더라도 대가로서의 돈을 획득하기 위해서라도 환자에게 정확하고 적절한 치료를 제공하려 한다. 누가 얻을 것을 제대로 얻지도 못했는데 그 대가를 지불하겠느냐 말이다.

화성에서 온 여자와 금성에서 온 남자는 절충점을 찾아 서로를 변화시켜

가는 것이 맞겠지만 화성에서 온 환자와 금성에서 온 의사 사이에서는 화성이 금성에 맞춰져야 한다. 과학적 전문 지식의 영역에서 절충점이라는 것은 존재하지 않기 때문이다.